纳税实务 (第二版)

NASHUI SHIWU

主　编　许仁忠　刘　婷　胡　虹　周凤莲

副主编　周　静　李慧蓉　李丽娟　杨　洋　张珊珊

西南财经大学出版社
Southwestern University of Finance & Economics Press

中国·成都

高职高专"十三五"规划精品教材·会计专业系列

编 委 会

主 任：许仁忠
成 员（以姓氏笔画为序）：

许仁忠　　刘　婷　　李丽娟

李慧蓉　　张珊珊　　杨　洋

周凤莲　　周　静　　胡　虹

总 序

　　高等职业教育的培养目标是培养具有专业技能和工匠精神的高素质劳动者和人才。高职高专会计专业肩负着培养素质高、技术强应用型财务会计人才的重任。为了促进专业教学的发展，我们组织编写了这套《高职高专"十三五"会计专业系列规划教材》。按照三年的教学计划和进程，本系列规划教材共有十册：《基础会计》《基础会计实训》《财经法规与会计职业道德》《初级会计实务》《出纳实务》《商贸企业会计实训》《工业企业会计实训》《纳税实务》《会计电算化》《财务管理》，期望能为提高高职高专会计专业教学水平尽绵薄之力。

　　本套教材编写的指导思想是从企业的实际需要出发，结合学生的基本现状，力求通俗易懂、学以致用。财务会计是经济管理中进入行业门槛时对专业技能要求最高的工作，也是经济管理类学科中技术含量最为丰富的工作。要使高职高专会计专业毕业生走上岗位就能独立操作、胜任工作、减少企业再次培训的成本和精力，就必须时时处处从工作岗位的实际需要着手，让学生掌握会计工作的各项动手操作技能。为此，有一套能高度契合会计岗位工作实践的教材尤为重要，这也是我们编写这套高职高专会计专业系列规划教材的初衷。

　　本套教材在编写中本着"课堂就是岗位"的理念，着重实践，重视实训，强调培养学生的动手操作能力，在内容组织和安排上，岗位实训的材料较为丰富。为此，编者在编写时注重精心挑选案例和素材，所挑选的案例与素材均从多年教学与实训工作实际中获得，以让学生切实掌握会计工作的各项专业操作技能和专业基础知识。密切联系企业实际情况、切实贯彻培养学生专业操作技能的实践性原则是本套教材的最大亮点。编者期望能通过这种安排，加强实训练习，达到让学生毕业即能上岗胜任工作的目的。编者更期望能与使用本套教材的同仁一起为实现高职高专会计专业培养目标共同努力。

　　为了方便教师教学，考虑到选用的实训内容和材料较多，在本套教材编写的同时，还同步编写了教材习题的全套答案和解析，同时制作了教学课件。需用题解和课件的教师可登录西财出版网（网址：http://www.bookcj.com）下载，也可通过QQ号736982502与编者联系取用，相互切磋交流。

本套高职高专会计专业系列规划教材的编者从事会计专业高等职业教育数年，具有较为丰富的教学实践经验。编者在编写过程中参考了一些专家、学者的成果和资料，在此一并致以诚挚感谢。由于学识有限，恳请广大读者和师生对书中误漏之处予以赐教指正。此外，需要说明的是，本系列教材的出版得到了西南财经大学出版社的大力支持，在此特表示衷心感谢。

前 言

　　《纳税实务》是高职高专"十三五"规划精品教材·会计专业系列中的一册，是高职高专在校学生学习和掌握纳税知识与技能的教材，也是在岗财会人员进行纳税申报时一本极好的必备工具书。

　　《纳税实务》共分十一章，包括纳税基础、增值税、消费税、营业税、城市维护建设税与教育费附加、关税、资源类税、财产和行为类税、特定目的类税、企业所得税和个人所得税等内容。《纳税实务》既是高职高专会计专业必修的专业基础课程，也是经济管理学科各专业重要的相关课程。基于此，我们编写时既注重了内容选取上的广泛性、深入性，又兼顾了内容讲授上的普遍性、针对性，期望该教材能成为高职高专会计专业学生及经济管理类各非会计专业学生都可以选用的教材。

　　本书在编写时既强调税法的法律理论基础的讲授，更注重纳税实际操作能力的训练，在对各类税种的介绍中，着重对应纳税金的计算、纳税业务的账务处理、税金缴纳的申报这几个纳税实务能力进行了深入广泛的讲授，强调培养学生的动手能力，以学生毕业上岗即能计算申报企业应纳税金并进行会计账务处理为目标，引导学生在实践实训上下工夫。为此，本书在阐明税法的法律理论基础的同时，特别强调纳税技能的讲授，强调学生应掌握的纳税技能，包括对企业应纳税金的确认与应纳税额的计算，填写纳税申报表与按时申报纳税，以及对纳税业务进行会计账务处理等。编者期望能通过密切联系实际的学习，让学生能真正学会和掌握企业纳税的知识与技能，为走上工作岗位即能胜任企业纳税申报工作做好应有的准备。

编 者

2017 年 1 月

目 录

第一章　纳税基础 ……………………………………………………………………（1）

　第一节　税法概述 …………………………………………………………………（1）

　第二节　税收制度构成要素 ………………………………………………………（5）

　第三节　税收征收管理 ……………………………………………………………（8）

　第四节　企业涉税会计主要会计账户的设置 …………………………………（10）

第二章　增值税 ………………………………………………………………………（14）

　第一节　增值税概述 ……………………………………………………………（14）

　第二节　增值税的基本内容 ……………………………………………………（17）

　第三节　增值税的计算 …………………………………………………………（20）

　第四节　增值税的征收管理 ……………………………………………………（23）

　第五节　增值税涉税业务的账务处理 …………………………………………（38）

　第六节　营业税改征增值税 ……………………………………………………（44）

第三章　消费税 ………………………………………………………………………（52）

　第一节　消费税概述 ……………………………………………………………（52）

　第二节　消费税的基本内容 ……………………………………………………（53）

　第三节　消费税的计算 …………………………………………………………（56）

　第四节　消费税的征收管理 ……………………………………………………（59）

　第五节　消费税涉税业务的账务处理 …………………………………………（62）

第四章　营业税 ………………………………………………………………………（67）

　第一节　营业税概述 ……………………………………………………………（67）

　第二节　营业税的基本内容 ……………………………………………………（68）

　第三节　营业税的计算 …………………………………………………………（70）

　第四节　营业税的征收管理 ………………………………………………（71）

　第五节　营业税涉税业务的账务处理 ……………………………………（75）

第五章　城市维护建设税与教育费附加 …………………………………（77）

　第一节　城市维护建设税的基本内容 ……………………………………（77）

　第二节　城市维护建设税的计算与征收管理 ……………………………（78）

　第三节　教育费附加 ………………………………………………………（80）

第六章　关税 ……………………………………………………………（84）

　第一节　关税概述 …………………………………………………………（84）

　第二节　关税的纳税人征税对象及关税税则 ……………………………（87）

　第三节　关税的完税价格及应纳税额的计算 ……………………………（89）

　第四节　关税的征收管理 …………………………………………………（95）

第七章　资源类税 ………………………………………………………（104）

　第一节　资源税 ……………………………………………………………（104）

　第二节　城镇土地使用税 …………………………………………………（111）

第八章　财产和行为类税 ………………………………………………（121）

　第一节　房产税 ……………………………………………………………（121）

　第二节　车船税 ……………………………………………………………（128）

　第三节　契税 ………………………………………………………………（133）

　第四节　印花税 ……………………………………………………………（139）

第九章　特定目的类税 …………………………………………………（152）

　第一节　土地增值税 ………………………………………………………（152）

　第二节　耕地占用税 ………………………………………………………（159）

第十章　企业所得税 ································ （166）

第一节　企业所得税概述 ························ （166）

第二节　企业所得税的基本内容 ················ （167）

第三节　企业所得税的计算与会计处理 ·········· （169）

第四节　企业所得税的征收管理 ················ （182）

第十一章　个人所得税 ·························· （188）

第一节　个人所得税概述 ························ （188）

第二节　个人所得税的基本内容 ················ （189）

第三节　个人所得税的计算 ···················· （195）

第四节　个人所得税代扣代缴业务的账务处理 ···· （203）

附录　网上申报纳税程序 ·························· （212）

第一章 纳税基础

学习目的：通过本章学习，要求理解税收的概念，了解税收产生和发展的过程及其特点与作用，掌握税收的分类；掌握税制的各组成要素，理解它们之间的相互关系；掌握税收征管制度和税务登记制度、纳税申报制度等。

第一节 税收概述

一、税收的产生

（一）税收产生的条件

税收的产生取决于两个相互影响的前提条件：一是经济条件，即私有制的存在；二是社会条件，即国家的产生和存在。历史上，私有制先于国家形成，但对税收而言，必须同时存在这两个前提条件，税收才产生。可以说，税收是私有财产制度和国家政权相结合的产物。

1. 税收产生的社会条件

税收产生的社会条件是国家的产生和存在，国家的存在同税收的产生具有本质的联系。首先，税收是实现国家职能的物质基础。只有出现了国家，才有满足国家政权行使职能的客观需要。国家为了行使职能，必须建立军队、警察、法庭、监狱等专政机构，必须动用社会力量，征用自然资源，兴办公共建筑和公共事业，建立管理国家公共事务的行政管理机构。所有这一切公共需求，都要耗用一定的物质资料。而国家并不直接从事社会生产，于是，为了满足这种需要，就需要向社会成员征税。其次，税收是以国家为主体，以国家权力为依据，参与社会产品分配而形成的一种特定的产品分配方式。任何私人对社会产品的分配显然不具备这样的权利和依据。只有产生了国家和国家权力，才有各社会成员认可的征税主体和依据，从而使税收的产生成为可能。

2. 税收产生的经济条件

税收产生的经济条件是私有制的存在。在私有制条件下，社会产品的分配是以生产资料私人占有为分配的依据，即以财产权利进行分配。当社会存在着私有制，国家动用政治权力将一部分属于私人所有的社会产品转变为国家所有的时候，税收这种分配形式就产生了。因此，国家征税实际上是对私有财产行使支配权，是对私有财产的一种"侵犯"。可见，税收的产生，必须具备存在私有制这样的经济条件，而私有制又不是神圣不可侵犯的，国家可以凭借其政治权力，对私有财产行使一定的支配权。如果没有私有制，国家对本来就属于自己所有的社会产品无须征税。同样，如果私有制是神圣不可侵犯的，当然也就不会产生税收。

（二）税收的产生

各个国家的具体历史条件不同，因而税收产生的实际历史过程也不完全相同。

欧洲古希腊和古罗马等奴隶制国家，确定奴隶占有制度初期，就出现了土地和奴隶的私有制，形成了城邦经济、奴隶主大庄园经济、寺院地产经济以及家庭奴隶制等私有经济，所以欧洲奴隶制国家形成以后，随即出现了对私有土地征收的税收。

我国夏代就已经出现了国家凭借政权力量进行强制课征的形式，称为贡。贡是夏代王室对所属部落或平民根据土地收获按一定比例征收的农产物。到商代，贡逐渐演变为助法。助法是让农户力役去耕种公田，公田的收获全部归王室所有，实际上是一种力役之征。到周代，助法又演变为彻法。彻法是指每个农户耕种的土地要将一定数量的土地收获量缴纳给王室。夏、商、周三代的贡、助法、彻法，都是对土地收获原始的强制课征形式，从税收起源的角度看，是税收的原始形式，是税收发展的雏形阶段。春秋时期，鲁国实行"初税亩"，标志着我国税收从雏形阶段进入了成熟时期。初税亩首次从法律上承认了土地私有制，是历史上一项重要的经济改革措施，同时也是税收起源的一个里程碑。

二、税收的特征

税收自产生以来，一直是国家取得财政收入的最主要形式。与其他财政收入形式相比较，税收具有以下特征：

（一）强制性

强制性是指国家以社会管理者的身份，用法律法规等形式对征收捐税加以规定，并依照法律强制征税，对征纳双方权利与义务的制约。国家征税是凭借政治权力，而不是凭借财产所有权。国家对不同所有者都可以行使征税权而不受财产所有权归属的限制。

（二）无偿性

无偿性是指国家征税后，税款即成为财政收入，不需要再归还纳税人，也不支付任何报酬。税收的无偿性是税收的关键特征。它使税收区别于国有资产收入和国债等财政收入形式。无偿性决定了税收是筹集财政收入的主要手段，成为调节经济和矫正社会分配不公的有力工具。

（三）固定性

固定性是指国家在征税之前，必须以法的形式预先规定了课税对象、课税额度和课税方法等。税收固定性的含义包括三个层次，即课税对象上的非惩罚性、课征时间上的连续性和课征比例上的限度性。税收的固定性特征，是税收区别于罚没、摊派等财政收入形式的重要特征。

税收的三个特征相互联系、相互影响，构成统一的整体。因此，税收也就是国家凭借权力，利用税收工具的强制性、无偿性、固定性的特征参与社会产品和国民收入分配的法律规范的总称。

三、税收的分类

税收的分类是按照一定的标准对复杂的税制和税种进行归类。由于目的不同，对税收分类可以采用各种不同的标准。通过对税收进行科学的分类，不仅能够揭示各类税收的性质、特点、功能以及各类税收之间的区别与联系，也有利于建立合理的税收结构，充分发挥各类税收的功能与作用。

（一）按课税对象分类

税收按课税对象的性质分类，可以分为流转税、资源税、所得税、特定目的税、财产税和行为税、关税等。

1. 流转税类

流转税类包括增值税、消费税、营业税等，主要在生产、流通或者服务业中发挥调节作用。

2. 资源税类

资源税类包括资源税、城镇土地使用税等，主要是对因开发和利用自然资源差异而形成的级差收入发挥调节作用。

3. 所得税类

所得税类包括企业所得税、个人所得税等，主要是在国民收入形成后，对生产经营者的利润和个人的纯收入发挥调节作用。

4. 特定目的税类

特定目的税类包括固定资产投资方向调节税、城市维护建设税、土地增值税、车辆购置税、耕地占用税、烟叶税等，主要是为了达到特定目的，对特定对象和特定行为发挥调节作用。

5. 财产和行为税类

财产和行为税类包括房产税、车船税、印花税、契税等，主要是对某些财产和行为发挥调节作用。

6. 关税类

税收按照课税对象的分类的各类税收的征税对象与主要税种如表 1-1 所示。

表 1-1　　　　　　　　　　税收按照课税对象的分类

类别	流转税	所得税	资源税	财产税	特定目的税	行为税
征税对象	以商品交换的交易额和劳务收入额为征税对象	以各种所得额为征税对象	以开发利用特定自然资源为征税对象	以拥有或支配的财产为征税对象	为达到特定目的，进行调节而征收	以特定行为为征税对象
主要税种	增值税、营业税、消费税等	企业所得税、个人所得税	资源税	契税	车辆购置税、土地增值税	印花税

（二）按税收管理权限分类

税收按管理权限分类，可以分为国家税、地方税、国家与地方共享税三大类。

1. 国家税

国家税是中央政府固定收入，包括消费税（含进口环节海关代征的部分）、车辆购置税、关税、海关代征的进口环节增值税等。

2. 地方税

地方税是地方政府固定收入，包括城镇土地使用税、耕地占用税、土地增值税、房产税、车船税、契税。

3. 国家与地方共享税

国家与地方共享税是中央政府与地方政府共享的收入，主要包括：

（1）增值税（不含进口环节由海关代征的部分）：中央政府分享75%，地方政府分享25%。

（2）营业税：铁道部、各银行总行、各保险总公司集中缴纳的部分归中央政府，其余部分归地方政府。

（3）企业所得税：铁道部、各银行总行及海洋石油企业缴纳的部分归中央政府，其余部分中央与地方政府按60%与40%的比例分享。

（4）个人所得税：除储蓄存款利息所得的个人所得税外，其余部分的分享比例与企业所得税相同。

（5）资源税：海洋、石油企业缴纳的部分归中央政府，其余部分归地方政府。

（6）城市维护建设税：铁道部、各银行总行、各保险总公司集中缴纳的部分归中央政府，其余部分归地方政府。

（7）印花税：证券交易印花税收入的94%归中央政府，其余6%和其他印花税收入归地方政府。

税收还可按计税依据分为从价税、从量税和复合税，按税收与价格的依存关系分为价内税和价外税，按税收负担是否易于转嫁分为直接税与间接税。

四、税收的作用

税收的作用是税收职能在一定经济条件下的外在表现。在不同的历史阶段，税收职能发挥着不同的作用。在现阶段，税收的作用主要表现在以下几个方面：

（一）财政收入的主要源泉

财政收入是税收的最基本职能，税收在保证和实现财政收入方面起着重要的作用。由于税收具有强制性、无偿性和固定性的特征，因而能保证财政收入的稳定性。

（二）对经济实行宏观调控

国家通过税种的设置以及在税目、税率、加成征收或减免税等方面的规定，可以实现宏观调控的目的，调节和引导社会生产、交换、分配和消费，促进社会经济的健康发展。

（三）调节贫富差距，实现社会共同富裕

国家通过税种的设置以及在税目、税率、加成征收或减免税等方面的规定，可以对社会的财富进行再分配，从而达到调节贫富差距，实现社会共同富裕的目的。

（四）维护国家权益，促进国际经济交往

国家是税收产生和存在的必要条件，国家凭借政治权力对物质利益进行调节，体现出国家的意志，从而起到维护国家权益，促进国家与国际经济交往的作用。

第二节　税收制度构成要素

一、总则

总则包括税收立法基本原理、税收立法基本制度、税收立法技术等，还包括税收立法依据、立法目的、适用原则等。税收立法基本原理是关于税收立法带有普遍性和基本规律性税法事项的理论概括，主要包括税收立法的意图与目的、指导思想、基本原则、调整范围、种类与部门、机构与职能界定等。税收立法基本制度是税收立法活动与过程必须遵循的各种实体性准则的总称，主要包括税收立法的体制、主体、权限、程序、监督等基本制度。税收立法技术是税收立法活动中所遵循的旨在推进税收立法现代化、科学化的方法和操作技巧的总称，主要包括税收立法的运筹技术和结构营造技术等。

二、纳税义务人

纳税义务人又称为纳税主体，是一切履行纳税义务的法人、自然人及其他组织，是税法规定的享有纳税权利、负有纳税义务的单位和个人，是缴纳税款的主体。

与纳税义务人相关的是代扣代缴义务人和负税人。代扣代缴义务人，亦称扣缴义务人，是按税法规定负有代扣代缴义务的单位和个人。如个人所得税，多数由支付所得的单位或个人为扣缴义务人，根据相关税法的规定，从其持有的纳税人收入或者从纳税人收款中按照其应纳税款代为缴纳税款。

负税人，是指最终承受税收负担的单位和个人。负税人与纳税人可能一致，也可能不一致，关键是看税负能否转嫁。如果税负能够转嫁，纳税人与负税人就不一致，否则两者是一致的。

三、征税对象

征税对象即征税客体，是税收法律关系中征纳双方权利与义务所指向的物或行为。征税对象是指对什么征税，是征税的标的物，是一种税区别于另一种税的最主要标志。我国现行税收法律法规都有自己特定的征税对象。比如，企业所得税的征税对象就是应税所得，增值税的征税对象就是商品或劳务在生产和流通过程中的增值额。

对税种的征税对象做进一步的划分，进行归类就是税目。征税对象的计量标准是计税依据，即课税依据。以征税对象的价值单位计算时，计税依据是从价计税；以纳税对象的数量计税时，计税依据是从量计税；既以价值又以数量为依据计税，为复合计税。

四、税目

税目是各个税种所规定的具体征税项目，是征税对象的具体化。税目体现了征税的范围，反映了征税的广度。比如，消费税具体规定了烟、酒等14个税目。不是所有的税种都规定税目，对那些纳税对象简单明确的税种，如增值税、房产税等，就不必另行规定税目。

五、税率

税率是应纳税额与征税对象数额之间的法定比例，是计算税额的尺度，体现着征税的深度。税率是计算税额的尺度，是衡量税负轻重与否的重要标志，是构成税制的基本要素。税率可分为比例税率、定额税率、累进税率三大类。

（一）定额税率

定额税率是按征税对象确定的计量单位，直接规定一个固定的税额。它是税率的一种特殊形式，一般适用于从量征收的某些税种、税目。目前采用定额税率的有资源税、城镇土地使用税、车船税等。

（二）比例税率

比例税率是对同一征税对象，不分数额大小，规定相同的征收比例。税额与纳税对象之间的比例是固定的。比例税率在具体运用上又可分为产品比例税率、行业比例税率、地区差别比例税率、幅度比例税率等多种形式。我国的增值税、营业税、城市维护建设税、企业所得税等采用的是比例税率。

（三）累进税率

累进税率是按同一征税对象的数额或相对量的大小，划分成若干等级，规定不同等级的税率。征税对象数额越大，税率越高；征税对象数额越小，税率越低。按照累进依据和累进方式的不同，累进税率又可分为全额累进税率、超额累进税率、超率累进税率等。

1. 全额累进税率

全额累进税率是对于纳税对象的全部数额，均按照与之相对应的等级全额进行累进税率计算应缴纳的税额。当纳税对象提高到一个新的级距等级时，对其全额都提高到一个新的等级，计算与之相对应的税率，得到应纳税额。

2. 超额累进税率

超额累进税率是把征税对象按数额的大小分成若干等级，每等级规定一个税率，税率依次提高，但每一纳税人的征税对象则依所属等级同时适用几个税率分别计算，将计算结果相加后得出应纳税款，即一定数额的纳税对象可以同时适用几个等级的税率，每超过一级，超过部分则按提高一级的税率计税，这样分别计算税额，各等级应纳税额之和，就是纳税人的应纳税额。目前采用这种税率的有个人所得税。

3. 超率累进税率

超率累进税率是以征税对象数额的相对率划分若干级距，分别规定相应的差别税率，相对率每超过一个级距的，对超过的部分就按高一级的税率计算征税。目前，采用这种税率的是土地增值税。

六、纳税环节

纳税环节是税法规定的征税对象在从生产到消费的流转过程中应当缴纳税款的环节。如流转税在生产和流通环节纳税、所得税在分配环节纳税等。

七、纳税期限

纳税期限是纳税人按照税法规定缴纳税款的期限，即纳税人在发生纳税义务后，应向税务机关申报纳税的起止时间。我国纳税期限分为三种：按期纳税、按次纳税、按期预缴。

（一）按期纳税

按期纳税：一般有 1 日、3 日、5 日、10 日、15 日、1 个月、3 个月。以 1 日、3 日、5 日、10 日、15 日为一个纳税间隔期的，必须在期满后 5 日内预缴，次月 1 日起 10 日内清缴；以 1 个月和 3 个月为一个纳税间隔期的，必须在期满后 10 日内缴纳税款。

（二）按次纳税

按次纳税一般在应税行为发生后的 7 日内须将应纳税款缴纳入库。

（三）按期预缴

按期预缴：以 1 年为一个纳税间隔期的，应该在年度内按期预缴，待年度结束后 3 个月（或 4 个月、5 个月）内汇算清缴，多退少补。比如，企业所得税在月份或者季度终了后 15 日内预缴，年度终了后 5 个月内汇算清缴，多退少补。

八、纳税地点

纳税地点是根据各个税种纳税对象的纳税环节和有利于对税款的源泉控制而规定的纳税人（包括代征、代扣、代缴义务人）的具体纳税地点，包括代征、代扣代缴义务人的具体纳税地点。

九、税收减免

税收减免是一种税收优惠，是国家根据一定时期的政治、经济、社会政策的要求而对某些纳税人或特定纳税对象、应税行为给予免除部分或者全部纳税义务的一种特

殊措施。减免税就是对税率所做的一种灵活延伸。它主要包括以下三个方面的内容:

(一) 减税和免税

减税是对应纳税额少征一部分税款,而免税则是对应纳税额全部免征税款。

(二) 起征点

起征点是指对征税对象达到一定数额才开始征税的界限。征税对象的数额没有达到规定数额的不征税,达到规定数额的,就其全部数额征税。

(三) 免征额

免征额是指对征税对象总额中免予征税的数额,即将纳税对象中的一部分给予减免,只就减除后的剩余部分计征税款。

十、罚则

罚则主要是指对纳税人违反税法的行为采取的处罚措施。

第三节 税收征收管理

一、税务登记制度

税务登记制度是税务机关根据税法规定,对纳税人的生产、经营活动进行登记管理的一项法定制度,也是纳税人依法履行纳税义务的法定手续。税务登记制度是税务机关对纳税人实施税收管理的首要环节和基础工作,是征纳双方法律关系成立的依据和证明,是纳税人接受税务机关监督,依法履行纳税义务的必要程序。税务登记包括设立税务登记、变更税务登记和注销税务登记三种。

(一) 设立税务登记

设立税务登记是从事生产经营或其他业务的单位或个人,在获得工商行政管理机关核准或其他主管机关批准后的一定期间内,向税务机关办理注册登记的活动。

从事生产、经营的纳税人应当自领取营业执照之日起 30 日内,持有关证件向生产经营地或者纳税义务发生地的主管税务机关申报办理税务登记。从事生产、经营的纳税人所属的跨地区的非独立经济核算的分支机构,除由总机构申报办理税务登记外,应当自设立之日起 30 日内,向所在地税务机关申报办理税务登记。

(二) 变更税务登记

变更税务登记是纳税人办理设立税务登记后,因税务登记内容发生变化,向税务机关申请将税务登记内容重新调整为与实际情况一致的一种税务登记管理制度。

凡纳税人、扣缴义务人发生所规定的税务登记内容变化之一者,均应自工商行政管理机关办理变更登记或自政府有关部门批准或实际变更之日起 30 日内,持有关证件,向原税务登记主管机关申请办理变更税务登记。

（三）注销税务登记

注销税务登记是纳税人发生解散、破产、撤销以及其他情形，不能继续履行纳税义务时，向税务机关申请办理终止纳税义务的税务登记管理制度。办理注销税务登记后，该当事人不再接受原税务机关的管理。

二、纳税申报制度

纳税申报制度是纳税人、扣缴义务人为了履行纳税义务，就纳税事项向税务机关出具书面申报的一种法定手续的程序。

纳税申报是纳税义务人在发生法定纳税义务后，按照税法或税务机关规定的期限和内容，以书面形式向主管税务机关提交有关纳税事项及应缴税款的法律行为。纳税申报是税收征管的基础，是纳税程序的中心环节。

税务机关应当建立健全纳税人自行申报纳税制度。纳税申报制度主要包括纳税申报的对象、纳税申报方式、纳税申报内容、纳税申报期限等。我国目前的主要纳税申报方式有直接申报、邮寄申报、数据电文申报等。

三、税款缴纳制度

税款缴纳制度是纳税人、扣缴义务人依照国家法律、行政法规的规定实现的税款依法通过不同方式缴纳入库的过程。纳税人、扣缴义务人应按税法规定的期限及时足额缴纳应纳税款，以完全彻底地履行应尽的纳税义务的程序。

税款缴纳的方式包括自核自缴、申报核实缴纳、申报查定缴纳、定额申报缴纳等方式。税款缴纳的方法包括查账缴纳、查定缴纳、查验缴纳、定期定额、代扣代缴、代征税款等。

四、税款征收制度

税款征收制度是税务机关按照税法规定将纳税人应纳的税款收缴入库的法定制度，是税收征收管理的中心环节，直接关系到国家税收能及时、足额入库。税款征收是税务机关依照税收法律法规规定将纳税人应当缴纳的税款组织征收入库的一系列活动的总称，是税收征收管理的核心内容，是税务登记、账簿票证管理、纳税申报等税务管理工作的目的和归宿。税款征收制度的主要内容包括税款征收的方式、程序，核定税额，减免税的核报，税收保全措施和强制执行措施的设置与运用，以及欠缴、多缴税款的处理等规定。

五、税务检查制度

税务检查制度是税务机关根据国家税法和财务会计制度的规定，对纳税人履行纳税义务的情况进行监督、审查的制度。税务检查是税收征收管理的重要内容，也是税务监督的重要组成部分。搞好税务检查，对于加强依法治税、保证国家财政收入有着十分重要的意义。

第四节 企业涉税会计主要会计账户的设置

一、"应交税费"科目

本科目核算企业缴纳的各种税金，如增值税、消费税、营业税、城市维护建设税、房产税、车船使用税、土地使用税、所得税、资源税、关税、土地增值税等。企业缴纳的印花税、耕地占用税以及其他不需要预计应缴纳的税金，不在本科目核算。

（一）增值税在"应交税费"科目下所设的科目

增值税在本科目下设三个二级科目：

1. "应交增值税"明细科目

（1）"进项税额"专栏。

（2）"已交税金"专栏。

（3）"减免税款"专栏。

（4）"出口抵减内销产品应纳税额"专栏。

（5）"转出未交增值税"专栏

（6）"销项税额"专栏。

（7）"出口退税"专栏。

（8）"进项税额转出"专栏。外购货物改变用途且不离开企业，作进项税额转出。外购货物、在产品、产成品发生非正常损失，不能再形成销项税额，作进项税额转出。

（9）"转出多交增值税"专栏。

其中，"进项税额""已交税金""减免税款""出口抵减内销产品应纳税额""转出未交增值税"是设在借方的五个栏目，在"应交增值税"明细账的借方。"销项税额""出口退税""进项税额转出""转出多交增值税"四个专栏在"应交增值税"明细账的贷方。

2. "未交增值税"明细科目

本明细科目是为了分别反映企业欠缴增值税税款和待抵扣增值税情况而在"应交税费"科目下设立的二级科目，目的是核算一般纳税企业月终时转入的应缴未缴增值税额和转入多缴的增值税。

3. "增值税检查调整"专门账户

本专门账户为增值税一般纳税人在税务机关对其增值税纳税情况进行检查后，凡涉及增值税涉税账务调整的，应设立"应交税费——增值税检查调整"专门账户。凡检查后应调减账面进项税额或调增销项税额和进项税额转出的数额，应贷记本科目；凡检查后应调增账面进项税额或调减销项税额和进项税额转出的数额，应借记本科目。

只有税务机关对增值税一般纳税人的检查才能用这个科目，中介机构或者企业自查的问题不能用这个科目。中介机构或者企业自查发现问题按正常的进项税额、销项税额、进项税额转出等科目核算，对小规模纳税人的检查也不用这个科目。

查补的税款要单独缴纳，不能用当期的进项税冲减。

（二）其他各税种所设的科目

其他各种税种各设一个二级科目，如"应交消费税""应交营业税""应交城市维护建设税""应交房产税""应交车船使用税""应交土地使用税""应交所得税""应交资源税""应交关税""应交土地增值税"等。

二、"主营业务税金及附加"科目

本科目为核算企业由于销售产品、提供工业性劳务或服务等负担的销售税金及附加等，包括消费税、营业税、城市维护建设税、资源税和教育费附加等，不含增值税。属损益类科目，月末转入"本年利润"的借方，是收入的抵减科目，与收入成配比关系。

习　题

一、单项选择题（每题只有一个选项是正确的）

1. 税收是凭借（　　）取得财政收入的一种形式。
   A. 国有资产所有权　　　　B. 国家对纳税人提供的服务
   C. 政治权力　　　　D. 人权

2. 税收的"三性"包括（　　）。
   A. 强制性、无偿性、固定性　　　　B. 自愿性、固定性、无偿性
   C. 强制性、无偿性、波动性　　　　D. 无偿性、自愿性、波动性

3. 国家对取得的（　　）收入具有无须偿还的义务。
   A. 规费收入　　　　B. 财政货币发行
   C. 国债　　　　D. 税收

4. 税收采取的是（　　）方式。
   A. 有偿筹集　　　　B. 强制征收
   C. 自愿缴纳　　　　D. 自愿认购

5. 在税法构成要素中，用以区分不同税种的是（　　）。
   A. 纳税义务人　　　　B. 征税对象
   C. 税目　　　　D. 税率

6. 从价计征的税收，以（　　）为计征依据。
   A. 重量　　　　B. 体积
   C. 计税金额　　　　D. 数量

7. （　　）的特点是税率不随着征税对象数额的变动而变动。
   A. 比例税率　　　　B. 定额税率
   C. 累进税率　　　　D. 边际税率

8. （　　）税款不随商品价格增减而变动，单位商品税额固定不变。

    A. 从价税   B. 从量税

    C. 直接税   D. 间接税

9. 下列税种中，不属于地方税种的是（　　）。

    A. 增值税   B. 消费税

    C. 个人所得税   D. 车辆购置税

10. 采用超率累进税率征收的税种是（　　）。

    A. 资源税   B. 土地增值税

    C. 个人所得税   D. 企业所得税

11. 我国的税率分为（　　）。

    A. 定额税率、比例税率、累进税率

    B. 定额税率、比例税率、超额累进税率

    C. 定额税率、比例税率、全额累进税率

    D. 浮动税率、比例税率、累进税率

12. 我国现行税种有（　　）。

    A. 增值税、消费税、营业税、遗产税

    B. 消费税、营业税、遗产税、筵席税

    C. 营业税、农业税、筵席税、屠宰税

    D. 城市维护建设税、增值税、消费税、营业税

13. 房产税属于（　　）。

    A. 中央税   B. 地方税

    C. 中央和地方共享税   D. 国际税

二、判断题

1. 税收的固定性是指在一定时期内税法是固定不变的。   （　　）

2. 扣缴义务人与纳税人在实质上是等同的。   （　　）

3. 纳税人与负税人有时是重合的，有时是分离的。   （　　）

4. 免征额就是征税对象达到一定数额就开始全额征税。   （　　）

5. 直接税是由纳税人直接负担、不易转嫁的税种，如所得税、财产税、消费税等。

                                                  （　　）

6. 税收可通过设置不同税种、税目，确定不同的税率，来实现调节社会经济的职能。   （　　）

三、问答题

1. 简述税收产生的原因。

2. 税收有哪些特征？

3. 税收有哪些作用？

4. 按照课税对象的分类包括了哪些类？

5. 税收制度构成要素有哪些?

6. 税收征收管理包括哪些基本制度?

7. 企业涉税会计主要会计账户有哪些?

第二章 增值税

学习目的：理解增值税的意义，掌握增值税的概念；熟练掌握一般纳税人和小规模纳税人应纳税额的计算并做出会计处理；掌握一般纳税人和小规模纳税人纳税申报的相关内容；掌握视同销售行为销售额的确定和应纳税额的计算；了解增值税专用发票的管理规定。

第一节 增值税概述

一、增值税的概念

增值税是对销售货物或者提供加工、修理修配劳务以及进口货物的单位和个人就其实现的增值额征收的一个税种。增值税是以商品生产、流通和劳务服务各环节实现的增值额为征税对象而征收的一种税。

【例 2-1】衣服的成衣过程中假定增值税税率为20%，问应该缴纳多少增值税？见表 2-1。

表 2-1   单位：元

生产者	购进额	销售额	增值额	增值税（税率20%）
农场主	0	400	400	80
纺纱主	400	700	300	60
织布师	700	950	250	50
裁缝	950	1 000	50	10
售衣员	1 000	1 500	500	100
合计	3 050	4 550	1 500	300

从表 2-1 中可以看到，一件衣服的成衣过程及其增值额：衣服从农场主那里出发，从最初的棉花，到纺纱主纺成纱，织布师织成布匹，裁缝裁布成衣，最后由销售人员卖掉，在这个表中假定增值税税率为20%。每一个人可以计算自己这本部分增值额时直接得到自己应该缴纳的增值税额，也可以通过销售额计算销项税额，减除抵扣的前一个人的进项税额，无论是从单个阶段还是整个过程看，增值税都没有存在重复缴纳的迹象，成衣全过程为300元的增值税额。

增值税有三大类，分别为消费型增值税、收入型增值税和生产型增值税，它们的主要区别在于是否允许从销项税额中抵扣用于生产经营的固定资产的进项税额。

（一）消费型增值税

消费型增值税是允许纳税人从本期销项税额中抵扣用于生产经营的固定资产的全部进项税额。纳税人当期购入的固定资产，虽然在以前的经营环节已经缴纳税金，但购入时其缴纳的税金允许全部扣除，实际上这部分商品是不征税的。就整个社会来说，对生产资料不征税，只对消费资料征税，所以称为消费型增值税。

（二）收入型增值税

收入型增值税只允许纳税人从本期销项税额中抵扣用于生产经营固定资产的当期折旧价值额的进项税额。就整个社会来说，实际征税对象相当于全部社会产品扣除补偿消耗的生产资料以后的余额，即国民收入，所以称为收入型增值税。

（三）生产型增值税

生产型增值税不允许纳税人从本期销项税额中抵扣购入固定资产的进项税额。就整个社会来说，由于增值税允许抵扣的范围只限于原材料等劳动对象的进项税额，所以实际征税对象相当于国民生产总值，所以称为生产型增值税。

从上述三种类型看出，如果国家为了鼓励投资和经济转型，加速固定资产更新，根据产业政策和技术水平以及经济效益原则，应采用消费型增值税。2009 年起我国采用消费型增值税。

【例 2-2】四川鲲鹏有限公司当期销售额为 100 万元，外购原材料和燃料为 40 万元，当期还购进价值 30 万元的固定资产，预计应提折旧为 10 万元，增值税税率为 17%。见表 2-2。

表 2-2

项目		生产型	收入型	消费型
销项税额（销售额 100 万元）		100×17%＝17 万元	100×17%＝17 万元	100×17%＝17 万元
进项税额	流动资产（原材料和燃料 40 万元）	40×17%＝6.8 万元	20×17%＝6.8 万元	20×17%＝6.8 万元
	固定资产（当期购入 30 万元；折旧 10 万元）	0	10×17%＝1.7 万元	30×17%＝5.1 万元
	应纳税额	10.2 万元	8.5 万元	5.1 万元

从表 2-2 中可以看到，消费型增值税鼓励投资，鼓励经济转型，纳税人的税负更轻些。

从计税原理而言，增值税是对货物的生产和流通环节中的新增价值或附加值进行征税，所以称为增值税。然而，新增价值或附加值在商品流通过程中是一个难以准确计算的数据，因此，我国在增值税的实际操作上采用间接计算的方法，即从事货物销售或提供应税劳务的纳税人。根据商品的销售额或应税劳务的销售额，按规定的税率计算税款，称为销项税额，然后从中扣除上一环节已纳增值税额，称为进项税额，差额即为纳税人应纳的增值税。

随着我国经济发展以及税收征收管理水平的提高，目前我们已经实现增值税的转型，即从生产型增值税向消费型增值税的转换。未来增值税的发展方向为适度扩大征收的范围，将一些属于营业税的劳务和服务交易征税范围逐步放到增值税中，使得增值税能够链条式封闭运行，更加有利于市场经济的公平竞争和良性发展。

二、增值税的特点

(一) 计算简单，避免重复征税

增值税是以增值额为计税的依据，体现了税不重征原则，减轻了企业的负担。增值税只对销售额中本企业新创造的、尚未征过税的新增价值征税。而对销售额中由以前各环节创造、已征过税的转移价值不再征税，由于只对增值额课税，对已经征过税的部分不再课征，因而避免了重复征税，具有中性税收的特征。任何一个货物，只要最后销售价格相同，不论经过几个流转环节，理论上其税收负担是一致的。这为市场经济下的公平竞争创造了良好的外部条件。

(二) 税基较广，多环节征税

增值税的税基较广，凡从事销售应税商品或应税劳务，取得增值额的每一个环节均需征税。而对于相同的商品，无论经历过多少生产和流转环节，只要最终销售价相同，税率相同，则该商品的总体税负相同，这体现了税负公平的原则。增值税由于征税范围广、环节多，有利于保证国家财政收入的及时和稳定。在税收征管上可以交叉稽核，互相制约，减少偷税现象。

(三) 增值税属于价外税，未包含在售价内

增值税不是售价的组成部分，这区别于其他的流转税，其他的流转税都包含在售价之中，而增值税属于价外税。这样，企业在进行成本收益核算时，可以不受增值税的影响。

三、增值税纳税义务人

在中华人民共和国境内销售货物或提供加工、修理修配劳务以及进口货物的单位或个人为增值税的纳税人。它包括单位（企业、行政单位、事业单位、军事单位、社会团体及其他单位）、个人（个体工商户和其他个人）、外商投资企业和外国企业、承包人和承租人以及扣缴义务人。单位租赁或者承包给其他单位或者个人经营的，以承租人或者承包人为增值税纳税义务人。

《中华人民共和国增值税暂行条例》将增值税纳税人按照经营规模大小及会计核算是否健全，划分为小规模纳税人和一般纳税人。

(一) 增值税小规模纳税人

从事货物生产或者提供应税劳务的纳税人，以及以从事货物生产或者提供应税劳务

为主，并兼营货物批发或者零售的纳税人，年应征增值税销售额（以下简称应税销售额）在 50 万元及以下的，以及从事货物批发或零售的纳税人，年应税销售额在 80 万元及以下的，均是增值税小规模纳税人。这里确认从事货物生产或者提供应税劳务为主，是指纳税人的年货物生产或者提供应税劳务的销售额占年应税销售额的比重在 50% 以上。

财务会计核算是否健全是指能否按照国家统一的会计制度规定设置账簿，根据合法、有效凭证核算。小规模纳税人认定标准的关键条件是会计核算是否健全，对于年销售额在规定限额以下的，只要健全了财务核算，能够正确计算进项税额、销项税额和应纳税额，并能按规定报送有关税务资料，能够提供准确税务资料的，都可以向主管税务机关申请资格认定，不作为小规模纳税人，按照相关规定，经主管税务机关批准，可以认定为一般纳税人。

（二）增值税一般纳税人

一般纳税人是指年应税销售额超过财政部规定的小规模纳税人标准，按照《中华人民共和国增值税暂行条例》及其实施细则向主管税务机关申请一般纳税人资格认定，经认定作为一般纳税人的企业和企业性单位。

经税务机关认定为一般纳税人的企业，按规定领购和使用增值税专用发票，正确计算进项税额、销项税额和应纳税额。新开业的符合条件的企业，应在办理税务登记的同时办理一般纳税人的认定手续。

未申请办理一般纳税人认定手续的，应该按照销售额依照增值税税率计算应纳税额，不得抵扣进项税，也不得使用增值税专用发票。达到一般纳税人标准的小规模纳税人未依法提出认定申请，或者虽然提出申请，但是不符合认定要求而未获得批准为一般纳税人的，要按照销售额依照法定增值税税率征税。

第二节　增值税的基本内容

一、增值税的征税对象及范围

（一）增值税的征税对象

在中华人民共和国境内销售货物或者提供加工、修理修配劳务以及进口货物的单位和个人，为增值税的纳税人，应当缴纳增值税。

（二）增值税的征税范围

1. 增值税的一般征税范围

增值税的一般征税范围包括：发生在中华人民共和国境内销售和进口货物，提供加工及修理修配劳务。这里的货物是有偿转让，包括电力、热力、气体在内的所有权的有形动产，销售货物的起运地或者所在地均在中华人民共和国境内。加工劳务是受托方有偿提供加工货物，即委托方提供原料及主要材料，受托方按照委托方的要求，制造货物并收取加工费的业务。修理修配劳务是受托方有偿提供对损伤和丧失功能的货物进行修复，使其恢复原状和功能的业务。

2. 增值税的特别征税范围

（1）折扣销售。纳税人以折扣方式销售货物分为两种：一种是商业折扣，另一种是现金折扣。

商业折扣又称价格折扣，是销货方为鼓励购买者多买而给予的价格折让，即购买越多，价格折扣越多。商业折扣一般都从销售价格中直接折算，即购买方所付的价款和销售方所收的货款，都是按打折以后的实际售价来计算的。纳税人销售货物给购货方的销售折扣，如果销售额和折扣额在同一张销售发票上注明的，可按折扣后的销售额计算征收增值税；如果将折扣额另开发票，则不得从销售额中减除折扣额。

现金折扣是销货方为鼓励购买方在一定期限内早日付款而给予的一种折让优惠。纳税人销售货物给购货方的现金折扣，在进行销售额计算时不得从销售额中减除折扣额。

（2）以旧换新。纳税人采取以旧换新方式销售货物，应按新货物的同期销售价格确定销售额。所谓以旧换新销售，是指纳税人在销售过程中，折价收回同类旧货物，并以折价款部分冲减货物价款的一种销售方式。税法规定，对金银首饰以旧换新业务，可以按照销售方实际收取的不含增值税的全部价款征收增值税。

（3）以物易物。以物易物是一种较为特殊的购销活动，是购销双方不是以货币结算，而是以同等价款的货物相互结算，实现货物购销的一种方式。以物易物双方都应做购销处理，以各自发出的货物核算销售额并计算销项税额，以各自收到的货物按规定核算购货额并计算进项税额。应注意的是，在以物易物活动中，应分别开具合法的票据，如收到的货物不能取得相应的增值税专用发票或其他合法票据的，不能抵扣进项税额。

二、增值税税率

（一）增值税一般纳税人适用税率

（1）增值税一般纳税人销售或者进口货物以及提供加工、修理修配劳务，除特殊规定外，税率为17%。

【例2-3】四川鲲鹏有限公司从事家电产品的生产和销售，包括彩电、冰箱、洗衣机、手机、DVD机等的生产和销售，经相关税务机关认定为增值税一般纳税人。问四川鲲鹏有限公司应当按照什么税率缴纳增值税？

根据《中华人民共和国增值税暂行条例》的规定，销售家电产品适用17%的税率，如果进口同类货物也为17%，又或者提供货物的加工、修理修配劳务，使得货物产生了本质的变化，其价值发生了增值的加工或者恢复原状和功能的劳务的均适用17%的税率。四川鲲鹏有限公司的增值税税率为17%。

（2）增值税一般纳税人销售或者进口下列货物，税率为13%：
①粮食、食用植物油；
②自来水、暖气、冷气、热水、煤气、石油液化气、天然气、沼气、居民用煤炭

制品；

　　③图书、报纸、杂志；

　　④饲料、化肥、农药、农机、农膜；

　　⑤国务院规定的其他货物。

【例2-4】巴氏杀菌乳、灭菌乳和调制乳分别使用多少税率？

　　根据《中华人民共和国增值税暂行条例》的规定，农产品适用13%的税率，销售其他油适用17%的税率。巴氏杀菌乳、灭菌乳是通过瞬时高温消毒的方法处理，没有进行深加工，属于初级农产品，税率为13%。而调制乳则是深加工产品，应按照17%的增值税征收。

　　（3）增值税一般纳税人出口货物，税率为零，国务院另有规定的除外。

（二）增值税小规模纳税人适用税率

　　小规模纳税人现行增值税征收率为3%。我国增值税改由生产型增值税向消费型增值税转化改革，适用转型改革的对象是增值税一般纳税人，改革后这些纳税人的增值税负担会普遍降低。而规模小、财务核算不健全的小规模纳税人，由于是按照销售额和征收率计算缴纳增值税且不抵扣进项税，其增值税负担不会因转型而降低，所以在由生产型增值税向消费型增值税转化改革中同时调低增值税，此时小规模纳税人的税率为3%。

二、增值税纳税人混合经营和兼营

（一）增值税纳税人混合销售

　　对于一项销售行为，如果既涉及增值税应税货物又涉及营业税的应税劳务，被视为混合销售行为，如纳税人销售货物并负责运输，销售货物为增值税征收范围，运输为营业税征收范围。对此的税务处理方法是，对主营货物的生产、批发或零售的纳税人（指纳税人年货物销售的营业额占其全部营业额的50%以上），全部视为销售货物征收增值税，而不征收营业税；对非主营货物的生产、批发或零售的其他纳税人，全部视为营业税应税劳务，而不再征收增值税。

　　混合销售行为应当缴纳增值税的，销售额为货物的销售额与非增值税应税劳务营业额的合计。混合销售行为应当缴纳增值税的，混合销售行为所涉及的非增值税应税劳务所用购进货物的进项税额，准予从销项税额中抵扣。

（二）增值税纳税人兼营增值税不同税率的货物或者应税劳务

　　纳税人兼营增值税不同税率的货物或者应税劳务项目的，应分别核算货物或者应税劳务的销售额和非增值税应税项目的营业额；未分别核算销售额的，从高适用税率，由主管税务机关核定货物或者应税劳务的销售额。

（三）增值税纳税人兼营非增值税应税劳务

　　增值税纳税人兼营非增值税应税劳务是纳税人在从事增值税应税行为的同时，还从事营业税应税行为，且这两者之间并无直接的联系和从属关系。对此的税务处理方法是，要求纳税人将两者分开核算，分别纳税，如果不能分别核算或者分别核算不准确的，由主管税务机关核定其销售额和营业额。

四、增值税纳税人的视同销售行为

单位或者个体工商户的下列行为，应视同销售货物：

（1）将货物交付其他单位或者个人代销；

（2）销售代销货物；

（3）设有两个以上机构并实行统一核算的纳税人，将货物从一个机构移送其他机构用于销售，但相关机构设在同一县（市）的除外；

（4）将自产或者委托加工的货物用于非增值税应税项目；

（5）将自产、委托加工的货物用于集体福利或者个人消费；

（6）将自产、委托加工或者购进的货物作为投资，提供给其他单位或者个体工商户；

（7）将自产、委托加工或者购进的货物分配给股东或者投资者；

（8）将自产、委托加工或者购进的货物无偿赠送其他单位或者个人。

第三节 增值税的计算

一、一般纳税人增值税的计算

增值税一般纳税人销售货物或者提供应税劳务，应纳税额为当期销项税额抵扣当期进项税额后的余额。应纳税额的计算公式为：

应纳税额 = 当期销项税额 - 当期进项税额

当期销项税额小于当期进项税额不足抵扣时，其不足部分可以结转下期继续抵扣。

（一）增值税销项税额

1. 增值税销售额的确定

增值税销售额为纳税人销售货物或者提供应税劳务向购买方收取的全部价款和价外费用，但是不包括收取的销项税额。

价外费用，包括价外向购买方收取的手续费、补贴、基金、集资费、返还利润、奖励费、违约金、滞纳金、延期付款利息、赔偿金、代收款项、代垫款项、包装费、包装物租金、储备费、优质费、运输装卸费以及其他各种性质的价外收费。

下列项目不包括在增值税销售额内：①受托加工应征消费税的消费品所代收代缴的消费税；②承运部门的运输费用发票开具给购买方的代垫运输费用；③由国务院或者财政部批准设立的政府性基金，由国务院或者省级人民政府及其财政、价格主管部门批准设立的行政事业性收费，收取时开具省级以上财政部门印制的财政票据，所收款项全额上缴财政；④销售货物的同时代办保险等而向购买方收取的保险费，以及向购买方收取的代购买方缴纳的车辆购置税、车辆牌照费。

（1）增值税销售额具有明确性和可靠性的

一般纳税人销售货物或者应税劳务，采用销售额和销项税额价税分离定价方法的增值税销售额的计算公式为：

销售额 = 价格 × 数量

一般纳税人销售货物或者应税劳务，采用销售额和销项税额合并定价方法的，按下列公式计算销售额：

销售额 = 含税销售额 ÷（1 + 税率）

（2）增值税销售额具有不明确性或者不可靠性的

纳税人销售货物或者应税劳务的价格明显偏低并无正当理由或者有视同销售货物行为而无销售额的，由主管税务机关核定增值税销售额。核定按下列顺序进行：

① 按纳税人最近时期同类货物的平均销售价格确定；

② 按其他纳税人最近时期同类货物的平均销售价格确定；

③ 按组成计税价格确定。组成计税价格的计算公式为：

组成计税价格 = 成本 ×（1 + 成本利润率）

属于应征消费税的货物，其组成计税价格中应加计消费税额。公式中的成本是指：销售自产货物的为实际生产成本，销售外购货物的为实际采购成本。公式中的成本利润率由国家税务总局确定。

（3）进口货物销售额

纳税人进口货物，按照组成计税价格计算销售额。组成计税价格和销售额的计算公式为：

组成计税价格 = 关税完税价格 + 关税 + 消费税

销售额 = 组成计税价格 × 数量

2. 增值税销项税额

一般纳税人销售货物或者应税劳务，按照销售额和适用税率计算并向购买方收取的增值税额，称为销项税额。销项税额的计算公式为：

销项税额 = 销售额 × 税率

（二）增值税进项税额

一般纳税人购进货物或者接受应税劳务支付或者负担的增值税额称为进项税额。

1. 进项税额准予从销项税额中抵扣的情况

下列进项税额准予从销项税额中抵扣：

（1）从销售方取得的增值税专用发票上注明的增值税额。

（2）从海关取得的海关进口增值税专用缴款书上注明的增值税额。

（3）购进农产品，除取得增值税专用发票或者海关进口增值税专用缴款书外，按照农产品收购发票或者销售发票上注明的农产品买价和13%的扣除率计算的进项税额。进项税额的计算公式为：

进项税额 = 买价 × 扣除率（13%）

上述公式中的买价包括纳税人购进农产品在农产品收购发票或者销售发票上注明

的价款和按规定缴纳的烟叶税。

（4）购进或者销售货物以及在生产经营过程中支付运输费用的，按照运输费用结算单据上注明的运输费用金额和7%的扣除率计算的进项税额。进项税额的计算公式为：

进项税额 = 运输费用金额×扣除率（7%）

公式中的运输费用金额，是指运输费用结算单据上注明的运输费用（包括铁路临管线及铁路专线运输费用）、建设基金，不包括装卸费、保险费等其他杂费。

增值税纳税人进行增值税进项税额抵扣必须有增值税扣税凭证，只能是指增值税专用发票、海关进口增值税专用缴款书、农产品收购发票和农产品销售发票以及运输费用结算单据，这些特定发票或者单据。

纳税人购进货物或者应税劳务，取得的增值税扣税凭证不符合法律、行政法规或者国务院税务主管部门有关规定的，其进项税额不得从销项税额中抵扣。

2. 进项税额不得从销项税额中抵扣的情况

下列项目的进项税额不得从销项税额中抵扣：

（1）用于非增值税应税项目、免征增值税项目、集体福利或者个人消费的购进货物或者应税劳务；自用的应征消费税的摩托车、汽车、游艇，其进项税额不得从销项税额中抵扣。

（2）非正常损失的购进货物及相关的应税劳务。非正常损失，是指因管理不善造成被盗、丢失、霉烂变质的损失。

（3）非正常损失的在产品、产成品所耗用的购进货物或者应税劳务。

（4）国务院财政、税务主管部门规定的纳税人自用消费品。

（5）上面（1）条至（4）条规定的货物的运输费用和销售免税货物的运输费用。

（三）增值税应纳税额

增值税一般纳税人销售货物或者提供应税劳务，用当期销项税额扣除当期进项税额的余额即为增值税应纳税额。当期销项税额小于当期进项税额不足抵扣时，其不足部分可以结转下期继续抵扣。其计算公式为：

增值税应纳税额 = 当期销项税额 - 当期进项税额

【例2-5】四川鲲鹏有限公司作为增值税一般纳税人，2011年6月销售CNG公共汽车50辆，不含税售价为80万元/辆，同时负责将公共汽车运送到买方所在地，取得运费收入0.8万元/辆，本月购进材料取得防伪税控系统开具的增值税专用发票，注明价款为230万元，增值税为395.1万元，本月取得的相关发票均在本月认证并抵扣。要求：计算本月应纳增值税是多少？

增值税销项税额 = $50 \times 80 \times 17\% + 0.8 \times 50 \div 1.17 \times 17\%$

$= 680 + 5.812$

$= 685.812$（万元）

增值税进项税额 = 395.1（万元）

增值税应纳税额 = $685.812 - 395.1 = 290.712$（万元）

【例2-6】四川鲲鹏有限公司是增值税一般纳税人，产品、材料增值税的适用税率均为17%。2011年6月发生了下列经济义务：

（1）向某大型超市销售液晶电视机共380台，开具增值税专用发票，注明每台售价为4 200元；

（2）向某小规模纳税人销售空调共5台，开具普通发票，售价为每台2 100元；

（3）购进原材料一批，取得增值税专用发票，价款为740 000元，材料已经验收入库；支付给承运运输部门费用5 000元，取得运费发票，其中运费4 000元、装卸费用1 000元；

（4）在月底将200台微波炉作为福利发放给职工，该微波炉的市场不含税售价为每台550元，成本为每台280元；

（5）没收逾期包装物押金23 700元。

假定企业当月取得的增值税专用发票和货运发票已经在申报期内申请通过并准予抵扣。要求：计算四川鲲鹏有限公司当月应纳增值税额。

解：增值税销项税额 $= 380 \times 4\,200 \times 17\% + 5 \times 2\,100 \div 1.17 \times 17\% + 550 \times 200$
$$\times 17\% + 23\,700 \div 1.17 \times 17\%$$
$$= 271\,320 + 1\,525.64 + 18\,700 + 3\,443.59$$
$$= 294\,989.23（元）$$

增值税进项税额 $= 740\,000 \times 17\% + 4\,000 \times 7\% = 125\,800 + 280 = 126\,080（元）$

增值税应纳税额 $= 294\,989.23 - 126\,080 = 168\,903.23（元）$

二、小规模纳税人增值税的计算

小规模纳税人销售货物或者应税劳务，实行按照销售额和征收率计算应纳税额的简易办法，并不得抵扣进项税额。应纳税额的计算公式为：

应纳税额 = 销售额 × 征收率

小规模纳税人的销售额不包括其应纳税额。小规模纳税人销售货物或者应税劳务采用销售额和应纳税额合并定价方法的，按下列公式计算销售额：

销售额 = 含税销售额 ÷（1 + 征收率）

小规模纳税人因销售货物退回或者折让退还给购买方的销售额，应从发生销售货物退回或者折让当期的销售额中扣减。

【例2-7】某生产企业为小规模纳税人，2016年2月份销售货物零售额为51 500元，当月购进原材料8 000元。试计算该企业2月份应纳增值税额。

应纳增值税额 $= 51\,500 \div（1 + 3\%）\times 3\% = 1\,500（元）$

第四节　增值税的征收管理

一、增值税纳税环节

增值税纳税环节确定在销售环节和进口环节。

纳税人为生产货物购进原材料的同时发生了进项税额，销售货物时产生销项税额，当期的销项税额减去当期的进项税额是当期的应纳税额。纳税人进口应税货物在海关进口环节纳税，由海关代征。个人携带或者邮寄进境自用物品的增值税，连同关税一并计征。

二、增值税纳税义务发生时间

纳税义务发生时间是税法规定的纳税人必须承担的纳税义务的法定时间。

（1）销售货物或应税劳务，为收讫销售款或取得索取销售凭证的当天。先开具发票的，为开具发票的当天。

（2）收讫销售款项或者取得索取销售款项凭据的当天，按销售结算方式的不同，具体规定如下：

①进口货物，为报关进口的当天。

②采取直接收款的方式销售货物，不论货物是否发出，均以收到销售额或取得索取销售额的凭证并将提货单交给购买方的当天。

③采取托收承付或委托银行收款方式销售货物的，为发出货物并办妥托收手续的当天。

④采取赊销和分期收款方式销售货物的，为合同规定的收款日的当天，无书面合同的或者书面合同没有约定收款日期的，为货物发出的当天。

⑤采取预收货款方式销售货物的，为货物发出的当天，但生产销售生产工期超过12个月的大型机械设备、船舶、飞机等货物，为收到预收款或者书面合同约定的收款日期的当天。

⑥委托其他纳税人代销货物，为收到代销单位的代销清单或者收到全部或者部分货款的当天。未收到代销清单及货款的，为发出代销货物满180天的当天。

⑦销售应税劳务的，为提供劳务收讫销售额或取得索取销售额凭证的当天。

⑧纳税人发生视同销售货物行为的，除将货物交付他人代销和销售代销货物外，均为货物移送当天。

中华人民共和国境外的单位或者个人在境内提供应税劳务，在境内未设有经营机构的，以其境内代理人为扣缴义务人；在境内没有代理人的，以购买方为扣缴义务人。增值税扣缴义务发生时间为纳税人增值税纳税义务发生的当天。

三、增值税纳税期限

增值税的纳税期限分别为 1 日、3 日、5 日、10 日、15 日、1 个月或者 1 个季度。纳税人的具体纳税期限，由主管税务机关根据纳税人应纳税额的大小分别核定；不能按照固定期限纳税的，可以按次纳税。以 1 个季度为纳税期限的规定仅适用于小规模纳税人。小规模纳税人的具体纳税期限，由主管税务机关根据其应纳税额的大小分别核定。

纳税人以 1 个月或者 1 个季度为 1 个纳税期的，自期满之日起 15 日内申报纳税；以 1 日、3 日、5 日、10 日或者 15 日为 1 个纳税期的，自期满之日起 5 日内预缴税款，于次月 1 日起 15 日内申报纳税并结清上月应纳税款。

扣缴义务人解缴税款的期限，与纳税人纳税期限相同。

纳税人进口货物，应当自海关填发海关进口增值税专用缴款书之日起 15 日内缴纳税款。纳税人出口货物适用退（免）税规定的，应当向海关办理出口手续，凭出口报关单等有关凭证，在规定的出口退（免）税申报期内按月向主管税务机关申报办理该项出口货物的退（免）税。具体办法由国务院财政、税务主管部门制定。

出口货物办理退税后发生退货或者退关的，纳税人应当依法补缴已退的税款。

四、增值税纳税地点

固定业户应当向机构所在地的主管税务机关申报纳税。总机构和分支机构不在同一县（市）的，应当分别向各自所在地的主管税务机关申报纳税；经国务院财政、税务主管部门或者其授权的财政、税务机关批准，可以由总机构汇总向总机构所在地的主管税务机关申报纳税。

固定业户到外县（市）销售货物或者应税劳务，应当向机构所在地的主管税务机关申请开具外出经营活动税收管理证明，并向其机构所在地的主管税务机关申报纳税；未开具证明的，应当向销售地或者劳务发生地的主管税务机关申报纳税；未向销售地或者劳务发生地的主管税务机关申报纳税的，由机构所在地的主管税务机关补征税款。

非固定业户销售货物或者应税劳务，应当向销售地或者劳务发生地的主管税务机关申报纳税；未向销售地或者劳务发生地的主管税务机关申报纳税的，由机构所在地或者居住地的主管税务机关补征税款。

进口货物，应当向报关地海关申报纳税。扣缴义务人应当向机构所在地或者居住地的主管税务机关申报缴纳其扣缴的税款。

五、增值税减免税规定

（一）增值税起征点的规定

增值税起征点是对纳税人开始征收增值税的销售额。如果纳税人销售额未达到国务院财政、税务主管部门规定的增值税起征点的，免征增值税；达到和超过起征点的，全额计算缴纳增值税。实行起征点免税政策，主要是为了照顾个人的销售行为。

增值税起征点的幅度规定如下：销售货物的，为月销售额 5 000～20 000 元；销售应税劳务的，为月销售额 5 000～20 000 元；按次纳税的，为每次（日）销售额 300～500 元。

这里的销售额，省、自治区、直辖市财政厅（局）和国家税务局应在规定的幅度内，根据实际情况确定本地区适用的起征点，并报财政部、国家税务总局备案。

（二）增值税免税规定

1. 增值税免税

增值税免税是对销售货物或提供应税劳务的应纳税额全部予以免征。对免税货物的确定实行严格控制，控制权集中于国务院，任何地区、部门不得规定增值税的减免项目。税法规定下列项目免征增值税：

（1）农业（包括种植业、养殖业、林业、牧业、水产业）生产的单位和个人销售的自产初级农产品；

（2）避孕药品和用具；

（3）古旧图书，主要指向社会收购的古书和旧书；

（4）直接用于科学研究、科学试验和教学的进口仪器、设备；

（5）外国政府、国际组织无偿援助的进口物资和设备；

（6）由残疾人的组织直接进口供残疾人专用的物品；

（7）销售的自己使用过的物品，是指其他个人自己使用过的物品（不含摩托车、游艇和应征消费税的小汽车）。

纳税人销售货物或者应税劳务适用免税规定的，可以放弃免税，依照《中华人民共和国增值税暂行条例》的规定缴纳增值税。放弃免税后，36个月内不得再申请免税。

2. 增值税减税

增值税减税是对销售货物或提供应税劳务的应纳税额予以部分减征。减税的范围包括：

（1）粮食、食用植物油；

（2）自来水、暖气、冷气、热水、煤气、石油液化气、天然气、沼气、居民用煤炭制品；

（3）图书、报纸、杂志；

（4）饲料、化肥、农药、农机、农膜、兽药；

（5）金属矿产品、非金属矿采选产品；

（6）农业产品；

（7）其他减税项目。

纳税人兼营免税、减税项目的，应当分别核算免税、减税项目的销售额；未分别核算销售额的，不得免税、减税。

六、增值税专用发票的管理

（一）增值税专用发票管理规定

1. 增值税专用发票的基本内容

增值税专用发票是增值税一般纳税人销售货物或者提供应税劳务开具的发票，是购买方支付增值税额并可按照增值税有关规定据以抵扣增值税进项税额的凭证。纳税人销售货物或者应税劳务，应当向索取增值税专用发票的购买方开具增值税专用发票，并在增值税专用发票上分别注明销售额和销项税额。一般纳税人应通过增值税防伪税控系统使用专用发票，包括领购、开具、缴销、认证纸质专用发票及其相应的数据电文。

增值税专用发票由基本联次或者基本联次附加其他联次构成。基本联次为三联：发票联、抵扣联和记账联。发票联作为购买方核算采购成本和增值税进项税额的记账凭证，抵扣联作为购买方报送主管税务机关认证和留存备查的凭证，记账联作为销售方核算销售收入和增值税销项税额的记账凭证。其他联次用途，由一般纳税人自行确定。

2. 增值税专用发票的领用规定

增值税专用发票领购使用有严格的条件。小规模纳税人、会计核算不健全以及在增值税专用发票管理方面存在问题，经税务机关责令限期改正而未改正的一般纳税人均不得领购增值税专用发票。税务机关在发售增值税专用发票时，应监督纳税人在增值税专用发票上各联有关栏目中加盖销货单位戳记，未加盖上述戳记或印记不清晰的增值税专用发票不得交付纳税人使用。

有下列情形之一者，应按销售额依照增值税税率计算应纳税额，不得抵扣进项税额，也不得使用增值税专用发票。

（1）一般纳税人会计核算不健全，或者不能够提供准确税务资料的；会计核算不健全，不能向税务机关准确提供增值税销项税额、进项税额、应纳税额数据及其他有关增值税税务资料的。

（2）纳税人销售额超过小规模纳税人标准，未申请办理一般纳税人认定手续的。

3. 增值税专用发票的开具规定

已经领购增值税专用发票的一般纳税人，在使用增值税专用发票时仍有严格的条件。例如：直接销售给消费者不能开具增值税专用发票；开具增值税专用发票各个项目必须填写齐全，不得涂改；发票联和抵扣联必须加盖财务专用章或发票专用章；必须按规定开具时限开具，不得提前或滞后；对已开具增值税专用发票的销售货物，要及时足额计入销售额征税，否则按偷税论处。未按规定取得、保管增值税专用发票以及销售方开具的增值税专用发票不符合规定要求的，不得抵扣进项税额。

属于下列情形之一的，不得开具增值税专用发票。

（1）向消费者个人销售货物或者应税劳务的；商业企业一般纳税人零售的烟、酒、食品、服装、鞋帽（不包括劳保专用部分）、化妆品等消费品不得开具增值税专用发票。

（2）销售货物或者应税劳务适用免税规定的。

（3）小规模纳税人销售货物或者应税劳务的。

小规模纳税人不能开具增值税专用发票，对销售带来一定影响，为此国家税务机关总局规定，小规模纳税人符合规定条件需要开具增值税专用发票的，销售时可由税务所代开增值税专用发票。代开时以小规模纳税人使用的征收率确定税率。取得此发票的纳税人可以用发票上注明的进项税额抵扣。

一般纳税人因销售货物退回或者折让而退还给购买方的增值税额，应从发生销售货物退回或者折让当期的销项税额中扣减；因购进货物退出或者折让而收回的增值税额，应从发生购进货物退出或者折让当期的进项税额中扣减。

一般纳税人销售货物或者应税劳务，开具增值税专用发票后，发生销售货物退回或者折让、开票有误等情形，应按国家税务总局的规定开具红字增值税专用发票。未按规定开具红字增值税专用发票的，增值税额不得从销项税额中扣减。纳税人销售发生销货退回或销售折让时，按规定将原发票注明作废或重开具增值税专用发票；在取得购买方所在的税务机关开具的进货退出或索取折让证明单后，可以开具红字增值税专用发票（电脑开票则开负数），作为当期扣减销项税额的凭证。

4. 增值税发票最高限额的规定

增值税专用发票实行最高开票限额管理。最高开票限额，是指单份增值税专用发票开具的销售额合计数不得达到的上限额度。最高开票限额由一般纳税人申请，税务机关依法审批。最高开票限额为 10 万元及以下的，由区县级税务机关审批；最高开票限额为 100 万元的，由地市级税务机关审批；最高开票限额为 1 000 万元及以上的，由地市级税务机关派人实地核查后将核查资料报省级税务机关审核。

（二）增值税专用发票电脑开票系统

自 2003 年 4 月 1 日，所有增值税一般纳税人必须通过防伪税控系统开具增值税专用发票，到 2003 年 4 月 1 日，所有手工增值税专用发票将不得抵扣。自 2003 年 3 月 1 日开始，防伪税控系统开具的增值税专用发票必须自开具之日起 90 日内到税务机关认证，在认证通过的当月申报抵扣进项税额。2004 年 2 月 1 日以后，开具的海关完税凭证，应当在开具之日起 90 天后的第一个纳税申报期结束前向主管税务机关申报抵扣。

企业使用增值税专用发票防伪税控系统的一般程序如下：

1. 系统设置

系统设置包括了第一次安装时进行初始化设置。初始化设置税务信息、名字和税号等资料，同时录入银行账号、商品编码和客户编码，还需要录入地址、电话等信息。

2. 发票管理

（1）发票领用：购买发票需要带上 IC 卡，将 IC 卡读入开票系统。购买时需持财会报表和 IC 卡领用发票。

（2）开具发票：确认发票代码和号码，注意区分商品信息中是否含税，一张发票只能表现一种税率，只能开八行商品，开完发票，打印即可保存。

（3）开具带销货清单的发票：如果商品行多于八行，需开清单，先确认是否含税，只能在清单上写商品，发票上不写商品，清单一张可打 12 行。

（4）开具带折扣的专用发票：包含清单的，清单中的每行都可加折扣或多行统一折扣，但发票上只显示一行折扣栏。不包含清单的，商品行与折扣行之间不许加入信息，折扣行算一行，每行或多行商品可加折扣，但总金额不可加折扣。

（5）开具负数发票：商品与客户都不用填写，要有退回的正数发票，隔月发票需冲抵红字增值税专用发票。冲抵一部分的增值税专用发票，需对方国税局退货证明，找不到明细记录的，还需要手工输入。

七、增值税的纳税申报

增值税纳税人应按月进行纳税申报，申报期为次月 1 日起至 15 日止，如最后一日为法定节假日的，顺延 1 日；在每月 1 日至 15 日内有连续 3 日以上法定节假日的，按休假日天数顺延。纳税人进行纳税申报必须实行电子信息采集。增值税纳税人不能按期办理纳税申报的，经税务机关核准，可以延期申报。经核准延期办理申报的，应当在纳税期内按照实际缴纳的税额或者税务机关核定的税额预缴税款，并在核准的延期内办理税款结算。纳税人享受减税、免税待遇的，在减税、免税期间也应当按照规定办理纳税申报。

增值税纳税申报程序：填写纳税申报附表、主表，准备纳税申报的资料，申报税务机关开具税收缴款书，银行划款，最后记账。

（一）一般纳税人的纳税申报

1. 增值税一般纳税人纳税申报表

（1）增值税纳税申报表

增值税纳税申报表见表2-3。

表2-3 增值税纳税申报表

（适用于增值税一般纳税人）

根据《中华人民共和国增值税暂行条例》第二十二条和二十三条的规定制定本表。纳税人不论有无销售额，均应按主管税务机关核定的纳税期限按期填报本表，并于次月1日起15日内，向当地税务机关申报。

税款所属时间：自　　年　月　日至　　　年　月　日

填表日期：　　年　月　日　　　　　　　　　金额单位：元至角分

纳税人识别号：□□□□□□□□□□□□□□□　　所属行业：

纳税人名称	（公章）		法定代表人姓名		注册地址		营业地址	
开户银行及账号			企业登记注册类型				电话号码	
项目		栏次	一般货物及劳务		即征即退货物及劳务		
			本月数	本年累计	本月数	本年累计
销售额	（一）按适用税率征税货物及劳务销售额	1				
	其中：应税货物销售额	2				
	应税劳务销售额	3				
	纳税检查调整的销售额	4				
	（二）按简易征收办法征税货物销售额	5				
	其中：纳税检查调整的销售额	6				
	（三）免、抵、退办法出口货物销售额	7				
	（四）免税货物及劳务销售额	8				
	其中：免税货物销售额	9				
	免税劳务销售额	10				

表 2 - 3（续）

项目		栏次	一般货物及劳务		即征即退货物及劳务	
			本月数	本年累计	本月数	本年累计
税款计算	销项税额	11				
	进项税额	12				
	上期留抵税额	13				
	进项税额转出	14				
	免抵退货物应退税额	15				
	按适用税率计算的纳税检查应补缴税额	16				
	应抵扣税额合计	$17 = 12 + 13 - 14 - 15 + 16$				
	实际抵扣税额	18（如 17 < 11，则为 17，否则为 11）				
	应纳税额	$19 = 11 - 18$				
	期末留抵税额	$20 = 17 - 18$				
	简易征收办法计算的应纳税额	21				
	按简易征收办法计算的纳税检查应补缴税额	22				
	应纳税额减征额	23				
	应纳税额合计	$24 = 19 + 21 - 23$				

表 2－3（续）

项目		栏次	一般货物及劳务		即征即退货物及劳务	
			本月数	本年累计	本月数	本年累计
税款缴纳	期初未缴税额（多缴为负数）	25				
	实收出口开具专用缴款书退税额	26				
	本期已缴税额	27 = 28 + 29 + 30 + 31				
	①分次预缴税额	28				
	②出口开具专用缴款书预缴税额	29				
	③本期缴纳上期应纳税额	30				
	④本期缴纳欠缴税额	31				
	期末未缴税额（多缴为负数）	32 = 24 + 25 + 26 － 27				
	其中：欠缴税额（≥0）	33 = 25 + 26 － 27				
	本期应补（退）税额	34 = 24 － 28 － 29				
	即征即退实际退税额	35				
	期初未缴查补税额	36				
	本期入库查补税额	37				
	期末未缴查补税额	38 = 16 + 22 + 36 － 37				
授权声明	如果你已委托代理人申报，请填写下列资料： 为代理一切税务事宜，现授权（地址）　　　　　为本纳税人的代理申报人，任何与本申报表有关的往来文件，都可寄予此人。 授权人签字：		申报人声明	此纳税申报表是根据《中华人民共和国增值税暂行条例》的规定填报的，我相信它是真实的、可靠的、完整的。 声明人签字：		
以下由税务机关填写						
收到日期		接收人		主管税务机关盖章		

填表说明：

①本申报表适用于增值税一般纳税人填报。增值税一般纳税人销售按简易办法缴纳增值税的货物，也使用本表。"税款所属时间"是指纳税人申报的增值税应纳税额的所属时间；"填表日期"是指纳税人填写本表的具体日期；"纳税人识别号"栏，填写税务机关为纳税人确定的识别号，即：税务登记证号码；"所属行业"栏，按照国民经济行业分类与代码中的最细项进行填写；"纳税人名称"栏，填写纳税人单位名称全称；"法定代

表人姓名"栏,填写纳税人法定代表人的姓名;"注册地址"栏,填写纳税人税务登记证所注明的详细地址;"营业地址"栏,填写纳税人营业地的详细地址;"开户银行及账号"栏,填写纳税人开户银行的名称和纳税人在该银行的结算账号;"企业登记注册类型"栏,按税务登记证填写;本表"电话号码"栏,填写纳税人注册地和经营地的电话号码;"一般货物及劳务"是指享受即征即退的货物及劳务以外的其他货物及劳务;"即征即退货物及劳务"是指纳税人按照税法规定享受即征即退税收优惠政策的货物及劳务。

②本表第1栏"(一)按适用税率征税货物及劳务销售额"数据、第2栏"应税货物销售额"数据、第3栏"应税劳务销售额"数据,填写纳税人本期按适用税率缴纳增值税的应税货物和应税劳务的销售额(销货退回的销售额用负数表示),包括在财务上不作销售但按税法规定应缴纳增值税的视同销售货物和价外费用销售额,外贸企业作价销售进料加工复出口的货物,税务、财政、审计部门检查按适用税率计算调整的销售额。第4栏"纳税检查调整的销售额"数据,填写纳税人本期因税务、财政、审计部门检查,并按适用税率计算调整的应税货物和应税劳务的销售额。

③本表第5栏"按简易征收办法征税货物的销售额"数据,填写纳税人本期按简易征收办法征收增值税货物的销售额(销货退回的销售额用负数表示),包括税务、财政、审计部门检查并按简易征收办法计算调整的销售额。

④本表第9栏"免税货物销售额"数据、第10栏"免税劳务销售额"数据,填写纳税人本期按照税法规定直接免征增值税货物的销售额及适用零税率货物的销售额(销货退回的销售额用负数表示)。

(2)增值税纳税申报表附列资料(表一)

增值税纳税申报表附列资料(表一)见表2-4。

表2-4　　　　　　　　增值税纳税申报表附列资料(表一)

(本期销售情况明细)税款所属时间:　　　年　月

纳税人名称:(公章)

填表日期:　　　年　月　日　　　　　　　　　　　　　　　金额单位:元至角分

一、按适用税率征收增值税货物及劳务的销售额和销项税额明细												
项目	栏次	应税货物						应税劳务			小计	
		17%的税率			13%的税率							
		份数	销售额	销项税额	份数	销售额	销项税额	份数	销售额	销项税额	份数	销售额	销项税额
防伪税控统开具的增值税专用发票	1											
非防伪税控系统开具的增值税专用发票	2											
开具普通发票	3											
未开具发票	4											
小计	5＝1＋2＋3＋4											
纳税检查调整	6											

表2-4（续）

合计	7 = 5 + 6								
二、简易征收办法征收增值税货物的销售额和应纳税额明细									

项目	栏次	6%征收率			4%征收率			小计		
		份数	销售额	应纳税额	份数	销售额	应纳税额	份数	销售额	应纳税额
防伪税控系统开具的增值税专用发票	8									
非防伪税控系统开具的增值税专用发票	9									
开具普通发票	10									
未开具发票	11									
小计	12 = 8 + 9 + 10 + 11									
纳税检查调整	13									
合计	14 = 12 + 13									
三、免征增值税货物及劳务销售额明细										

项目	栏次	免税货物			免税劳务			小计		
		份数	销售额	税额	份数	销售额	税额	份数	销售额	税额
防伪税控系统开具的增值税专用发票	15									
开具普通发票	16									
未开具发票	17									
合计	18 = 15 + 16 + 17									

填表说明：

①表头和表体相同部分请参照上表说明，"纳税人名称"栏，应加盖纳税人单位公章。

②本表"一、按适用税率征收增值税货物及劳务的销售额和销项税额明细"和"二、简易征收办法征收增值税货物的销售额和应纳税额明细"部分中的"防伪税控系统开具的增值税专用发票""非防伪税控系统开具的增值税专用发票""开具普通发票""未开具发票"各栏数据均应包括销货退回或折让、视同销售货物、价外费用的销售额和销项税额。

③本表"一、按适用税率征收增值税货物及劳务的销售额和销项税额明细"和"二、简易征收办法征收增值税货物的销售额和应纳税额明细"部分中的"纳税检查调整"栏数据应填写纳税人本期因税务、财政、审计部门检查计算调整的应税货物、应税劳务的销售额、销项税额或应纳税额。

④本表"三、免征增值税货物及劳务销售额明细"部分中的"防伪税控系统开具

的增值税专用发票"栏数据，填写本期因销售免税货物而使用防伪税控系统开具的增值税专用发票的份数、销售额和税额，包括国有粮食收储企业销售的免税粮食、政府储备食用植物油等。

（3）增值税纳税申报表附列资料（表二）

增值税纳税申报表附列资料（表二）见表2-5。

表2-5 **增值税纳税申报表附列资料（表二）**

（本期进项税额明细）税款所属时间： 年 月

纳税人名称：（公章）

填表日期： 年 月 日　　　　　　　　　　　　　　　金额单位：元至角分

一、申报抵扣的进项税额				
项目	栏次	份数	金额	税额
（一）认证相符的防伪税控增值税专用发票	1			
其中：本期认证相符且本期申报抵扣	2			
前期认证相符且本期申报抵扣	3			
（二）非防伪税控增值税专用发票及其他扣税凭证	4			
其中：17%的税率	5			
13%的税率或扣除率	6			
10%的扣除率	7			
7%的扣除率	8			
6%的征收率	9			
4%的征收率	10			
（三）期初已征税款	11			
当期申报抵扣进项税额合计	12			

二、进项税额转出额		
项目	栏次	税额
本期进项税转出额	13	
其中：免税货物用	14	
非应税项目用	15	
非正常损失	16	
按简易征收办法征税货物用	17	
免、抵、退税办法出口货物不得抵扣进项税额	18	
纳税检查调减进项税额	19	
未经认证已抵扣的进项税额	20	
	21	

表2-5（续）

三、待抵扣进项税额				
项目	栏次	份数	金额	税额
（一）认证相符的防伪税控增值税专用发票	22			
期初已认证相符但未申报抵扣	23			
本期认证相符且本期未申报抵扣	24			
期末已认证相符但未申报抵扣	25			
其中：按照税法规定不允许抵扣	26			
（二）非防伪税控增值税专用发票及其他扣税凭证	27			
其中：17%的税率	28			
13%的税率及扣除率	29			
10%的扣除率	30			
7%的扣除率	31			
6%的征收率	32			
4%的征收率	33			
	34			
四、其他				
项目	栏次	份数	金额	税额
本期认证相符的全部防伪税控增值税专用发票	35			
期初已征税款挂账额	36			
期初已征税款余额	37			
代扣代缴税额	38			

纳税人名称：（公章）　　填表日期：　　年　　月　　日　　　　　金额单位：元至角分

注：第1栏=第2栏+第3栏=第23栏+第35栏-第25栏；

第2栏=第35栏-第24栏；

第3栏=第23栏+第24栏-第25栏；

第4栏等于第5栏至第10栏之和；

第12栏=第1栏+第4栏+第11栏；

第13栏等于第14栏至第21栏之和；

第27栏等于第28栏至第34栏之和。

填表说明：

①表头和表体相同部分请参照上面两个表的说明。

②本表"一、申报抵扣的进项税额"部分各栏数据，分别填写纳税人按税法规定符合抵扣条件、在本期申报抵扣的进项税额情况。

第1栏"（一）认证相符的防伪税控增值税专用发票"，填写本期申报抵扣的认证相符的防伪税控增值税专用发票情况，包括认证相符的红字防伪税控增值税专用发票，应等于第2栏"本期认证相符且本期申报抵扣"与第3栏"前期认证相符且本期申报抵扣"数据之和。

第2栏"本期认证相符且本期申报抵扣"，填写本期认证相符本期申报抵扣的防伪税控增值税专用发票情况，应与第35栏"本期认证相符的全部防伪税控增值税专用发票"减第24栏"本期已认证相符且本期未申报抵扣"后的数据相等。

第3栏"前期认证相符且本期申报抵扣"，填写以前期认证相符本期申报抵扣的防伪税控增值税专用发票情况，应与第23栏"期初已认证相符但未申报抵扣"加第24栏"本期已认证相符且本期未申报抵扣"减第25栏"期末已认证相符但未申报抵扣"后数据相等。

第4栏"非防伪税控增值税专用发票及其他扣税凭证"，填写本期申报抵扣的非防伪税控增值税专用发票及其他扣税凭证情况，应等于第5栏至第10栏之和。

③本表"二、进项税额转出额"部分填写纳税人已经抵扣但按税法规定应作进项税额转出的明细情况，但不包括销售折扣、折让，销货退回等应负数冲减当期进项税额的情况。

2. 增值税一般纳税人申报的资料

使用防伪税控系统的增值税纳税人，必须报送记录当期纳税信息的IC卡、金税卡（明细数据备份在软盘的纳税人，还须报送备份数据软盘）、增值税专用发票存根联明细表及增值税专用发票抵扣联明细表，增值税专用发票汇总表及明细表、普通发票汇总表、纳税申报表及附表1至附表6、利润表和资产负债表、主管税务机关规定的其他必报资料。

增值税纳税人应当持有已开具的普通发票存根联、符合抵扣条件并且在本期申报抵扣的增值税专用发票抵扣联、海关进口货物完税凭证、运输发票、购进农产品普通发票的复印件、收购凭证的存根联或报查联、代扣代缴税款凭证存根联、主管税务机关规定的其他备查资料。

纳税人在纳税申报期内，应及时将全部必报资料的电子数据报送主管税务机关，并在主管税务机关按照税法规定确定的期限内，将纸质的必报资料报送主管税务机关，税务机关签收后，一份退还纳税人，其余留存。

（二）小规模纳税人纳税申报

1. 增值税小规模纳税人纳税申报表

增值税小规模纳税人纳税申报表见表2-6。

表2-6 　　　　　　　　增值税纳税申报表（适用小规模纳税人）

纳税人识别号：□□□□□□□□□□□□□□□□□□□

纳税人名称（公章）：　　　　　　　　　　　　　金额单位：元（列至角分）

税款所属期：　　年　月　日至　　年　月　日　　　填表日期：　　年　月　日

项目		栏次	本期数	本年累计
一计税依据	应征增值税货物及劳务不含税销售额	1		
	其中：税务机关代开的增值税专用发票不含税销售额	2		
	税控器具开具的普通发票不含税销售额	3		
	销售使用过的应税固定资产不含税销售额	4	——	——
	其中：税控器具开具的普通发票不含税销售额	5	——	——
	（三）免税货物及劳务销售额	6		
	其中：税控器具开具的普通发票销售额	7		
	（四）出口免税货物销售额	8		
	其中：税控器具开具的普通发票销售额	9		
二税款计算	本期应纳税额	10		
	本期应纳税额减征额	11		
	应纳税额合计	12 = 10 - 11		
	本期预缴税额	13		——
	本期应补（退）税额	14 = 12 - 13		——

表2-6(续)

纳税人或代理人声明：此纳税申报表是根据国家税收法律的规定填报的，我确定它是真实的、可靠的、完整的。	如纳税人填报，由纳税人填写以下各栏：
	办税人员（签章）：　　　　　　　　　　　　财务负责人（签章）： 法定代表人（签章）：　　　　　　　　　　　联系电话：
	如委托代理人填报，由代理人填写以下各栏：
	代理人名称：　　　　　　经办人（签章）：　　　　　　联系电话： 代理人（公章）：

受理人：　　　　　　受理日期：　　年　月　日　　　　　受理税务机关（签章）：

本表为 A3 竖式一式三份：一份纳税人留存，一份主管税务机关留存，一份征收部门留存。

2. 增值税小规模纳税人申报的资料

增值税纳税人必须持有适用于小规模纳税人的增值税纳税申报表、增值税纳税申报表附列资料、财务会计报表（资产负债表、利润表）。

小规模纳税人，不论有无销售，均应按期向主管税务机关报送增值税纳税申报表（适用小规模纳税人）。

增值税纳税申报表为一式两联：第一联为申报联，由纳税人按期向税务机关申报；第二联为收执联，纳税人于申报时连同申报表交税务机关盖章后带回作为申报凭证。

第五节　增值税涉税业务的账务处理

一、一般纳税人增值税业务的会计处理

(一) 会计科目的设置和使用

1. "应交税费——应交增值税"会计科目

"应交税费——应交增值税"一级科目借方发生额反映为企业购进货物或接受应税劳务支付的进项税额、实际已缴纳的增值税额和月终转出的应交未交的增值税额，贷方发生额反映销售货物、提供应税劳务收取的销项税额、出口企业收到的出口退税以及进项税额转出数和转出多交增值税；期末借方余额反映企业尚未抵扣的增值税。

在"应交税费——应交增值税"二级科目下，可设置"进项税额""已交税金"

"减免税款""出口抵减内销产品应纳税额""转出未交增值税""销项税额""出口退税""进项税额转出""转出多交增值税"等明细科目。

2. "应交税费——未交增值税"科目

"应交税费——未交增值税"科目的借方发生额反映企业上缴以前月份未交增值税和月末自"应交税费——应交增值税"科目转入的当月多交的增值税，贷方发生额反映企业月末自"应交税费——应交增值税"科目转入的当月未交的增值税额；期末余额，借方反映企业多交的增值税，贷方反映企业未交的增值税。

（二）增值税一般纳税人的会计处理

增值税一般纳税人按照规定可以采用凭相关发票注明税额抵扣的办法抵扣购进货物或者应税劳务的进项税额，所以增值税账务处理表现为两个部分，即购进部分经过会计处理计入进项税额，销售部分以向购买方收取的增值税作为销项税额。

1. 增值税一般纳税人进项税额的会计处理

（1）购进货物的会计处理。工业企业购进原材料已经入库，或者商业企业购进已经付款的商品，收到增值税专用发票时：

借：原材料（或者库存商品等）

　　应交税费——应交增值税（进项税额）

　贷：银行存款（或者库存现金、应付账款等）

（2）购进和销售货物取得符合抵扣进项税额条件的运费发票时：

借：原材料——××材料运费

　　应交税费——应交增值税（进项税额）

　贷：银行存款（或者库存现金、应付账款等）

（进项税额＝运输发票上符合抵扣条件的金额×7%）

【例2－8】四川鲲鹏有限公司某月购入原材料一批，取得的增值税专用发票上注明价款为500 000元、增值税额为85 000元，货物已验收入库，支付给承运企业运费1 000元，取得运输普通发票。上述款项已通过银行支付。

可抵扣的增值税进项税额＝85 000＋1 000×7%＝85 070（元）

借：原材料　　　　　　　　　　　　　　　　　　　　　　500 930

　　应交税费——应交增值税（进项税额）　　　　　　　　85 070

　贷：银行存款　　　　　　　　　　　　　　　　　　　　　586 000

如购入上述原材料时取得普通发票，注明金额为585 000元，或者虽取得增值税专用发票，但增值税专用发票不符合抵扣要求，则应将进项税额计入原材料成本，不得抵扣。

（3）购进货物取得普通发票或购进免税货物取得普通发票，不计提进项税额。

借：原材料（或者库存商品）

　贷：银行存款

【例2－9】四川鲲鹏有限公司某月从小规模纳税人购入商品一批，普通发票上注明金额为6 000元，货物验收已入库，货款已全部支付。

借：库存商品   6 000

  贷：银行存款   6 000

当一般纳税人从小规模纳税人处购进商品，往往无法取得增值税专用发票，一般纳税人不能够凭普通发票进行进项税额的抵扣，应将进项税额计入货物成本。

（4）购买货物，如果货物已经入库，但是未收到增值税专用发票。

在月末暂作：

借：原材料——××材料估价

  贷：应付账款

增值税专用发票收到后，用红字冲上述分录，然后按照正常的分录进行会计处理。

（5）工业企业委托外单位加工货物的应税劳务处理。

发出材料委托加工时：

借：委托加工材料

  贷：原材料

支付加工费并收到增值税专用发票时：

借：委托加工材料

    应交税费——应交增值税（进项税额）

  贷：银行存款

借：原材料

  贷：委托加工材料

【例2-10】四川鲲鹏有限公司为一般纳税人企业，某月将价值50 000元的材料运往其他企业代为加工，加工完毕收回时，取得代为加工企业开具的增值税专用发票上注明加工费为8 000元、增值税为1 360元，货物已经验收入库，加工费已经用银行存款支付。

发出原材料时：

借：委托加工物资   50 000

  贷：原材料——某材料   50 000

收到加工费专用发票时：

借：委托加工物资   8 000

    应交税费——应交增值税（进项税额）   1 360

  贷：银行存款   9 360

加工收回的材料入库时：

借：原材料   58 000

  贷：委托加工物资   58 000

一般纳税人接受应税劳务，按增值税专用发票上注明的增值税额，借记"应交税费——应交增值税（进项税额）"，按增值税专用发票上注明的应当计入加工、修理修配等物资成本的金额，借记"生产成本""委托加工物资""管理费用"等账户，按应支付或实付的金额，贷记"银行存款""应付账款"等账户。

（6）购进免税农业产品，按经批准使用的收购凭证或对方开出的普通发票额计算抵扣进项税额。

借：原材料等

应交税费——应交增值税（进项税额）

贷：银行存款（或者库存现金、应付账款等）

进项税额=发票注明金额×13%

原材料=发票注明金额-进项税额

【例2-11】四川鲲鹏有限公司向收农民收购自产的农副产品总价为50万元，使用经税务机关批准的收购凭证。

进项税额=500 000×13%=65 000（元）

借：原材料 435 000

应交税费——应交增值税（进项税额） 65 000

贷：银行存款 500 000

从2002年1月1日起，一般纳税人购买农业生产者销售免税农产品或向小规模纳税人购买的农业产品，准予按买价和13%的扣除率计算进项税额，从当期销项税额中抵扣。企业购进货物后，如果发生退货，应冲减进项税额；如果取得的增值税专用发票填开有误，应退还销货方并重新开具正确发票，否则按税法规定将不能作为扣税凭证，其进项税额就需要列入货物的购进成本。

2. 增值税一般纳税人进项税额转出的会计处理

如果最初依据日常经营活动用货物和应税劳务，购进时进项税额抵扣了当期的销项税额，但当这些货物或者应税劳务改变用途和目的时，本应形成的销项税额没有实现。为了不破坏进项税额与销项税额的对应关系，在会计处理上，需要将已计入"应交税费——应交增值税"借方的进项税额从"应交税费——应交增值税"的贷方转出，即借记有关成本、费用、损失账户，贷记"应交税费——应交增值税（进项税额转出）"账户。

（1）购进原材料和货物用于福利的进项税额转出的会计处理

外购原材料和货物用于福利的其进项税额最终没有体现在销项税额之中，所以不应抵扣，在前期销项税额抵扣的情形下，应将其转回，重新计算其应交增值税。

【例2-12】四川鲲鹏有限公司为增值税一般纳税人，1月购进毛巾一批，取得的增值税专用发票上注明价款为40 000元、增值税额为6 800元，货已验收入库，并支付全部货款。2月份将其作为福利分给职工。

1月份购入毛巾时：

借：库存商品 40 000

应交税费——应交增值税（进项税额） 6 800

贷：银行存款 46 800

2月份作为福利分给职工时：

应转出的进项税额=6 800（元）

借：管理费用（生产成本等） 46 800

贷：库存商品   40 000

   应交税费——应交增值税（进项税额转出）   6 800

为生产、销售购进的货物，其进项税额在购进时已计入"应交税费——应交增值税（进项税额）"，购进后被用于非应税项目、集体福利或个人消费时，应将其负担的增值税转入相关成本、费用类账户。

（2）购进原材料和货物用于免税项目进项税额转出的会计处理

企业购进货物，如果既用于应税项目又用于非应税项目，而进项税额不能分别核算时，月末应按照免税项目销售额占全部销售额的比例分摊不予抵扣的进项税额，即按照：

$$\begin{matrix}当期不予抵扣\\进项税额\end{matrix} = 当期取得进项税额 \times （当期销售免税货物金额 \div 当期销售金额）$$

借记"主营业务成本"等账户，贷记"应交税费——应交增值税（进项税额转出）"账户。

借：主营业务成本

  贷：应交税费——应交增值税（进项税额转出）

（3）非正常损失（如管理不善发生的火灾、失窃、自然灾害等）货物进项税额转出的会计处理

企业因管理不善造成货物被盗、火灾、发生变质等损失或因自然灾害给货物造成的损失均属于非正常损失。非正常损失有可能是购进货物，也有可能是在产品和产成品。根据税法的规定，非正常损失的购进货物和非正常损失的在产品、产成品所耗用的购进货物或者应税劳务的进项税额不得抵扣，在发生损失时，应将其进项税额和损失货物成本一起转出。借记"待处理财产损溢"账户，贷记"原材料""生产成本""产成品""库存商品"等账户。

借：待处理财产损溢

  贷：原材料

   应交税费——应交增值税（进项税额转出）

3. 增值税一般纳税人销项税额的会计处理

（1）一般销售货物提供应税劳务的会计处理

借：银行存款（应收账款、应收票据等）

  贷：主营业务收入

   应交税费——应交增值税（销项税额）

【例2-13】四川鲲鹏有限公司销售商品一批，开出的增值税专用发票上注明价款为100 000元、增值税额为1 700元。已经取得购货方的银行存款并将提货单交给购货方。

借：银行存款   117 000

  贷：主营业务收入   100 000

   应交税费——应交增值税（销项税额）   17 000

采取直接收款方式销售货物，不论货物是否发出，均以收到销售额或取得索取销

售额的凭证，并将提货单交给购买方的当天，确认销售额和纳税义务的发生，借记"银行存款"，贷记"主营业务收入""应交税费——应交增值税（销项税额）"账户。

（2）在销售中，采用商业折扣方法的会计处理

商业折扣是指销货方为了鼓励购货方多买而给予的价格折让。

如果销售额和折让金额在同一张发票上的注明的，会计处理为：

借：银行存款（商业折扣后的余额）
　　贷：主营业务收入
　　　　应交税费——应交增值税（销项税额）

如果销售额和折扣额不在同一张发票上注明的，则不能从销售款中扣除折扣额，会计处理为：

借：银行存款（商业折扣前的余额）
　　贷：主营业务收入
　　　　应交税费——应交增值税（销项税额）

（3）销售购进的原材料的会计处理

借：银行存款（应收账款、应收票据等）
　　贷：其他业务收入
　　　　应交税费——应交增值税（销项税额）

二、小规模纳税人增值税业务的会计处理

（一）会计科目的设置

小规模纳税人在"应交税费"账户下设置"应交税费——应交增值税"明细账户。该账户一般采用三栏式账页格式，借方反映上缴的增值税额，贷方反映当月销售货物或提供应税劳务应交的增值税及销售退回用红字冲销的增值税。期末余额一般在贷方，反映应交未交的增值税额。

（二）增值税小规模纳税人的会计处理

1. 增值税小规模纳税人购进货物的会计处理

小规模纳税人购进货物或接受劳务，不论收到增值税专用发票还是普通发票，在会计上均无须反映进项税额，按实际支付的款项，借记"原材料""库存商品""物资采购"等账户，贷记"银行存款"账户。

借：原材料（库存商品、物资采购等）
　　贷：银行存款

【例2－14】某小规模纳税人便利店购进货物一批，取得的普通发票上注明价款为5 000元，货款已支付。

借：原材料　　　　　　　　　　　　　　　　　　　　　　　　　5 000
　　贷：库存现金（银行存款等）　　　　　　　　　　　　　　　　　5 000

2. 增值税小规模纳税人销售货物的会计处理

小规模纳税人销售货物时，按货物的不含税销售额，贷记"主营业务收入"账户，

按货物不含税销售额与适用税率的乘积，贷记"应交税费——应交增值税"账户，按销售额与应交税费的合计借记"银行存款""应收账款"等账户。

借：银行存款（应收账款、应收票据等）

　　贷：主营业务收入

　　　　应交税费——应交增值税

【例2－15】某便利店为小规模纳税人，本月销售商品一批，取得零售收入5 000元。

不含税销售额 = 5 000 ÷ （1 + 3%）= 4 854.37（元）

借：银行存款　　　　　　　　　　　　　　　　5 000

　　贷：应交税费——应交增值税　　　　　　　　　　145.63

　　　　主营业务收入　　　　　　　　　　　　　　4 854.37

3. 增值税小规模纳税人上缴增值税的会计处理

每月月末，增值税小规模纳税人应在纳税期限内申报缴纳增值税，借记"应交税费——应交增值税"账户，贷记"银行存款""库存现金"等账户。

借：应交税费——应交增值税

　　贷：银行存款（库存现金等）

第六节　营业税改征增值税

营业税改征增值税（简称营改增）是指以前缴纳营业税的应税项目改成缴纳增值税，增值税只对产品或者服务的增值部分纳税，减少了重复纳税的环节，是根据经济社会发展新形势，从深化改革的总体部署出发做出的重要决策，目的是加快财税体制改革、进一步减轻企业赋税。

一、营业税改征增值税的征收范围

营业税改征增值税涉及的范围是交通运输业以及部分现代服务业。交通运输业包括陆路运输、水路运输、航空运输、管道运输。现代服务业包括研发和技术服务、信息技术服务、文化创意服务、物流辅助服务、有形动产租赁服务、鉴证咨询服务等。

二、营业税改征增值税的税率

建筑业和房地产业一般纳税人适用11%的税率，金融业和生活服务业一般纳税人适用6%的税率。小规模纳税人统一按3%的征收率计征。

表 2 - 7　　　　　　　　　　　　营改增最新税目税率表

大类	中类	小类	征收品目	原来营业税税率	增值税税率
销售服务	交通运输服务	陆路运输服务	铁路运输服务	3%	11%
			其他陆路运输服务		
		水路运输服务	水路运输服务		
		航空运输服务	航空运输服务		
		管道运输服务	管道运输服务		
	邮政服务	邮政普遍服务	邮政普遍服务	3%	11%
		邮政特殊服务	邮政特殊服务		
		其他邮政服务	其他邮政服务		
	电信服务	基础电信服务	基础电信服务	3%	11%
		增值电信服务	增值电信服务		6%
	建筑服务（新增）	工程服务	工程服务	3%	11%
		安装服务	安装服务		
		修缮服务	修缮服务		
		装饰服务	装饰服务		
		其他建筑服务	其他建筑服务		
	金融服务（新增）	贷款服务	贷款服务	5%	6%
		直接收费金融服务	直接收费金融服务		
		保险服务	人寿保险服务		
			财产保险服务		
		金融商品转让	金融产品转让		
	现代服务	研发和技术服务	研发服务	5%	6%
			合同能源管理服务		
			工程勘察服务		
			专业技术服务		
		信息技术服务	软件服务	5%	6%
			电路设计及测试服务		
			信息系统服务		
			业务流程管理服务		
			信息系统增值服务		
		文化创意服务（商标和著作权转让重分类至销售无形资产）	设计服务	3%/5%	6%
			知识产权服务		
			广告服务		
			会议展览服务		
		物流辅助服务	航空服务	3%/5%	6%
			港口码头服务		
			货运客运场站服务		
			打捞救助服务		
			装卸搬运服务		
			仓储服务		
			收派服务		

表2-7(续)

大类	中类	小类	征收品目	原来营业税税率	增值税税率
销售服务	现代服务	租赁服务	不动产融资租赁(新增)	5%	11%
			不动产经营租赁(新增)		
			有形动产融资租赁服务		17%
			有形动产经营租赁		
		鉴证咨询服务	认证服务	5%	6%
			鉴证服务		
			咨询服务		
		广播影视服务	广播影视节目(作品)制作服务	3%/5%	6%
			广播影视节目(作品)发行服务		
			广播影视节目(作品)播映服务		
		商务辅助服务(新增)	企业管理服务	5%	6%
			经纪代理服务		
			人力资源服务		
			安全保护服务		
		其他现代服务(新增)	其他现代服务	3%/5%	6%
	生活服务(新增)	文化体育服务	文化服务	3%/5%, 娱乐业5%~20%	6%
			体育服务		
		教育医疗服务	教育服务		
			医疗服务		
		旅游娱乐服务	旅游服务		
			娱乐服务		
		餐饮住宿服务	餐饮服务		
			住宿服务		
		居民日常服务	居民日常服务		
		其他生活服务	其他生活服务		
销售无形资产	销售无形资产(新增)	专利技术和非专利技术	专利技术和非专利技术	5%	6%(除销售土地使用权适用11%)
		商标	商标		
		著作权	著作权		
		商誉	商誉		
		自然资产使用权	自然资产使用权(含土地使用权)		
		其他权益性无形资产	其他权益性无形资产		

表2-7(续)

大类	中类	小类	征收品目	原来营业税税率	增值税税率
销售不动产	销售不动产	建筑物	建筑物	5%	11%
	(新增)	构筑物	构筑物		

三、营业税改征增值税的特点

营改增的最大特点是减少重复征税，可以促使社会形成更好的良性循环，有利于企业降低税负。营改增可以说是一种减税的政策。全面实施营改增，可以促进有效投资带动供给，以供给带动需求。对企业来讲，提高了盈利能力，能进一步推进转型发展。

营改增最大的变化，就是避免了营业税重复征税、不能抵扣、不能退税的弊端，实现了增值税"道道征税，层层抵扣"的目的，能有效降低企业税负。更重要的是，营改增改变了市场经济交往中的价格体系，把营业税的"价内税"变成了增值税的"价外税"，形成了增值税进项和销项的抵扣关系，这将从深层次上影响到产业结构的调整及企业的内部架构。

习 题

一、单项选择题

1. 一般纳税人销售应税消费品时，如果开具的是普通发票，在计算消费税时，销售额应按下列（   ）公式换算。

    A. 含增值税销售额÷（1－增值税税率）

    B. 含增值税销售额÷（1＋增值税税率）

    C. 含增值税销售额÷（1－消费税税率）

    D. 含增值税销售额÷（1＋消费税税率）

2. 2016年5月中旬，某商店（增值税小规模纳税人）购进童装150套，"六一"儿童节之前以每套98元的含税价格全部零售出去，该商店当月销售这批童装应纳增值税（   ）元。

    A. 428.16   B. 588.17

    C. 832.08   D. 882.35

3. 单位和个体经营者销售已使用过的（   ）应按简易办法计算缴纳增值税。

    A. 住宅   B. 小轿车

    C. 家具   D. 自行车

4. 1954年，正式提出增值税概念的国家是（   ）。

A. 英国   B. 法国

C. 美国   D. 荷兰

5. 我国现行的增值税的基本税率是（   ）。

A. 4%   B. 6%

C. 13%   D. 17%

6. 生产下列货物应按13%征收增值税的有（   ）。

A. 农机   B. 汽车

C. 家用电器   D. 办公用品

7. 将购买的货物用于下列项目，其进项税额准予抵扣的是（   ）。

A. 用于修建展厅   B. 用于发放奖品

C. 无偿赠送给客户   D. 作为发放职工的福利

8. 下列项目中，应确认收入计算销项税额的项目有（   ）。

A. 将购买的货物用于集体福利

B. 将购买的货物用于非应税项目

C. 将购买的货物交加工单位委托加工后收回继续生产使用的货物

D. 将购买的货物作为投资给其他单位

9. 增值税起征点的规定，只适用于（   ）。

A. 企业   B. 事业单位

C. 自然人个人   D. 个体经营者

10. 下列项目中，属于视同销售行为应当计算销项税额的有（   ）。

A. 将购买的货物用于非应税项目   B. 将购买的货物委托外单位加工

C. 购买的货物无偿赠送他人   D. 将购买的货物用于集体福利

11. 下列项目中，不得从计税销售额中扣除的有（   ）。

A. 折扣额与销售额同开在一张发票情形下的折扣额

B. 销售折扣额

C. 销售折让额

D. 销售退货额

12. 下列项目中，关于销项税额确认时间的正确说法是（   ）。

A. 购销方式销售的，为将提货单交给卖方的当天

B. 直接收款方式销售的，为发货当天

C. 预收货款方式销售的，为收款当天

D. 将自产货物用于集体福利和个人消费的为货物移送当天

二、多项选择题

1. 下列项目中，属于增值税免税货物的是（   ）。

A. 各类药品

B. 向社会收购的古书和旧书

C. 居民用煤

  D. 供残疾人专用的轮椅、假肢

 2. 增值税一般纳税人销售下列货物时，不得开具增值税专用发票的有（　　　）。

  A. 销售报关出口的货物

  B. 销售代销货物

  C. 直接销售给使用单位的汽车

  D. 销售免税货物

 3. 下列项目中，属于增值税一般纳税人适用低税率的货物有（　　　）。

  A. 粮食、植物油

  B. 向社会收购的古书和旧书

  C. 农产品、农机用具

  D. 报纸杂志

 4. 增值税的征税范围包括（　　　）。

  A. 在我国境内从事修理修配业务

  B. 在我国境内销售无形资产

  C. 在我国境内销售不动产

  D. 出口货物

 5. 纳税人销售货物或应税劳务，增值税纳税义务发生时间为（　　　）。

  A. 签订销售合同的当天

  B. 发出货物的当天

  C. 提供加工、修理修配劳务的当天

  D. 收讫销售款的当天

三、判断题

 1. 纳税人销售或者进口货物及提供加工、修理修配劳务一律适用 17% 的税率。

                        （　　　）

 2. 纳税人销售货物或应税劳务的价格明显偏低并无正当理由的，由主管税务机关核定其销售额。　　　　　　　　　　　　　　　　　　　　　　　　　　　（　　　）

 3. 纳税人销售货物或应税劳务，应当向购买方包括消费者开具增值税专用发票。

                        （　　　）

 4. 企业在销售货物中，为了鼓励购物方尽早偿还货款，按付款时间给予购货方一定比例的货款折扣，可以从货物销售额中减除。　　　　　　　　　　　　　（　　　）

 5. 纳税人采取以旧换新方式销售货物的，不得从新货物销售额中减除收购旧货物的款额。　　　　　　　　　　　　　　　　　　　　　　　　　　　　　　（　　　）

 6. 纳税人总、分机构不在同一县（市）的，应分别向各自所在地主管税务机关申报纳税。　　　　　　　　　　　　　　　　　　　　　　　　　　　　　　（　　　）

四、计算题

 1. 某大型商场为增值税一般纳税人，本月零售各类商品销售额为 1 000 万元（含税价）。本月购进商品 80 万元，增值税专用发票上注明增值税 13.6 万元；支付电费 5 万元，增值税专用发票上注明增值税 0.85 万元。试计算该月缴纳的增值税额。

2. 某棉纺织厂为增值税一般纳税人，2011 年 4 月发生以下经济业务：

（1）向农业生产者购进棉花，买价 400 000 元；

（2）购进燃料动力 400 000 元，增值税专用发票上注明增值税进项税额 68 000 元；

（3）从小规模纳税人购进辅助材料一批，对方开具的普通发票上列明价款 15 000 元；

（4）本月销售产品销售额计 1 000 000 元；

（5）将本厂生产的价值 200 000 元的产品作为投资，提供给联营单位。

要求：根据上述资料，计算该厂当月应纳增值税税额。

3. 某百货大楼为增值税一般纳税人，2016 年 1 月发生以下几笔经济业务，购销货物的税率为 17%。

（1）购入货物的增值税专用发票上注明货物金额 400 万元、增值税 68 万元，同时支付货物运费 4 万元、建设基金 1 000 元、装卸费 200 元、运输途中保险费 2 000 元，取得运费发票。

（2）销售货物价款为 800 万元。另外，用以旧换新方式向消费者个人销售货物收到现金 50 万元（已扣除旧货款 8.5 万元）。

（3）赠送给客户礼品共计 4 万元（不含增值税）。

（4）上年购进的货物用于职工福利，进价 1 万元，售价 1.2 万元。

（5）上年购进的货物发生损失，进价 4 000 元，售价 5 000 元。

要求：根据以上资料，计算该商场当月应纳的增值税税额。

4. 某电视机厂为增值税一般纳税人，税率为 17%，当月发生以下业务：

（1）5 月 1 日，向各大商场销售电视机 2 000 台，每台不含税销售单价 5 000 元，开具增值税专用发票；

（2）5 月 7 日，发货给外省分支机构 200 台电视机用于销售，并支付运费等费用 1 000 元，其中，取得的运输单位开具的发票上注明运费 600 元、建设基金 100 元、装卸费 100 元、保险费 200 元；

（3）5 月 12 日，采取以旧换新方式，从消费者手中收购旧型号电视机，销售新型号电视机 100 台，含税单价 5 850 元；

（4）5 月 15 日，购进生产电视机用原材料一批，取得的增值税专用发票上注明价款 2 000 000 元、增值税税额 340 000 元，材料已经验收入库；

（5）5 月 20 日，向某高校赠送电视机 20 台。

要求：根据上述资料，计算该厂当月应纳增值税税额。

5. 某五金公司为增值税一般纳税人，税率 17%，当月发生以下业务：

（1）销售甲产品给某大商场，开具增值税专用发票，取得不含税销售额为 80 万元；另外开具普通发票，取得销售甲产品的送货运输费收入 5.85 万元；

（2）销售乙产品，开具普通发票，取得含税销售额 29.25 万元；

（3）销售使用过的进口摩托车 5 辆，开具普通发票，每辆取得含税销售额 1.04 万元；该摩托车原值每辆0.9万元；

（4）购进货物取得的增值税专用发票上注明支付货款60万元、进项税额10.2万元，货物已经验收入库；另外支付购货的运输费用6万元，取得运输公司开具的普通发票。

要求：根据上述资料，计算该厂当月应纳增值税税额。

五、增值税账务处理题

1. 甲公司将自产的产品用于个人消费，该批产品的成本价为200万元，市场售价为300万元。假设甲公司为一般纳税人，增值税税率为17%。

2. 甲公司2016年5月份缴纳增值税共500 000元，其中应缴增值税额为600 000元；2007年6月缴纳增值税800 000元，其中本月应交增值税额600 000元，上月应交增值税额100 000元，多交了增值税100 000元。

3. 某商业企业从生产厂家购进货物不含税价为20 000元，增值税税额为3 400元，双方约定，货物全部售出后生产厂家返还资金2 340元。

六、问答题

1. 什么是增值税？

2. 增值税的纳税人有哪些？

3. 具有混合销售行为和兼营行为的怎样纳税？

4. 增值税的税率有几档？征税的货物和劳务有哪些？

5. 一般纳税人怎样计算应纳增值税税额？

6. 怎样确定当期销售额？

7. 哪些进项税额可以抵扣？

8. 在哪些情况下进项税额不能抵扣？

9. 小规模纳税人怎样计算应纳增值税税额？

10. 增值税的起征点是怎样规定的？

11. 进口货物怎样计算缴纳增值税？

12. 增值税出口退税的范围是什么？

13. 出口货物怎样办理增值税退（免）税？

14. 出口退（免）税怎样计算？

15. 增值税的主要免税、减税规定有哪些？

16. 增值税的纳税期限和纳税地点是怎样规定的？

第三章　消费税

学习目的：通过本章学习，了解消费税的概念和特点；熟悉消费税的纳税人、征税范围、税目及税率，纳税义务发生时间、纳税地点和纳税期限等问题；掌握不同纳税环节下消费税应纳税额的计算，熟悉纳税申报表的填列；掌握各种情况下消费税的会计处理。

第一节　消费税概述

一、消费税的概念

消费税是以消费品的流转额作为课税对象的各种税收的统称，是政府向消费品征收的税项。消费税是在对货物普遍征收增值税的基础上，选择少数消费品再征收的一个税种，主要是为了调节引导消费方向。

二、消费税的特点

（一）征收对象特定

我国目前的消费税暂行条例列举了烟、酒、化妆品等14个税目。消费税的征收是根据国家的产业政策和消费政策，有目的性地选择特定的部分商品进行征收，对相关产业和消费行为具有相关的指导性和引导性。

（二）征收环节单一

消费税不同于增值税，增值税是在每一个环节都要对增值部分征税，而消费税一般只是对应税消费品在生产、委托加工或者进口环节征税，在以后的批发、零售环节中不再缴纳消费税，同一个产品一般只是征收一道消费税，征收环节上采用一次课征制。

（三）税率和计税方法多样

消费税对每一种应税消费品的税率均有单独的考虑，有明显的政策和消费指导意图，所以应税消费品税率高低不一，有很强的针对性和指向性。计税方法实行从量计征、从价计征和混合计征三种方法。消费税主要是实行从价计征，小部分消费税应税商品实行从量计征，只有卷烟和白酒实行从价和从量的混合计征方法，从价定率和从量定额征收方式并存。

三、消费税纳税义务人

在中华人民共和国境内生产、委托加工和进口规定消费品的单位和个人，以及国务院确定的销售规定的消费品的其他单位和个人，为消费税的纳税义务人。其中，消费税纳税义务人的单位是指企业、行政单位、事业单位、军事单位、社会团体及其他单位；个人是指个体工商户及其他个人。

第二节　消费税的基本内容

一、消费税的征税对象和范围

消费税以在我国境内生产、委托加工和进口规定的消费品为征税对象，全部应税消费品可以概括为以下四大类：

（1）过度消费会对身体健康、社会环境等方面造成影响和危害的消费品，比如烟、酒、鞭炮和烟火；

（2）高档品和奢侈品，比如化妆品、贵重首饰及珠宝玉石、高尔夫球及球具、高档手表和游艇；

（3）不可再生和替代的资源或能源，比如成品油、一次性木筷和实木地板；

（4）高能耗和具有一定财政意义的消费品，比如小汽车、摩托车和汽车轮胎。

纳税人生产的应税消费品，于纳税人销售时纳税。纳税人自产自用的应税消费品，用于连续生产的应税消费品的，不纳税。所谓用于连续生产应税消费品，是指纳税人将自产自用的应税消费品作为直接材料生产最终应税消费品。自产自用应税消费品构成最终应税消费品的实体用于其他方面的，于移送使用时纳税。所谓其他方面，是指纳税人将自产自用应税消费品用于生产非应税消费品、在建工程、管理部门、非生产机构、提供劳务、馈赠、赞助、集资、广告、样品、职工福利、奖励等方面。委托加工的应税消费品，除受托方为个人外，由受托方在向委托方交货时代收代缴税款。委托加工的应税消费品，委托方用于连续生产应税消费品的，所纳税款准予按规定抵扣。进口的应税消费品，于报关进口时纳税。

纳税人兼营不同税率的应当缴纳消费税的消费品，是指纳税人生产销售两种税率以上的应税消费品。纳税人兼营不同税率的应当缴纳消费税的消费品，应当分别核算不同税率应税消费品的销售额、销售数量；未分别核算销售额、销售数量，或者将不同税率的应税消费品组成成套消费品销售的，从高适用税率。

二、消费税的税率

消费税的税目、税率，依照下面的消费税税目税率表执行。消费税的税目、税率的调整，由国务院决定。消费税税目税率表见表3－1。

表 3 - 1   消费税税目税率表

税目	税率	备注说明
一、烟		
1. 卷烟，每标准箱 5 万支，每标准条（200 支）调拨价格在 70 元（不含增值税）以上（含 70 元）的卷烟为甲类卷烟，低于此价格的为乙类卷烟		包括进口卷烟、白包卷烟、手工卷烟等
（1）甲类卷烟	45% 加 0.003 元/支	
（2）乙类卷烟	30% 加 0.003 元/支	
2. 卷烟批发环节	5%	
3. 雪茄烟	25%	包括各种规格、型号的雪茄烟
4. 烟丝	30%	包括以烟叶为原料加工生产的不经卷制的散装烟
二、酒及酒精		
1. 白酒	20% 加 0.5 元/500 克（或者 500 毫升）	含果木或者谷物为原料的蒸馏酒比照粮食白酒征税；用甜菜酿制的白酒，比照薯类白酒征税
2. 黄酒	240 元/吨	包括各种原料酿制的黄酒和酒度超过 12 度（含 12 度）的土甜酒
3. 啤酒，每吨出厂价（含包装物及包装物押金）在 3 000 元（不含增值税）以上（含 3 000 元）的啤酒为甲类啤酒，低于此价格的为乙类啤酒		
（1）甲类啤酒 包括包装和散装的啤酒	250 元/吨	
（2）乙类啤酒	220 元/吨	
（3）娱乐业、饮食业自制啤酒	250 元/吨	
4. 其他酒	10%	包括糠麸白酒、其他原料白酒、土甜酒、复制酒、果木酒、汽酒、药酒等
5. 酒精	5%	包括用蒸馏法和合成方法生产的各种工业酒精、医药酒精、食用酒精等
三、化妆品	30%	包括各类美容、修饰类化妆品，高档护肤类化妆品和成套化妆品。美容、修饰类化妆品是指香水、香水精、香粉、口红、指甲油、胭脂、眉笔、唇笔、蓝眼油、眼睫毛以及成套化妆品
四、贵重首饰及珠宝玉石		

表3－1（续）

税目	税率	备注说明
1. 金银首饰、铂金首饰和钻石及钻石饰品	5%	在零售环节征收消费税，仅限于金、银和金基、银基合金首饰，以及金银和金基、银基合金的镶嵌首饰
2. 其他贵重首饰和珠宝玉石	10%	在生产环节销、售环节征收消费税，包括各种珠宝首饰和经采掘、打磨、加工的各种珠宝玉石
五、鞭炮、焰火	15%	包括各种鞭炮、焰火
六、成品油		
1. 汽油		自2009年1月1日起，实行燃油税费改革，取消原先养路费用等六大收费项目，改征收燃油税。燃油税的征收是通过提高消费税的定额税率来实现的。其中，汽油包括了车用汽油、航空汽油和起动汽油；柴油包括了轻柴油、重柴油、农用柴油和军用柴油
（1）含铅汽油	0.28元/升	
（2）无铅汽油	0.20元/升	
2. 柴油	0.10元/升	
3. 航空煤油	0.10元/升	
4. 石油脑	0.20元/升	
5. 溶剂油	0.20元/升	
6. 润滑油	0.20元/升	
7. 燃料油	0.10元/升	
七、汽车轮胎	3%	2001年1月1日起对子午线轮胎免征消费税，对翻新轮胎停止征收消费税
八、摩托车		
1. 气缸容量（排气量，下同）在250毫升（含250毫升）以下的	3%	
2. 气缸容量在250毫升以上的	10%	
九、小汽车		
1. 乘用车		
（1）气缸容量（排气量，下同）在1.0升（含1.0升）以下的	1%	
（2）气缸容量在1.0升以上至1.5升（含1.5升）的	3%	
（3）气缸容量在1.5升以上至2.0升（含2.0升）的	5%	
（4）气缸容量在2.0升以上至2.5升（含2.5升）的	9%	

表3-1(续)

税目	税率	备注说明
(5) 气缸容量在 2.5 升以上至 3.0 升（含 3.0 升）的	12%	
(6) 气缸容量在 3.0 升以上至 4.0 升（含 4.0 升）的	25%	
(7) 气缸容量在 4.0 升以上	40%	
2. 中轻型商用客车	5%	
十、高尔夫球及球具	10%	
十一、高档手表	20%	
十二、游艇	10%	
十三、木制一次性筷子	5%	
十四、实木地板	5%	

消费税的征税对象具体划分为 14 个税目，分别为烟、酒、化妆品、护肤护发品、贵重首饰及珠宝玉石、鞭炮烟火、汽油、柴油、汽车轮胎、摩托车、小汽车、高尔夫球及球具、高档手表、游艇、木制一次性筷子、实木地板等。税率采用有差别的比例税率和定额税率两种。

第三节　消费税的计算

一、直接销售应税消费品应纳税额的计算

（一）应税消费品直接销售额，不包括应向购货方收取的增值税税款

如果纳税人应税消费品的销售额中未扣除增值税税款或者因不得开具增值税专用发票而发生价款和增值税税款合并收取的，在计算消费税时，应当换算为不含增值税税款的销售额。其换算公式为：

应税消费品的销售额 = 含增值税的销售额 ÷（1 + 增值税税率或者征收率）

消费税实行从价定率、从量定额，或者从价定率和从量定额复合计税（以下简称复合计税）的办法计算应纳税额。应纳税额的计算公式为：

实行从价定率办法计算的应纳税额 = 销售额 × 消费税比例税率

实行从量定额办法计算的应纳税额 = 销售数量 × 单位消费税定额税率

实行复合计税办法计算的应纳税额 = 销售额 × 消费税比例税率 + 销售数量 × 单位消费税定额税率

销售额为纳税人销售应税消费品向购买方收取的全部价款和价外费用。价外费用，是指售价外向购买方收取的手续费、补贴、基金、集资费、返还利润、奖励费、违约

金、滞纳金、延期付款利息、赔偿金、代收款项、代垫款项、包装费、包装物租金、储备费、优质费、运输装卸费以及其他各种性质的价外收费。

（二）纳税人应税消费品的计税价格明显偏低并无正当理由的，由主管税务机关核定其计税价格

应税消费品的计税价格的核定权限规定如下：

（1）卷烟、白酒和小汽车的计税价格由国家税务总局核定，送财政部备案；

（2）其他应税消费品的计税价格由省、自治区和直辖市国家税务局核定；

（3）进口的应税消费品的计税价格由海关核定。

（三）直接销售应税消费品涉及包装物的处理

应税消费品连同包装物销售的，无论包装物是否单独计价以及在会计上如何核算，均应并入应税消费品的销售额中缴纳消费税。如果包装物不作价随同产品销售，而是收取押金，此项押金则不应并入应税消费品的销售额中征税。但对因逾期未收回的包装物不再退还的或者已收取的时间超过12个月的押金，应并入应税消费品的销售额，按照应税消费品的适用税率缴纳消费税。

对既作价随同应税消费品销售，又另外收取押金的包装物的押金，凡纳税人在规定的期限内没有退还的，均应并入应税消费品的销售额，按照应税消费品的适用税率缴纳消费税。

【例3-1】某烟厂出售卷烟20个标准箱，每标准条调拨价格为80元，共计300 000元，烟丝45 000元，不退包装物，采取托收承付结算方式，货已发出并办好托收手续。计算应纳消费税税额如下：

$20 \times 150 + 300\,000 \times 45\% + 45\,000 \times 30\% = 151\,500$（元）

【例3-2】某酒厂以粮食白酒100 000箱（每箱120元，每箱6瓶，每瓶500克）换取建筑材料，满足扩建工厂需要。计算应纳消费税税额如下：

$100\,000 \times 120 \times 25\% + 100\,000 \times 6 \times 0.5 \times 1 = 330\,000$（元）

【例3-3】某烟厂购买已税烟丝2 000千克，每千克30元，未扣增值税。加工成卷烟200个标准箱，每标准箱调拨价格为7 500元，全部售出。计算应纳消费税税额如下：

烟丝不含增值税销售额 $= 2\,000 \times 30 / (1 + 17\%) = 51\,282$（元）

卷烟应纳消费税税额 $= 200 \times 150 + 200 \times 7\,500 \times 30\% - 51\,282 \times 30\% = 428\,718$（元）

【例3-4】四川鲲鹏有限公司采购原油40吨，委托炼油厂加工成汽油12吨。计算应纳消费税税额如下：

$12 \times 1\,388 \times 0.2 = 3\,331.20$（元）

二、自产自用的应税消费品应纳税额的计算

消费税纳税人自产自用的应税消费品，按照纳税人生产的同类消费品的销售价格计算纳税；没有同类消费品销售价格的，按照组成计税价格计算纳税。

同类消费品的销售价格，是指纳税人或者代收代缴义务人当月销售的同类消费品的销售价格，如果当月同类消费品各期销售价格高低不同，应按销售数量加权平均计算。销售的应税消费品有下列情况之一的，不得列入加权平均计算：

（1）销售价格明显偏低并无正当理由的；

（2）无销售价格的。如果当月无销售或者当月未完结，应按照同类消费品上月或者最近月份的销售价格计算纳税。

实行从价定率办法计算纳税的组成计税价格的计算公式为：

组成计税价格 ＝（成本＋利润）÷（1－比例税率）

实行复合计税办法计算纳税的组成计税价格的计算公式为：

组成计税价格 ＝（成本＋利润＋自产自用数量×定额税率）÷（1－比例税率）

式中：成本是指应税消费品的产品生产成本；利润是指根据应税消费品的全国平均成本利润率计算的利润。应税消费品全国平均成本利润率由国家税务总局确定。

三、委托加工的应税消费品应纳税额的计算

委托加工的应税消费品，是指由委托方提供原料和主要材料，受托方只收取加工费和代垫部分辅助材料加工的应税消费品。对于由受托方提供原材料生产的应税消费品，或者受托方先将原材料卖给委托方，然后再接受加工的应税消费品，以及由受托方以委托方名义购进原材料生产的应税消费品，不论在财务上是否作销售处理，都不得作为委托加工应税消费品，而应当按照销售自制应税消费品缴纳消费税。

消费税纳税人委托加工的应税消费品，按照受托方的同类消费品的销售价格计算纳税；没有同类消费品销售价格的，按照组成计税价格计算纳税。

实行从价定率办法计算纳税的组成计税价格的计算公式为：

组成计税价格 ＝（材料成本＋加工费）÷（1－比例税率）

实行复合计税办法计算纳税的组成计税价格计算公式为：

组成计税价格 ＝（材料成本＋加工费＋委托加工数量×定额税率）÷（1－比例税率）

公式中的材料成本是指委托方所提供加工材料的实际成本。委托加工应税消费品的纳税人，必须在委托加工合同上如实注明（或者以其他方式提供）材料成本，凡未提供材料成本的，受托方主管税务机关有权核定其材料成本。加工费是指受托方加工应税消费品向委托方所收取的全部费用，包括代垫辅助材料的实际成本。

四、进口的应税消费品应纳税额的计算

对消费税纳税人进口的应税消费品，按照组成计税价格计算纳税。

实行从价定率办法计算纳税的组成计税价格的计算公式为：

组成计税价格 ＝（关税完税价格＋关税）÷（1－消费税比例税率）

实行复合计税办法计算纳税的组成计税价格的计算公式为：

组成计税价格 ＝（关税完税价格＋关税＋进口数量×消费税定额税率）

÷（1－消费税比例税率）

公式中的关税完税价格是指海关核定的关税计税价格。

第四节　消费税的征收管理

一、消费税的纳税环节

纳税人生产的应税消费品直接用于销售的，于销售时纳税，即生产销售环节纳税。

纳税人自产自用的应税消费品用于连续生产的，不纳税；用于其他方面的，于移送使用时纳税。

纳税人委托加工的，当受托方为个体业户时，由委托方自行申报纳税；除此之外，由受托方向委托方交货时代收代缴消费税。

进口的应税消费品，于报关进口时纳税，即进口环节纳税。

出口的应税消费品办理退税后，发生退关，或者国外退货进口时予以免税的，报关出口者必须及时向其机构所在地或者居住地主管税务机关申报补缴已退的消费税税款。

纳税人直接出口的应税消费品办理免税后，发生退关或者国外退货，进口时已予以免税的，经机构所在地或者居住地主管税务机关批准，可暂不办理补税，待其转为国内销售时，再申报补缴消费税。

纳税人销售的应税消费品，如因质量等原因由购买者退回时，经机构所在地或者居住地主管税务机关审核批准后，可退还已缴纳的消费税税款。

二、消费税的纳税义务发生时间

（1）纳税人销售应税消费品的，按不同的销售结算方式分别为：

①采取赊销和分期收款结算方式的，为书面合同约定的收款日期的当天，书面合同没有约定收款日期或者无书面合同的，为发出应税消费品的当天；

②采取预收货款结算方式的，为发出应税消费品的当天；

③采取托收承付和委托银行收款方式的，为发出应税消费品并办妥托收手续的当天；

④采取其他结算方式的，为收讫销售款或者取得索取销售款凭据的当天。

（2）纳税人自产自用应税消费品的，为移送使用的当天。

（3）纳税人委托加工应税消费品的，为纳税人提货的当天。

（4）纳税人进口应税消费品的，为报关进口的当天。

三、消费税的纳税期限

消费税的纳税期限分别为 1 日、3 日、5 日、10 日、15 日、1 个月或者 1 个季度。纳税人的具体纳税期限，由主管税务机关根据纳税人应纳税额的大小分别核定；不能按照固定期限纳税的，可以按次纳税。

纳税人以 1 个月或者 1 个季度为 1 个纳税期的，自期满之日起 15 日内申报纳税；以 1 日、3 日、5 日、10 日或者 15 日为 1 个纳税期的，自期满之日起 5 日内预缴税款，于次月 1 日起 15 日内申报纳税并结清上月应纳税款。

纳税人进口应税消费品，应当自海关填发海关进口消费税专用缴款书之日起 15 日内缴纳税款。

四、消费税的纳税地点

消费税由税务机关征收。纳税人销售的应税消费品，以及自产自用的应税消费品，除国务院财政、税务主管部门另有规定外，应当向纳税人机构所在地或者居住地的主管税务机关申报纳税。

委托加工的应税消费品，除受托方为个人外，由受托方向机构所在地或者居住地的主管税务机关解缴消费税税款。委托个人加工的应税消费品，由委托方向其机构所在地或者居住地主管税务机关申报纳税。纳税人到外县（市）销售或者委托外县（市）代销自产应税消费品的，于应税消费品销售后，向机构所在地或者居住地主管税务机关申报纳税。

进口的应税消费品，应当向报关地海关申报纳税。个人携带或者邮寄进境的应税消费品的消费税，连同关税一并计征。具体办法由国务院关税税则委员会会同有关部门制定。进口的应税消费品，由进口人或者其代理人向报关地海关申报纳税。

纳税人的总机构与分支机构不在同一县（市）的，应当分别向各自机构所在地的主管税务机关申报纳税；经财政部、国家税务总局或者其授权的财政、税务机关批准，可以由总机构汇总向总机构所在地的主管税务机关申报纳税。

五、消费税的减免税规定

对生产销售达到低污染排放限值的小轿车、越野车和小客车减征 30% 的消费税。低污染排放限值是指相当于"欧Ⅱ"排放标准。

减征税额＝按法定税率计算的消费税额×30%

征税额＝按法定税率计算的消费税额－减征税额

对消费税纳税人出口应税消费品，免征消费税，国务院另有规定的除外。出口应税消费品的免税办法，由国务院财政、税务主管部门规定。

六、消费税的纳税申报

（一）消费税纳税申报表

消费税纳税人纳税申报是指消费税纳税人依照税收法律法规规定或主管税务机关依法确定的申报期限，向主管税务机关办理消费税纳税申报的业务。消费税纳税申报表见表 3-2。

表 3 - 2　　　　　　　　　　　　消费税纳税申报表

填表日期：　　年　月　日

纳税编码

纳税人识别号

纳税人名称：　　　　　　　　　　　　　　　　　　地　　址：

税款所属期：　　年　月　日至　　年　月　日　　　　联系电话：

应税消费品名称	适用税目	应税销售额（数量）	适用税率（单位税额）	当期准予扣除外购应税消费品买价（数量）				外购应税消费品适用税率（单位税额）
				合计	期初库存外购应税消费品买价（数量）	当期购进外购应税消费品买价（数量）	期末库存外购应税消费品买价（数量）	
1	2	3	4	5 = 6 + 7 - 8	6	7	8	9
合计								

应纳消费税		当期准予扣除外购应税消费品已纳税款	当期准予扣除委托加工应税消费品已纳税款			
本期	累计		合计	期初库存委托加工应税消费品已纳税款	当期收回委托加工应税消费品已纳税款	期末库存委托加工应税消费品已纳税款
15 = 3 × 4 - 10 或 3 × 4 - 11 或 3 × 4 - 10 - 11	16	10 = 5 × 9	11 = 12 + 13 + 14	12	13	14

已纳消费税			本期应补（退）税金额		
本期	累计	合计	上期结算税额	补交本年度欠税	补交以前年度欠税
17	18	19 = 15 - 26 - 27	20	21	22

截至上年底累计欠税额	本年度新增欠税额		减免税额	预缴税额	多缴税额
	本期	累计			
23	24	25	26 = 3 × 4 × 征减幅度	27	28

如纳税人填报，由纳税人填写以下各栏		如委托代理人填报，由代理人填写以下各栏			备注
会计主管：	纳税人	代理人名称		代理人	
		代理人地址			
（签章）	（公章）	经办人		（公章）	
				电话	
以下由税务机关填写					
收到申报表日期			接收人		

填表说明：

(1)第2栏"适用税目"必须按照《中华人民共和国消费税暂行条例》规定的税目填写。

(2)第10栏，准予抵扣项目无减税优惠的按10＝5×9的勾稽关系填报；准予抵扣项目有减税优惠的按10＝5×9×（1－减征幅度）的勾稽关系填报。目前准予抵扣且有减税优惠的项目为石脑油、润滑油，减征幅度为70%。

(3)第26栏，全额免税的应税消费品按"26＝3×4"填报，减征税款的应税消费品按"26＝3×4×减征幅度"填报。目前有减税优惠的项目为石脑油、溶剂油，润滑油、燃料油减征幅度为70%。

本表一式三份，区（分）局、计征局、纳税人各一份。

(二) 消费税纳税申报准备的资料

消费税纳税申报准备的资料有消费税纳税申报表，外购应税消费品连续生产应税消费品的，提供外购应税消费品增值税专用发票（抵扣联）原件和复印件。如果外购应税消费品的增值税专用发票属于汇总填开的，除提供增值税专用发票（抵扣联）原件和复印件外，还应提供随同增值税专用发票取得的由销售方开具并加盖财务专用章或发票专用章的销货清单原件和复印件。委托加工收回应税消费品连续生产应税消费品的，提供代扣代收税款凭证原件和复印件。进口应税消费品连续生产应税消费品的，提供海关进口消费税专用缴款书原件和复印件。扣缴义务人必须报送消费税代扣代缴税款报告表。汽油、柴油消费税纳税人还需报送：生产企业生产经营情况表（油品）；生产企业产品销售明细表（油品）；主管部门下达的月度生产计划；企业根据生产计划制订的月份排产计划。抵减进口葡萄酒消费税退税纳税人还需报送海关进口消费税专用缴款书复印件。

第五节　消费税涉税业务的账务处理

一、会计科目的设置和使用

消费税会计科目的设置是为了反映消费税的应交、已缴、欠缴和多缴消费税的情况。消费税的核算需要在会计一级科目"应交税费"下增设明细二级科目下"应交消费税"，进行明细科目的会计核算。其借方发生额反映企业实际缴纳的消费税和待扣的消费税，贷方发生额反映企业按照规定应缴纳的消费税；期末借方余额表示多缴纳的消费税，期末贷方余额表示尚未缴纳的消费税。消费税在按照规定缴纳时，借记"营业税金及附加"，贷记"应交税费——应交消费税"。

二、消费税的会计处理

(一) 企业生产应税消费品的消费税的会计处理

1. 直接销售应税消费品的会计处理

计算消费税时：

借：营业税金及附加
　　贷：应交税费——应交消费税

实际缴纳消费税时：

借：应交税费——应交消费税
　　贷：银行存款

2. 自产自用的应税消费品的会计处理

借：在建工程
　　贷：应交税费——应交消费税

3. 包装物应交消费税的会计处理

（1）随同产品出售但不单独计价的包装物并入销售额计算，应缴纳的消费税与因产品销售应缴纳的消费税一起计入产品"营业税金及附加"，借记"营业税金及附加"等科目，贷记"应交税费——应交消费税"科目。

（2）随同产品出售但单独计价的包装物，收入计入其他业务收入，按规定应缴纳的消费税相应计入其他业务支出。即按单独计价包装物应缴纳的消费税，借记"其他业务支出"科目，贷记"应交税费——应交消费税"科目。

（3）出租、出借包装物收取的押金，如果包装物逾期未收回而将押金没收，没收的押金转入其他业务收入，按规定应缴纳的消费税，也应计入其他业务支出，借记"其他业务支出"等科目，贷记"应交税费——应交消费税"科目。

出租包装物收取押金时：

借：银行存款
　　贷：其他应付款

逾期未收回包装物没收押金时（含增值税）：

借：其他应付款
　　贷：其他业务收入（不含增值税的收入）
　　　　应交税费——应交增值税（销项税额）

计算押金收入应缴纳的消费税时：

借：其他业务支出
　　贷：应交税费——应交消费税

（二）企业委托加工应税消费品的消费税的会计处理

（1）企业委托加工应税消费品，收回后直接出售的，支付的消费税应该计入加工材料的成本之中。

借：委托加工物资
　　贷：银行存款（现金等）

（2）企业委托加工应税消费品，收回后继续生产应税消费品的，可以做消费税抵扣。

借：应交税费——应交消费税
　　贷：银行存款（现金等）

（三）企业生产应税消费品发生销货退回情形的消费税的会计处理

发生应税消费品销货退回时：

借：应交税费——应交消费税

　　贷：营业税金及附加

收到退回的消费税税款时：

借：银行存款

　　贷：应交税费——应交消费税

习　题

一、单项选择题

1. 以下应税消费品中，适用比例税率的有（　　）。

    A. 啤酒　　　　　　　　　　B. 汽油

    C. 黄酒　　　　　　　　　　D. 其他酒

2. 自产自用的应当缴纳消费税的应税消费品的组成计税价格公式是（　　）。

    A. （成本＋利润）÷（1＋消费税税率）

    B. （成本＋利润）÷（1－消费税税率）

    C. （完税价格＋关税）÷（1－消费税税率）

    D. （完税价格＋关税）÷（1＋消费税税率）

3. 一般纳税人销售应税消费品时，如果开具的是普通发票，在计算消费税时，销售额应按下列（　　）公式换算。

    A. 含增值税销售额÷（1－增值税税率）

    B. 含增值税销售额÷（1＋增值税税率）

    C. 含增值税销售额÷（1－消费税税率）

    D. 含增值税销售额÷（1＋消费税税率）

4. 委托加工收回的应税消费品由委托方收回后直接出售，应缴纳的税金有（　　）。

    A. 消费税　　　　　　　　　B. 消费税和增值税

    C. 增值税　　　　　　　　　D. 什么税都不交

5. 下列外购已税消费品连续生产应税消费品销售时，准予扣除外购时已纳消费税的有（　　）。

    A. 外购已税汽车轮胎生产的小轿车

    B. 外购已税珠宝玉石生产的金银首饰

    C. 外购已税酒生产的勾兑酒

    D. 外购已税两轮摩托车改装的三轮摩托车

二、多项选择题

1. 下列应税消费品中，采用复合计税方法计算消费税的有（　　）。
   A. 烟丝
   B. 卷烟
   C. 白酒
   D. 酒精

2. 从价定率计征消费税时，销售额中应包括（　　）。
   A. 价款
   B. 价外费用
   C. 消费税金
   D. 增值税金

3. 下列商品中适用定额税率征收消费税的商品有（　　）。
   A. 汽油
   B. 柴油
   C. 小汽车
   D. 啤酒

4. 下列货物征收消费税的有（　　）。
   A. 啤酒
   B. 汽车轮胎
   C. 电视机
   D. 金银首饰

三、判断题

1. 消费税的征税环节与增值税一样，都是从生产到流通的所有环节。（　　）
2. 对应税消费品征收消费税后，不再征收消费税。（　　）
3. 计征消费税和增值税的价格，均为含消费税金不含增值税金的价格。（　　）
4. 当货物为应税消费品时，对其征收增值税的同时也应对其征收消费税。（　　）
5. 企业受托加工应税消费品代收代缴的消费税，在采用组成计税价格计税时，组价的构成应当是材料成本与加工费之和。（　　）
6. 委托加工收回的应税消费品尚未销售，由于受托方未代收代缴消费税，委托方应看成自制应税消费品补交消费税。（　　）

四、计算题

1. 某卷烟厂（增值税一般纳税人）委托某烟丝加工厂（增值税小规模纳税人）加工一批烟丝，卷烟厂提供的烟叶在委托加工合同上注明成本 8 万元。烟丝加工完，卷烟厂提货时，加工厂收取加工费，开具的普通发票上注明金额 1.272 万元，并代扣代缴了烟丝的消费税。卷烟厂将这批加工收回的烟丝 50% 对外直接销售，收入 6.5 万元，另 50% 当月全部用于生产卷烟。本月销售卷烟 40 标准箱，取得不含税收入 60 万元。

请根据以上业务计算：

（1）卷烟厂应纳的消费税税额；

（2）受托方应纳的增值税额（烟丝消费税税率为 30%，卷烟消费税税率为 45%，固定税额为标准箱 150 元）。

2. 某酒厂本月发生以下业务：

（1）自制粮食白酒 5 吨，对外售出 4 吨，收到不含税销售额 20 万元（含包装费 3 万元），另收取包装物押金（单独核算）0.2 万元；

（2）以自制薯类白酒 500 千克继续加工成药酒 600 千克，全部售出，普通发票上注明销售额 7.2 万元；

（3）从另一酒厂购入粮食白酒 400 千克（已纳消费税 0.4 万元），全部勾兑成低度白酒出售，数量 500 千克，取得不含税收入 2.5 万元。

请计算该酒厂本月应纳消费税。（白酒定额税率为 0.25 元/千克，比例税率为 25%，药酒比例税率为 10%）

3. 某化妆品有限公司委托某化工厂加工化妆品 1 000 套。化工厂没有该种化妆品同类产品的销售价格，该批化妆品原料成本为 4 550 元，支付加工费 1 400 元，增值税 238 元，同时两个月前收取包装物租金 2 340 元，押金 23 400 元，购销双方约定，两个月归还包装物并退还押金，但购货方违约逾期未归还包装物，没收押金。则某化工厂应代收代缴消费税为多少元？（已知化妆品消费税税率为 30%）

五、消费税账务处理题

1. 某摩托车公司 2016 年 2 月销售摩托车 100 部，每部售价 2 万元（不含增值税），货款未收。摩托车每部成本为 1 万元；适用消费税税率为 10%。

2. 某汽车制造企业 2016 年 3 月将自产的一辆汽车用于在建工程，同类汽车销售价为 30 万元，该汽车成本为 20 万元，适用消费税税率为 5%。

六、问答题

1. 什么是消费税？

2. 消费税的纳税人有哪些？

3. 消费税的税目有哪些？税率（税额标准）是多少？

4. 消费税的应纳税额怎样计算？

5. 出口的应税消费品是否可以免退消费税？

6. 消费税的纳税义务发生时间是怎样规定的？

7. 消费税的纳税期限和纳税地点是怎样规定的？

第四章　营业税

学习目的：通过本章学习，应掌握营业税的基本征税制度，会判断是否属于营业税纳税人；能熟练计算应纳营业税税额和代扣代缴的营业税；会根据企业实际业务资料填制营业税月度纳税申报表、相关附表及税款缴纳。

第一节　营业税概述

一、营业税的概念

营业税是对在中华人民共和国境内提供应税劳务的单位和个人，就其营业额征收的一种税。营业税属于流转税性质的税种，是地方各级政府财政收入的重要来源。

1993 年 12 月 13 日，国务院颁布了《中华人民共和国营业税暂行条例》，1993 年 12 月 25 日财政部制定了《中华人民共和国营业税暂行条例实施细则》，从 1994 年 1 月 1 日起实行。2008 年 11 月 5 日国务院第 34 次常务会议对原条例进行了修订，2008 年 12 月 15 日财政部、国家税务总局制定了实施细则，从 2009 年 1 月 1 日起正式执行。

二、营业税的特点

营业税与其他税种相比，具有以下特点：

（一）征收面广

营业税的征税范围非常广泛，涵盖除商业批发、零售以及加工、修理修配劳务以及销售服务、销售不动产与无形资产以外的第三产业以及第二产业的建筑业。不分国有、集体、私营和外资企业，不分城市和乡镇，不分是单位还是个体经营，都是营业税的征税范围。随着社会主义市场经济的发展和人民消费水平的提高，第三产业迅速发展，营业税收入稳定，增长较快。

（二）以营业额全额为计税依据

营业税属流转税，计税依据为营业额，税额不受成本、费用高低的影响，对保证财政收入的稳定增长具有重要的作用。

（三）按行业设计税目税率

一方面，营业税对同一行业，不论经济性质如何，均按同一税率征税，税负公平、合理，便于在平等条件下开展竞争；另一方面，营业税根据不同行业的经营特点，适当分档制定差别比例税率,以实行区别对待。

(四)征收简便

营业税一般以营业收入全额为计税依据,实行比例税率,且按行业设计税目税率,容易掌握和控制,计征简便易行,有利于节省征收费用。

第二节 营业税的基本内容

一、营业税的纳税人和扣缴义务人

(一)纳税人

1. 一般规定

在中华人民共和国境内提供应税劳务的单位和个人,为营业税的纳税人。单位是指各种性质的企业(内资及涉外)、行政单位、事业单位、军事单位、社会团体及其他单位,不包括单位依法不需要办理税务登记的内设机构,个人是指个体工商户和其他个人。

2. 特殊规定

(1)单位以承包、承租、挂靠方式经营的,承包人、承租人、挂靠人(以下统称承包人)发生应税行为,承包人以发包人、出租人、被挂靠人(以下统称发包人)名义对外经营并由发包人承担相关法律责任的,以发包人为纳税人;否则,以承包人为纳税人。

(2)中央铁路运营业务的纳税人为铁道部;合资铁路运营业务的纳税人为合资铁路公司;地方铁路运营业务的纳税人为地方铁路管理机构;基建临管线运营业务的纳税人为基建临管线管理机构。

(二)扣缴义务人

(1)中华人民共和国境外的单位或者个人在境内提供应税劳务、转让无形资产或者销售不动产,在境内未设有经营机构的,以其境内代理人为扣缴义务人;在境内没有代理人的,以受让方或者购买方为扣缴义务人。

(2)国务院财政、税务主管部门规定的其他扣缴义务人。

二、营业税的征税范围

营业税的征税范围为在中华人民共和国境内提供应税劳务。

三、营业税的应税行为

(一)一般应税行为

营业税的应税行为是指有偿提供应税劳务的行为。所谓有偿,是指从受让方取得货币、货物或其他经济利益。

单位或者个体工商户聘用的员工为本单位或者雇主提供条例规定的劳务，不属于营业税的征收范围。加工和修理、修配劳务，不属于应税劳务（属非应税劳务）。

（二）混合销售行为

1. 混合销售行为的概念

对于纳税人的一项销售行为如果既涉及应税劳务又涉及货物，为混合销售行为。即从事货物的生产、批发中既涉及应纳营业税的应税劳务，又涉及应纳增值税的货物销售，我们称为混合销售。货物是指有形动产，包括电力、热力、气体在内。

2. 混合销售行为的税务处理

（1）从事货物生产、批发或零售的企业、企业性单位及个体经营者的混合销售行为，视为销售货物，不征收营业税；其他单位和个人的混合销售行为，视为提供应税劳务，应当征收营业税。

所谓从事货物生产、批发或零售的企业、企业性单位及个体经营者，包括以从事货物的生产、批发或零售为主，并兼营应税劳务的企业、企业性单位及个体经营者在内。

所谓以从事货物的生产、批发或零售为主，并兼营应税劳务是指纳税人的年货物销售额中与营业税应税劳务营业额的合计数中，年货物销售额超过50%，营业税应税劳务营业额不到50%。

（2）纳税人的下列混合销售行为，应当分别核算应税劳务的营业额和货物的销售额，其应税劳务的营业额缴纳营业税，货物销售额不缴纳营业税；未分别核算的，由主管税务机关核定其应税劳务的营业额：

①提供建筑业劳务的同时销售自产货物的行为；

②财政部、国家税务总局规定的其他情形。

特殊规定：从事运输业务的单位和个人，发生销售货物并负责运输所售货物的混合销售行为应当征收增值税，而不是征税营业税。

（三）兼营行为

1. 兼营行为的概念

对于纳税人兼营营业税应税行为和货物或者非应税劳务的，称为兼营行为。

2. 兼营行为的税务处理

（1）纳税人兼营应税行为和货物或者非应税劳务的，应当分别核算应税行为的营业额和货物或者非应税劳务的销售额，其应税行为营业额缴纳营业税，货物或者非应税劳务销售额不缴纳营业税；未分别核算的，由主管税务机关核定其应税行为营业额。

（2）纳税人兼营免税、减税项目的，应当分别核算免税、减税项目的营业额；未分别核算营业额的，不得免税、减税。

（3）兼营有几种情形：

①不同税种的兼营，纳税人既从事营业税应税行为和增值税货物或者非应税劳务的；

②同一税种不同税目的兼营，如纳税人从事两个以上营业税应税项目的经营；

③同一税种应税和减税、免税的兼营，应当分别核算免税、减税项目的营业额；未分别核算营业额的，不得免税、减税。

第三节　营业税的计算

一、营业税的计税依据

（1）营业税的计税依据是营业额，营业额为纳税人提供应税劳务的全部价款和价外费用。价外费用包括收取的手续费、补贴、基金、集资费、返还利润、奖励费、违约金、滞纳金、延期付款利息、赔偿金、代收款项、代垫款项、罚息及其他各种性质的价外收费。价外费用不包括同时符合以下条件代为收取的政府性基金或者行政事业性收费：

①由国务院或者财政部批准设立的政府性基金，由国务院或者省级人民政府及其财政、价格主管部门批准设立的行政事业性收费；

②收取时开具省级以上财政部门印制的财政票据；

③所收款项全额上缴财政。

（2）纳税人发生应税行为，如果将价款与折扣额开在同一张发票上注明的，以折扣后的价款为营业额；如果将折扣额另开发票的，不论其在财务上如何处理，均不得从营业额中扣除。

（3）纳税人提供建筑业劳务（不含装饰劳务）的，其营业额应当包括工程所用原材料、设备及其他物资和动力价款在内，但不包括建设方提供的设备的价款。

（4）娱乐业的营业额为经营娱乐业收取的全部价款和价外费用，包括门票收费、台位费、点歌费、烟酒、饮料、茶水、鲜花、小吃等收费及经营娱乐业的其他各项收费。

（5）纳税人价格明显偏低并无正当理由或所列视同发生应税行为而无营业额的，按下列顺序确定其营业额：

①按纳税人最近时期发生同类应税行为的平均价格核定；

②按其他纳税人最近时期发生同类应税行为的平均价格核定；

③按下列公式核定：

营业额 = 营业成本或者工程成本 × (1 + 成本利润率) ÷ (1 − 营业税税率)

（6）纳税人兼有不同税目的应当缴纳营业税的劳务（简称应税劳务）、转让无形资产或者销售不动产，应当分别核算不同税目的营业额、转让额、销售额（统称营业额），未分别核算营业额的，从高适用税率。

（7）纳税人的营业额计算缴纳营业税后因发生退款减除营业额的，应当退还已缴纳营业税税款或者从纳税人以后的应缴纳营业税税额中减除。

二、营业税的税收优惠

对从事营业税应税项目的个人，营业税规定了起征点。营业税起征点幅度如下：按期纳税的，为月营业额5 000~20 000元；按次纳税的，为每次（日）营业额300~500元。

各省、自治区、直辖市人民政府所属地方税务机关可以在规定的幅度内，根据当地实际情况确定本地区适用的起征点，并报国家税务总局备案。纳税人营业额未达到国务院财政、税务主管部门规定的营业税起征点的，免征营业税；达到起征点的，应按营业额全额计算缴纳营业税。

营业税起征点，是指纳税人营业额合计达到起征点。

【例4-1】成都市武侯区李先生开设一个体餐馆，2009年1~3月的营业额分别为4 900元、5 000元和5 100元，当地税务局规定的营业税起征点为5 000元。请计算李先生2009年1~3月分别应当缴纳多少营业税。

解：根据营业税政策：

（1）李先生2009年1月的营业额低于起征点，不需要缴纳营业税。

（2）李先生2009年2月的营业额达到起征点，应当征收营业税。

营业税应纳税额 = 5 000 × 5% = 250（元）

（3）2009年3月的营业额超过了起征点，应当征收营业税。

营业税应纳税额 = 5 100 × 5% = 255（元）

第四节　营业税的征收管理

一、营业税的缴纳

（一）纳税义务发生时间

（1）营业税纳税义务发生时间为纳税人提供应税劳务并收讫营业收入款项或者取得索取营业收入款项凭据的当天，国务院财政、税务主管部门另有规定的，从其规定。

①所称收讫营业收入款项，是指纳税人应税行为发生过程中或者完成后收取的款项。

②所称取得索取营业收入款项凭据的当天，为书面合同确定的付款日期的当天；未签订书面合同或者书面合同未确定付款日期的，为应税行为完成的当天。

（2）营业税扣缴义务发生时间为纳税人营业税纳税义务发生的当天。

（二）纳税期限和纳税地点

1. 纳税期限

（1）营业税的纳税期限分别为5日、10日、15日、1个月或者1个季度。纳税人的具体纳税期限，由主管税务机关根据纳税人应纳税额的大小分别核定，不能按照固定期限纳税的，可以按次纳税。

（2）纳税人以 1 个月或者 1 个季度为一个纳税期的，自期满之日起 15 日内申报纳税；以 5 日、10 日或者 15 日为一个纳税期的，自期满之日起 5 日内预缴税款，于次月 1 日起 15 日内申报纳税并结清上月应纳税款。

（3）扣缴义务人解缴税款的期限，依照前两项的规定执行。

（4）纳税人应当向应税劳务发生地的主管税务机关申报纳税而自应当申报纳税之月起超过 6 个月没有申报纳税的，由其机构所在地或者居住地的主管税务机关补征税款。

2. 纳税地点

（1）纳税人提供应税劳务应当向其机构所在地或者居住地的主管税务机关申报纳税。但是，纳税人提供的建筑业劳务以及国务院财政、税务主管部门规定的其他应税劳务，应当向应税劳务发生地的主管税务机关申报纳税。

（2）扣缴义务人应当向其机构所在地或居住地的主管税务机关申报缴纳其扣缴的税款。

（三）营业税的征收机关

营业税由税务机关征收。铁道部门、各银行总行、各保险总公司的营业税由国家税务局征收和管理，其他营业税由地方税务局征收和管理。

（四）营业税的征收管理

营业税的征收管理应当遵守《中华人民共和国税收征收管理法》的规定，但如果《中华人民共和国营业税暂行条例》有特别规定，应当优先适用《中华人民共和国营业税暂行条例》的规定。

二、营业税纳税申报

（一）纳税申报表的填制方法

营业税纳税申报表是营业税纳税人每个月度向税务机关申报缴纳税款的书面凭证，是税务机关与纳税人双方办理纳税与征收管理必不可少的资料。营业税纳税申报表的式样如表 4-1 所示。

营业税纳税申报表各个栏目的填列说明如下：

填表日期：填写申报日的日期。

纳税人识别号：填写纳税人税务登记证的号码。

纳税人名称：填写纳税人（单位或个人）的全称。

税款所属时期：填写应纳该税款的所属日期。

税目：填写纳税项目所属的税目。

经营项目：填写缴纳营业税的具体项目。

全部收入：填写纳税人本期的营业收入。

不征税项目：填写纳税人属于不征税的收入项目的金额。

减除项目：填写纳税人应从本期计税营业额中扣除的收入项目金额。

表 4-1   营业税纳税申报表

填表日期　　年　月　日

纳税人识别号：

金额单位：元（列至角分）

纳税人名称								税款所属日期			
税目	经营项目	营业额					税率	本期			
		全部收入	不征税项目	减除项目	减免税项目	应税营业额	%	应纳税额	减免税额	已纳税额	应补退税额
1	2	3	4	5	6	7	8	9	10	11	12
合计											

如纳税人填报，由纳税人填写以下各项				委托代理人填报时由代理人填写以下各项	
会计主管（签章）	纳税人（公章）	代理人名称		代理人（公章）	备注
		地址			
		经办人		电话	
以下由税务机关填写					
收到填报日期				接收人	

减免税项目：填写纳税人属于已经批准的，政策规定实施减免税的收入项目金额。

应税营业额：填写纳税人收入总额减去不征税项目、减除项目、减免税项目后的余额。

税率：填写各个纳税项目的适用税率。

应纳税额：填写申报期纳税人应缴纳的营业税额。

在本表中它所构成的勾稽关系为："应纳税额＝应税营业额×税率"。

减免税额：填写本期享受国家政策减免的数额，在本表中它所构成的关系式为："减免税额＝减免税项目金额×税率。

已纳税额：填写本期申报的内容中，前期已经缴纳过的税额（一般以 5 天、10 天、15 天为一个纳税期的纳税人，通常会出现这种情况）。

应补退税额：填写本期尚应该补缴或者应该退还的营业税额。在本表中构成的关系式为："应补退税额＝应纳税额－减免税额－已纳税额"，计算结果为正数时则要补缴营业税，为负数时则要退还营业税，或者留下期抵缴。

纳税人（公章）：加盖纳税人章印，以承担法律责任。

主管会计（签名）：由纳税人的主管会计签章，以对此申报承担法律责任。

代理人名称：填写从事代理申报的人员或单位名称。

代理人地址：填写代理人的工作地址；代理人（公章）：加盖代理人的章印，以承担法律责任。

经办人：由从事代理的经办人签字以承担法律责任。

电话：填写代理单位的电话。

备注：填写本次申报中需要说明的方面。

收到填报日期：由税务机关填写收到该申报的日期。

接受人：填写税务机关的接收本申报人的姓名。

（二）营业税纳税申报的方式

根据《中华人民共和国税收征收管理法》的规定，纳税人、扣缴义务人可以直接到税务机关的纳税大厅申报税款或报送扣缴表，也可以采取邮寄、网上申报、数据电文或其他方式进行办理。

（三）营业税纳税申报举例分析

【例4-2】四川鲲鹏有限公司，纳税人识别号为4201063345858××，2009年1月份取得营业收入100万元，由该公司财务部自己申报纳税，财务部主管谢红生，地方税务办税大厅接受申报表人刘红，2009年2月12日该单位向税务机关申报税款，如表4-2所示。

表4-2　　　　　　　　　　　营业税纳税申报表

填报日期：2009年2月12日

纳税人识别号：4201063345858××

金额单位：元（列至角分）

纳税人名称		四川鲲鹏有限公司					税款所属日期		2009年1月		
税目	经营项目	营业额					税率	本期			
		全部收入	不征税项目	减除项目	减免税项目	应税营业额	%	应纳税额	减免税额	已纳税额	应补退税额
1	2	3	4	5	6	7	8	9	10	11	12
服务业	宾馆收入	1 000 000	50 000	20 000	100 000	830 000	5	41 500	5 000	0	36 500

表4-2（续）

合计	1 000 000	50 000	20 000	100 000	83 0 000	5%	41 500	5 000	0	36 500

如纳税人填报，由纳税人填写以下各项				委托代理人填报时由代理人填写以下各项			
会计主管 （签章）	纳税人 （公章）	代理人名称		代理人（公章）		备注	
		地址		电话			
		经办人					

以下由税务机关填写			
收到填报日期	2009 年 2 月 12 日	接收人	刘红

第五节　营业税涉税业务的账务处理

一、账户的设置

根据不同情况设置"应交税费——应交营业税""税金及附加"和"固定资产清理"等账户。取得应税收入时，借记"银行存款""应收账款"等账户，贷记"主营业务收入""其他业务收入"等账户；计提营业税金时，借记"税金及附加"账户，贷记"应交税费——应交营业税"账户；企业缴纳营业税时，借记"应交税费——应交营业税"账户，贷记"银行存款"账户。

二、营业税的基本账务处理

（一）计提营业税的会计处理

借：税金及附加（或）其他业务成本

　　固定资产清理（销售不动产）

　　应付账款（代扣的营业税）

　　贷：应交税费——应交营业税

（二）缴纳的账务处理

借：应交税费——应交营业税

　　贷：银行存款

（三）年终清算的账务处理

（1）多计时应冲回：

借：应交税费——应交营业税

　　贷：税金及附加

（2）退回多缴时：

借：银行存款

　　贷：税金及附加

（3）补计时：

借：税金及附加

　　贷：应交税费——应交营业税

第五章　城市维护建设税与教育费附加

学习目的：通过本章学习，能按月计算城市维护建设税与教育费附加金额，会办理城市维护建设税与教育费附加的纳税申报，能进行城市维护建设税与教育费附加涉税业务会计处理。

第一节　城市维护建设税的基本内容

一、城市维护建设税的概念

城市维护建设税是指对从事生产经营的单位、个人和其他经济组织，以其实际缴纳的增值税、消费税、营业税税额之和为计税依据所征收的一种税。

现行的城市维护建设税，是国务院于 1985 年 2 月 8 日通过的《中华人民共和国城市维护建设税暂行条例》予以设立，并于 1985 年 1 月 1 日在全国范围内实行。国家开征城市维护建设税，目的就是为了扩大和维护城市建设的资金来源，不断推进城市的建设维护。

二、城市维护建设税的特点

城市维护建设税与其他税种相比，主要有以下特点：

（一）属附加税

我国现行开征的所有税种中，唯独城市维护建设税没有独立的计税依据，附加于"增值税、消费税、营业税"税额，本身并没有特定的、独立的征税对象，是一种附加税。

（二）课税面广

由于城市维护建设税是随增值税、消费税、营业税（简称"三税"）附征，而增值税、消费税、营业税是我国的主体税种，其征收范围涉及第二产业和第三产业的所有纳税人，只要缴纳"三税"的单位和个人，除享受"三税"减免税之外，都要缴纳城市维护建设税，因此，城市维护建设税的课税面十分广泛。

（三）以城市规模设计税率

根据不同的城市规模，按城市市区、县城、建制镇、农村分别设置差别税率，城市市区适用税率较高，县城、建制镇以及农村适用税率相对较低。税率越高，征税越多，这样设计，与城镇规模越大，所需建设资金愈多相适应，较好地照顾了城市建设的不同需要。

（四）税款专用

城市维护建设税，虽然纳入财政预算，但在预算中其款项用途只能用来保证城市公共事业和公共设施的建设和维护，实行专款专用，不得作为他用，其实质就是一种受益税。

三、城市维护建设税的纳税人

城市维护建设税以缴纳增值税、消费税、营业税的单位和个人为纳税人。单位是指各种性质的企业、行政单位、事业单位、军事单位、社会团体及其他单位。不包括单位依法不需要办理税务登记的内设机构和外商投资企业和外国企业。外商投资企业和外国企业暂不缴纳城市维护建设税。个人是指个体工商户和其他个人。

只要缴纳了增值税、消费税、营业税中的任何一种税的单位和个人，都必须同时缴纳城市维护建设税。

四、城市维护建设税的征税范围及对象

城市维护建设税随增值税、消费税、营业税附征，因此征税范围宽泛，包括城市、县城、建制镇以及税法规定征收"三税"的其他地区。城市、县城、建制镇应以行政区划为标准，确定征税范围，不得随意缩小和扩大。城市维护建设税的征税对象与增值税、消费税、营业税的征税对象一致。

第二节　城市维护建设税的计算与征收管理

一、计税依据及税率

（一）计税依据

计算征收城市维护建设税，以纳税人实际缴纳的增值税、消费税、营业税税额之和为计税依据，包括对纳税人查补的增值税、消费税、营业税税额，但不包括对其加收的滞纳金和罚款。

（二）税率

城市维护建设税实行地区差别比例税率。以纳税人所在的地域不同，具体分为7%、5%、1%三个档次。适用范围是：城市市区税率为7%，县城、建制镇税率为5%，城市市区、县城、建制镇以外的地区税率为1%。

确定纳税人缴纳城市维护建设税适用税率的前提，就是要看纳税人的生产经营所在地所处的地域是城市市区还是县城、建制镇或其他农村地区。一般情况下，应该按照纳税人从事生产经营所在地确定适用税率。也就是说，即使是城市市区的企业，若

在建制镇范围以外的农村从事生产经营，由于生产经营地在农村，也只能适用1%的税率计算缴纳城市维护建设税，反之亦然。

对于货物运输业按代开票纳税人管理的单位和个人，在代开货物运输发票时，一律按照所缴纳营业税税额的7%预缴城市维护建设税。在代开票时已征收的属于规定减免税的城市维护建设税及高于城市维护建设税税率征收的税款，在下一个征税期实行退税。

另外，对于由受托方代收、代扣"三税"的单位和个人，以及流动经营无固定纳税地点的单位和个人，应按纳税人缴纳"三税"所在地的适用税率，就地缴纳城市维护建设税。

二、应纳税额的计算

纳税人应缴纳的城市维护建设税额，以实际缴纳"三税"总额，依据适用税率计算。其计算公式为：

应纳税额＝（实缴增值税额＋实缴消费税额＋实缴营业税额）×适用税率

【例5－1】成都市区的某烟厂，2008年12月，应缴纳增值税1 000万元，按政策规定办理退库30万元，缴纳消费税500万元；同年9月出售闲置房产一栋，取得收入600万元因未申报纳税被查补营业税及罚款40万元，在12月份缴纳，其中罚款10万元。计算该厂实际应缴纳的城市维护建设税额。

解：应纳税额＝［（1 000－30）＋500＋（40－10）］×7%＝105（万元）

三、税收优惠

鉴于城市维护建设税是以纳税人实际缴纳的增值税、消费税、营业税为计税依据，随"三税"同征，因此，在税法上，对城市维护建设税没有单独规定减免税优惠事项。其税收优惠，是随增值税、消费税、营业税的减免而减免。

对于一些特殊事项的减免，国家另行做了规定：

（1）海关代征进口产品增值税、消费税时，不征收城市维护建设税；

（2）出口退税的，不退还已经国税机关正式审核批准的当期免抵的增值税额为计税依据，计算缴纳的城市维护建设税；

（3）对增值税、消费税、营业税实行先征后返、先征后退、即征即退等优惠方法的，除另有规定外，对随"三税"附征的城市维护建设税，一律不予退还。

四、征收管理

城市维护建设税比照增值税、消费税、营业税有关规定实施征收管理。城市维护建设税纳税申报期限与增值税、消费税、营业税的纳税申报期限一致。城市维护建设税的纳税地点，纳税人直接缴纳"三税"的，与增值税、消费税、营业税的纳税地点相同，在缴纳"三税"地缴纳城市维护建设税。实行代征、代扣、代收增值税、消费税、营业税的，负有扣缴义务的单位和个人，在履行代收"三税"义务时，同时要依照当地适用税率，代征、代扣、代收城市维护建设税。对于无固定经营地点的流动经营者，应随增值税、消费税、营业税在经营所在地，按其当地适用税率缴纳城市维护建设税。

第三节　教育费附加

一、教育费附加的概念

教育费附加是以单位和个人实际缴纳的增值税、消费税、营业税的税额为计征依据，按照规定计征比例计算缴纳的一种附加费。它是一种具有税收性质的专项基金。国务院于 1986 年 4 月 28 日颁布了《征收教育费附加暂行规定》，当年 7 月 1 日在全国范围内开始征收教育费附加。

二、征收范围及计征依据

凡缴纳增值税、消费税、营业税的单位和个人，都应当缴纳教育费附加。外商投资企业和外国企业暂不缴纳教育费附加。教育费附加的计征依据就是单位和个人实际缴纳增值税、消费税、营业税的税额，并随"三税"同时缴纳。

三、计征比率

教育费附加计征比率为 3%。

四、教育费附加的计算

应缴教育费附加的计算公式为：

应缴教育费附加 =（实缴增值税税额 + 实缴消费税税额 + 实缴营业税税额）× 计征比率

五、减免规定和征收管理

教育费附加的减免规定与征收管理，比照城市维护建设税的有关规定办理。

六、城市维护建设税和教育费附加涉税业务的账务处理

计提城市维护建设税和教育费附加是以实际缴纳的增值税、营业税、消费税税额为计税依据的。

计提时：

借：营业税金及附加（主营业务收入时）

　　贷：应交税费——应交城市维护建设税

　　　　　　——应交教育费附加

上缴时：

借：应交税费——应交城市维护建设税

　　　　　——应交教育费附加

　　贷：银行存款（或库存现金）

习　题

一、单项选择题

1. 下列项目中，不属于城市维护建设税纳税人的有（　　）。
   A. 私营企业　　　　　　　　　　B. 个体工商户
   C. 外商投资企业　　　　　　　　D. 事业单位

2. 下列说法正确的有（　　）。
   A. 只要缴纳增值税就会缴纳城市维护建设税
   C. 只要退还"三税"就退还城市维护建设税
   B. 同时缴纳增值税、消费税、营业税的纳税人才能成为城市维护建设税的纳税人
   D. 城市维护建设税的纳税人是缴纳增值税、消费税、营业税的单位和个人。

3. 下列项目中，不作为城市维护建设税计税依据的是（　　）。
   A. 纳税人被认定为偷税少缴的增值税款
   B. 纳税人被认定为抗税少缴的消费税款
   C. 纳税人欠缴的营业税
   D. 对欠缴增值税加收的滞纳金

4. 市区某纳税人无故拖欠了消费税 10 万元，经查出后，补交了拖欠的消费税，同时加罚了滞纳金 600 元。应按以下办法缴纳城市维护建设税的是（　　）。
   A. 补缴城市维护建设税 7 000 元
   B. 补缴城市维护建设税的滞纳金 1.2 元
   C. 补缴城市维护建设税 7 000 元，滞纳金 42 元
   D. 补缴城市维护建设税 7 000 元，滞纳金 14 元

5. 设在县城的甲企业代收代缴市区乙企业的消费税，对乙企业城市维护建设税的处理办法是（　　）。
   A. 由乙企业在市区按 7% 缴纳城市维护建设税
   B. 由乙企业将 7% 的城市维护建设税交甲企业代征
   C. 由乙企业按 7% 的税率自行选择纳税地点
   D. 由甲企业按 5% 的税率代收乙企业的城市维护建设税

6. 下列情况中，符合城市维护建设税有关规定的是（　　）。
   A. 个体经营者不缴纳城市维护建设税
   B. 流动经营的纳税人在经营地缴纳城市维护建设税
   C. 流动经营的纳税人在居住地缴纳城市维护建设税
   D. 城市维护建设税的减免只有省、市、自治区政府有权决定

7. 下列具有特定目的的税种有（　　　）。

    A. 增值税　　　　　　　　　　　　B. 企业所得税

    C. 城市维护建设税　　　　　　　　D. 房产税

二、多项选择题

1. 下列情况中，不缴纳城市维护建设税的有（　　　）。

    A. 外商缴纳的营业税

    B. 外商缴纳的消费税滞纳金

    C. 某内资企业本月进口货物海关代征了增值税

    D. 某服务性内资业企业本年直接免征营业税

2. 下列项目中，不属于城市维护建设税计税依据的是（　　　）。

    A. 纳税人实际缴纳的"三税"

    B. 纳税人减免退税的"三税"

    C. 纳税人计算出的应缴"三税"

    D. 受托方代扣代缴的"三税"

3. 某纳税人按税法规定，增值税先征后返。其城市维护建设税的处理办法是（　　　）。

    A. 缴纳增值税同时缴城市维护建设税

    B. 返增值税同时返还城市维护建设税

    C. 缴增值税时，按比例返还已缴城市维护建设税

    D. 返还增值税时不返还城市维护建设税

4. 下列项目中，符合城市维护建设税纳税地点规定的有（　　　）。

    A. 取得输油收入的管道局，为管道局所在地

    B. 流动经营无固定地点的单位，为单位注册地

    C. 流动经营无固定地点的单位，为居住所在地

    D. 代征代扣"三税"的单位和个人，为代征代扣地

5. 某生产企业生产销售柴油，取得的销售收入应纳（　　　）。

    A. 增值税　　　　　　　　　　　　B. 消费税

    C. 城市维护建设税　　　　　　　　D. 教育费附加

三、判断题

1. 城市维护建设税随增值税、消费税、营业税的纳税环节分别在销售、进口等环节缴纳。（　　　）

2. 城市维护建设税的征税范围不包括农村。（　　　）

3. 由受托方代收代缴消费税的，应代收代缴的城市维护建设税按委托方所在地的适用税率计算。（　　　）

4. 进口环节代征增值税也要代征教育费附加。（　　　）

5. 机关服务中心为机关内部提供后勤服务所取得的收入，在 2006 年 12 月 31 日以

前，免征城市维护建设税和教育费附加。 （ ）

6. 不论"三税"采用何种退免形式，除出口退税外，随"三税"附征的城市维护建设税和教育费附加都可以退（返）。 （ ）

四、计算题

1. 某县城生产护肤品的纳税人本月缴纳增值税 10 万元、消费税 30 万元，补缴上月应纳消费税 2 万元，当月取得出口退还增值税 5 万元，获批出口免抵增值税 4 万元，缴纳进口关税 8 万元、进口增值税 20 万元、进口消费税 10 万元。要求：计算本月应缴的城市维护建设税和教育费附加。

2. 某市区化妆品生产企业 2016 年 1 月隐瞒销售取得的现金 46 800 元，2016 年 2 月 28 日被税务机关查实，应如何查补城市维护建设税和教育费附加？

3. 某位于镇的卷烟厂，2016 年 2 月缴纳消费税 40 000 元、增值税 30 000 元，被查补消费税 10 000 元、增值税 5 000 元，处以罚款 8 000 元，加收滞纳金 600 元。要求：计算城市维护建设税和教育费附加数额。

第六章　关税

学习目的：通过本章学习，要求掌握关税的纳税义务人，掌握关税的征税对象及税则，掌握关税的完税价格及其应纳税额的计算，了解关税的税收优惠，了解关税征收管理的相关规定。

第一节　关税概述

一、关税的概念

关税是指国家授权海关对出入关境的货物和物品征收的一种税。

所谓关境也称海关境域或关税领域，是《中华人民共和国海关法》（以下简称《海关法》）全面实施的领域。通常情况下，一国的关境与国境是一致的，包括国家全部的领海、领土和领空。但是在国境内设置免征关税的自由港或者自由贸易区时，关境就小于国境。根据《中华人民共和国香港特别行政区基本法》和《中华人民共和国澳门特别行政区基本法》的规定，香港和澳门保持自由港地位，为我国单独的关税区，即单独关境区。单独关境区是不完全适用该国海关法律法规或实施单独海关管理制度的区域。当几个国家结成关税同盟，组成一个共同的关境，实施统一的关税法令和统一的对外税则时，这些国家彼此之间的货物进出国境不征收关税，只对来自或运往其他国家的货物进出共同关境时征收关税，这些国家的关境大于国境，如欧洲联盟。

关税是随着商品交换和商品流通领域的不断扩大以及国际贸易的不断发展而产生和逐步发展的。我国关税历史悠久，西周时期就在边境设立关卡，《周礼地官》中就有最早关于"关市之征"的记载，征税的目的是"关市之赋，以待王之膳服"。清初时设立江、浙、闽、粤四处海关，其后在不平等条约下增开对外通商口岸设立海关，征收关税。

新中国成立后，建立了完全独立自主的关税制度。现行关税法律规范以全国人民代表大会于 2000 年 7 月修正颁布的《中华人民共和国海关法》为法律依据，以 2003 年 11 月国务院根据《中华人民共和国海关法》修订并颁布的《中华人民共和国进出口关税条例》和《中华人民共和国海关入境旅客行李物品和个人邮递物品征收进口税办法》为基本法规，由负责关税政策制定和征收管理的主管部门依据本法规拟定的管理办法和实施细则为主要内容。

二、关税的特点

（一）统一的国境征税

封建社会由于封建割据，导致国内关卡林立、重复征税，所以那时的关税主要为国内关税或内地关税，它严重地阻碍着商品经济发展。资本主义生产方式取代封建生产方式之后，主张国内自由贸易和商品自由流通，因而纷纷废除旧时的内地关税，实行统一的国境关税。近代关税只对进出口货物在边境口岸征一次税。

（二）由国家专设的海关机关统一征收

近代国家的关税是由主权国家设在边境、沿海口岸或境内水陆空国际交往通道的海关机关，根据国家制定的关税税法、税则征收的，其他任何单位和个人均无权征收关税。关税由海关总署及所属机构具体管理和征收，征收关税是海关工作的一个重要组成部分。

（三）关税是执行国家经济政策的一种手段

国家征收关税不只是为了满足政府财政上的需要，更重要的是利用关税来贯彻执行统一的对外经济政策，实现国家的政治经济目的。在我国现阶段，关税被用来争取实现平等互利的对外贸易，保护并促进国内工农业生产发展，为社会主义市场经济服务。

（四）实行复式税则

关税的税则是关税课税范围及其税率的法则。复式税则是指一个税目设有两个或两个以上的税率，根据进口货物原产国的不同，分别适用高低不同的税率。复式税则是一个国家对外贸易政策的体现。目前，在国际上除极个别国家外，各国关税普遍实行复式税则。

三、关税的作用

关税在调节经济、促进改革开放方面，在正确保护民族企业生产、防止国外的经济侵袭、争取关税互惠、促进对外贸易发展、增加国家财政收入方面，都具有重要作用。

（一）维护国家主权和经济利益

当今世界，经济和贸易竞争异常激烈，关税已成为各国政府维护本国政治、经济权益乃至进行国际经济斗争的一个重要武器。我国根据平等互利和对等原则，通过关税复式税则的运用等方式，争取国际的关税互惠并反对他国对我国进行关税歧视，促进了对外经济技术交往，扩大了对外经济合作。此外，利用关税和其他国家签订互惠协定，可以争得国家间的平等贸易往来；关税壁垒可以作为保护本国生产的防卫手段；歧视性关税可以作为实现本国政治目标的工具；等等。可见，关税在维护国家主权和经济利益方面起着极其重要和难以替代的的作用。

(二) 保护和促进本国产业的发展

一个国家采取什么样的关税政策，是由该国的经济发展水平、产业结构状况、国际贸易收支状况以及参与国际经济竞争的能力等多种因素决定的。我国作为发展中国家，一直十分重视利用关税保护本国的"幼稚工业"，促进进口替代工业发展，关税在保护和促进本国工农业生产的发展方面发挥了重要作用。

(三) 调节国民经济和对外贸易活动

关税是国家重要的经济杠杆，通过调节税率的高低和关税的减免，可以影响进出口规模、国民经济活动。例如：调节出口产品生产企业的利润水平，有意识地引导各类产品的生产；调节进出口商品数量和结构，促进国内市场商品的供需平衡，保护国内市场的物价稳定；通过征收附加税，减少进口数量，改变外贸逆差过大的不利状况；等等。

(四) 国家财政收入的主要来源

从世界大多数国家尤其是发达国家的税制结构分析，关税收入在整个财政收入中的比重不大，并呈下降趋势。但是，一些发展中国家，其中主要是那些国内工业不发达、工商税源有限、国民经济主要依赖于某种或某几种初级资源产品出口，以及国内许多消费品主要依赖于进口的国家，征收进出口关税仍然是它们取得财政收入的重要渠道之一。我国关税收入是财政收入的重要组成部分。

四、关税的分类

(一) 关税按征收对象，划分为进口税、出口税和过境税

1. 进口税

进口税是指海关在外国货物进口时所课征的关税。进口税通常在外国货物进入关境或国境时征收，或在外国货物从保税仓库提出运往国内市场时征收。为了保护本国市场和增加财政收入，现今世界各国的关税主要是征进口税。

2. 出口税

出口税是指海关在本国货物出口时所课征的关税。为了降低出口货物的成本，提高本国货物在国际市场上的竞争能力，世界各国一般少征或不征出口税。但为了限制本国某些产品或自然资源的输出，或为了保护本国生产、本国市场供应和增加财政收入以及某些特定的需要，有些国家也征收出口税。

3. 过境税

过境税又称通过税，是指对外国货物通过本国国境或关境时征收的一种关税。过境税最早主要是为了增加国家财政收入而征收的。现在由于各国的交通事业发展，竞争激烈，征收过境税，不仅妨碍国际商品流通，而且还减少港口、运输、仓储等方面的收入，于是便逐步废除了过境税的条款。

（二）关税按计征方式，划分为从量关税、从价关税、混合关税和选择性关税

1. 从量关税

从量关税是以征税对象的数量为计税依据，按每单位数量预先制定的应税额计征。

2. 从价关税

从价关税是以征税对象的价格为计税依据，根据一定比例的税率进行计征。

3. 混合关税

混合关税是指对进口货物同时制定出从价、从量两种方式，分别计算税额，以两种税额之和作为该货物的应征税额。

4. 选择性关税

对同一种货物在税则中规定从价、从量两种税率，在征税时选择其中征收税额较多的一种，以免因物价波动影响财政收入，也可以选择税额较少的一种标准计算关税。

（三）关税按差别待遇和特定的实施情况，划分为进口附加税、差价税、特惠税和普遍优惠制

1. 进口附加税

进口附加税是指除了征收一般进口税以外，根据某种目的再加征额外的关税，主要有反贴补税和反倾销税。

2. 差价税

差价税又称差额税，是指当某种本国生产的产品国内价格高于同类的进口商品价格时，为了削弱进口商品的竞争能力，保护国内生产和国内市场，按国内价格与进口价格之间的差额征收的关税。

3. 特惠税

特惠税又称优惠税，是指对某个国家或地区进口的全部商品或部分商品，给予特别优惠的低关税或免税待遇。但它不适用于从非优惠国家或地区进口的商品。

4. 普遍优惠制

普遍优惠制简称普惠制，它是发展中国家在联合国贸易与发展会议上经过长期斗争，在 1968 年通过建立普惠制决议后取得的。该决议规定，发达国家承诺对从发展中国家或地区输入的商品，特别是制成品和半成品，给予普遍的、非歧视性的和非互惠的优惠关税待遇。

第二节　关税的纳税人征税对象及关税税则

一、关税的纳税义务人

进口货物的收货人、出口货物的发货人、进出境物品的所有人，是关税的纳税义务人。进出口货物的收、发货人是依法取得对外贸易经营权，进口或者出口货物的法人或者其他社会团体。进出境物品的所有人包括该物品的所有人和推定为所有人的人。

一般情况下，对于携带进境的物品，推定其携带人为所有人；对分离运输的行李，推定相应的进出境旅客为所有人；对以邮递方式进境的物品，推定其收件人为所有人；以邮递或其他运输方式出境的物品，推定其寄件人或托运人为所有人。

二、关税的征收对象

关税的征税对象是准许进出境的货物和物品。货物是指贸易性商品，物品是指入境旅客随身携带的行李物品、个人邮递物品、各种运输工具上的服务人员携带进口的自用物品、馈赠物品以及其他方式进境的个人物品。

三、关税税则

（一）关税税则的概况

海关进出口税则简称关税税则，是一个国家制定和公布的对进出其关境的货物征收关税的条例和税率的分类表。

我国现行的关税税则是按照国际通行的税则制度建立的。税则商品分类目录自 1992 年 1 月 1 日起采用《商品名称及编码协调制度》（以下简称 HS）的商品分类目录。《商品名称及编码协调制度》是一个科学、系统的国际贸易商品分类体系，是国际上多个商品分类目录协调的产物，适合于与国际贸易有关的多方面的需要，如海关、统计、贸易、运输、生产等，成为国际贸易商品分类的一种"标准语言"。

（二）HS 及我国现行税则的商品分类

1. 总体结构

HS 的总体结构有三部分：一是归类总规则，共 6 条，规定了分类原则和方法，以保证对 HS 使用和解释的一致性，使某一具体商品能够始终归入一个唯一编码；二是类、章、目和子目注释，严格界定了相应的商品范围，阐述专用术语的定义或区分某些商品的技术标准及界限；三是按顺序编排的目与子目编码及条文，采用六位编码，将所有商品分为 22 类、98 章（其中第 77 章是留做备用的空章），章下再分为目和子目。编码前两位数代表"章"，前四位数代表"目"，第五、六位数代表"子目"。

2. 类

HS 中的"类"基本上按社会生产部类分类，将属于同一生产部类的产品归在同一类中。具体情况分类如下：

第一类：活动物；动物产品。

第二类：植物产品。

第三类：动、植物油、脂及其分解产品；精制的食用油脂；动、植物蜡。

第四类：食品；饮料、酒及醋；烟草及烟草代用品的制品。

第五类：矿产品。

第六类：化学工业及其相关工业的产品。

第七类：塑料及其制品；橡胶及其制品。

第八类：生皮、皮革、毛皮及其制品；鞍具及挽具；旅行用品、手提包及类似容器；动物肠线（蚕胶丝除外）制品。

第九类：木及木制品；木炭；软木及软木制品；稻草、秸秆、针茅或其他编结材料制品；篮筐及柳条编织品。

第十类：木浆及其他纤维状纤维素浆；回收（废碎）纸或纸板；纸、纸板及其制品。

第十一类：纺织原料及其纺织制品。

第十二类：鞋、帽、伞、杖、鞭及其零件；已加工的羽毛及其制品；人造花；人发制品。

第十三类：石料、石膏、水泥、石棉、云母及类似材料的制品；陶瓷产品；玻璃及其制品。

第十四类：天然或养殖珍珠、宝石或半宝石、贵金属、包贵金属及其制品；仿首饰；硬币。

第十五类：贱金属及其制品。

第十六类：机器、机械器具、电气设备及其零件；录音机及放声机、电视图，像、声音的录制和重放设备及其零件、附件。

第十七类：车辆、航空器、船舶及有关运输设备。

第十八类：光学、照相、电影、计量、检验、医疗或外科用仪器及设备、精密仪器及设备；钟表；乐器；上述物品的零件、附件。

第十九类：武器、弹药及零件、附件。

第二十类：杂项制品。

第二十一类：艺术品、收藏品及古物。

第二十二类：特殊交易品及未分类品

3. 章

HS 中的"章"的分类有两种情况：一是按商品原材料的属性分类，相同原料的产品一般归入同一章，在章内按产品加工程度从原料到成品顺序排列；二是按商品的用途或性能分类。HS 各章都有一个"其他"子目，使任何国际贸易商品都能在这个分类体系找到适当位置。

4. 我国子目

我国现行税则采用八位编码，前六位等效采用 HS 编码，第七、八位为我国根据中国进出口商品的实际情况，在 HS 基础上延伸的两位编码，也称增列税目。

第三节　关税的完税价格及应纳税额的计算

一、一般进口货物的完税价格

（一）以成交价格为基础的完税价格

根据《海关法》的规定，进口货物的完税价格包括货物的货价、货物运抵我国境内输入地点起卸前的运输及其相关费用、保险费。我国境内输入地为入境海关地，包括内陆河、江口岸，一般为第一口岸。货物的货价以成交价格为基础。进口货物的成交价格是指买方为购买该货物，并按《完税价格办法》有关规定调整后的实付或应付价格。

1. 对进口货物成交价格的要求

进口货物成交价格应当符合下列要求：

（1）买方对进口货物的处置或使用不受限制，但国内法律、行政法规规定的限制和对货物转售地域的限制，以及对货物价格无实质影响的限制除外；

（2）货物的价格不得受到使该货物成交价格无法确定的条件或因素的影响；

（3）卖方不得直接或间接获得因买方转售、处置或使用进口货物而产生的任何收益，除非能够按照《完税价格办法》有关规定做出调整；

（4）买卖双方之间没有特殊关系，如果有特殊关系，应当符合《完税价格办法》的有关规定。

2. 对实付或应付价格进行调整的有关规定

实付或应付价格是指买方为购买进口货物直接或间接支付的总额，即作为卖方销售进口货物的条件，由买方向卖方或为履行卖方义务向第三方已经支付或将要支付的全部款项。

（1）如下列费用或者价值未包括在进口货物的实付或者应付价格中，应当计入完税价格：

①由买方负担的除购货佣金以外的佣金和经纪费。购货佣金是指买方为购买进口货物向自己的采购代理人支付的劳务费用；经纪费是指买方为购买进口货物向代表买卖双方利益的经纪人支付的劳务费用。

②由买方负担的与该货物视为一体的容器费用。

③由买方负担的包装材料和包装劳务费用。

④与该货物的生产和向中华人民共和国境内销售有关的，由买方以免费或者以低于成本的方式提供并可以按适当比例分摊的料件、工具、模具、消耗材料及类似货物的价款，以及在境外开发、设计等相关服务的费用。

⑤与该货物有关并作为卖方向我国销售该货物的一项条件，应当由买方直接或间接支付的特许权使用费。特许权使用费是指买方为获得与进口货物相关的、受著作权保护的作品、专利、商标、专有技术和其他权利的使用许可而支付的费用。但是在估定完税价格时，进口货物在境内的复制权费不得计入该货物的实付或应付价格之中。

⑥卖方直接或间接从买方对该货物进口后转售、处置或使用所得中获得的收益。

上列所述的费用或价值，应当由进口货物的收货人向海关提供客观量化的数据资料。如果没有客观量化的数据资料，完税价格由海关按《完税价格办法》规定的方法进行估定。

（2）下列费用，如能与该货物实付或者应付价格区分，不得计入完税价格：

①厂房、机械、设备等货物进口后的基建、安装、装配、维修和技术服务的费用；

②货物运抵境内输入地点之后的运输费用、保险费和其他相关费用；

③进口关税及其他国内税收。

3. 对买卖双方之间有特殊关系的规定

买卖双方之间有特殊关系的，经海关审定其特殊关系未对成交价格产生影响，或进口货物的收货人能证明其成交价格与同时或大约同时发生的下列价格相近，该成交价格海关应当接受：

（1）向境内无特殊关系的买方出售的相同或类似货物的成交价格；

（2）按照使用倒扣价格有关规定所确定的相同或类似货物的完税价格；

（3）按照使用计算价格有关规定所确定的相同或类似货物的完税价格。

有下列情形之一的，应当认定买卖双方有特殊关系：①买卖双方为同一家族成员；②买卖双方互为商业上的高级职员或董事；③一方直接或间接地受另一方控制；④买卖双方都直接或间接地受第三方控制；⑤买卖双方共同直接或间接地控制第三方；⑥一方直接或间接地拥有、控制或持有对方5%或以上公开发行的有表决权的股票或股份；⑦一方是另一方的雇员、高级职员或董事；⑧买卖双方是同一合伙的成员，或买卖双方在经营上相互有联系，一方是另一方的独家代理、经销或受让人，如果有上述关系的，也应当视为有特殊关系。

（二）进口货物海关估价方法

进口货物的价格不符合成交价格条件或者成交价格不能确定的，海关应当依次以相同货物成交价格方法、类似货物成交价格方法、倒扣价格方法、计算价格方法及其他合理方法确定的价格为基础，估定完税价格。

1. 相同或类似货物成交价格方法

相同或类似货物成交价格方法，即以与被估价的进口货物同时或大约同时（在海关接受申报进口之日的前后各45天以内）进口的相同或类似货物的成交价格为基础，估定完税价格。

以该方法估定完税价格时，应使用与该货物相同商业水平且进口数量基本一致的相同或类似货物的成交价格，但对因运输距离和运输方式不同，在成本和其他费用方面产生的差异应当进行调整。在没有上述的相同或类似货物的成交价格的情况下，可以使用不同商业水平或不同进口数量的相同或类似货物的成交价格，但对因商业水平、进口数量、运输距离和运输方式不同，在价格、成本和其他费用方面产生的差异应当做出调整。

以该方法估定完税价格时，应当首先使用同一生产商生产的相同或类似货物的成交价格，只有在没有这一成交价格的情况下，才可以使用同一生产国或地区生产的相同或类似货物的成交价格。如果有多个相同或类似货物的成交价格，应当以最低的成交价格为基础，估定进口货物的完税价格。

相同货物是指与进口货物在同一国家或地区生产的，在物理性质、质量和信誉等所有方面都相同的货物，但表面的微小差异允许存在；类似货物是指与进口货物在同一国家或地区生产的，虽然不是在所有方面都相同，但具有相似的特征、相似的组成材料、同样的功能，并且在商业中可以互换的货物。

2. 倒扣价格方法

倒扣价格方法，即以被估的进口货物、相同或类似进口货物在境内销售的价格为基础估定完税价格。以该方法估定完税价格时，应当扣除下列项目：

（1）该货物的同等级或同种类货物，在境内销售时的利润和一般费用及通常支付的佣金；

（2）货物运抵境内输入地点后的运费、保险费、装卸费及其他相关费用；

（3）进口关税、进口环节税或其他与进口或销售上述货物有关的国内税。

3. 计算价格方法

计算价格方法即按下列各项的总和计算出的价格估定完税价格：

（1）生产该货物所使用的原材料价值和进行装配或其他加工的费用；

（2）与向境内出口销售同等级或同种类货物的利润、一般费用相符的利润和一般费用；

（3）货物运抵境内输入地点起卸前的运输及相关费用、保险费。

4. 其他合理方法

使用其他合理方法时，应当根据《完税价格办法》规定的估价原则，以在境内获得的数据资料为基础估定完税价格。但不得使用以下价格：

（1）境内生产的货物在境内的销售价格；

（2）可供选择的价格中较高的价格；

（3）货物在出口地市场的销售价格；

（4）以计算价格方法规定的有关各项之外的价值或费用计算的价格；

（5）出口到第三国或地区的货物的销售价格；

（6）最低限价或武断虚构的价格。

二、特殊进口货物的完税价格

（一）加工贸易进口料件及其制成品

加工贸易进口料件及其制成品需征税或内销补税的，海关按照一般进口货物的完税价格规定，审定完税价格。其中：

（1）进口时需征税的进料加工进口料件，以该料件申报进口时的价格估定。

（2）内销的进料加工进口料件或其制成品（包括残次品、副产品），以料件原进口时的价格估定。

（3）内销的来料加工进口料件或其制成品（包括残次品、副产品），以料件申报内销时的价格估定。

（4）出口加工区内的加工企业内销的制成品（包括残次品、副产品），以制成品申报内销时的价格估定。

（5）保税区内的加工企业内销的进口料件或其制成品（包括残次品、副产品），分别以料件或制成品申报内销时的价格估定。如果内销的制成品中含有从境内采购的料件，则以所含从境外购入的料件原进口时的价格估定。

（6）加工贸易加工过程中产生的边角料，以申报内销时的价格估定。

（二）保税区、出口加工区货物

从保税区或出口加工区销往区外、从保税仓库出库内销的进口货物（加工贸易进口料件及其制成品除外），以海关审定的价格估定完税价格。对经审核销售价格不能确定的，海关应当按照一般进口货物估价办法的规定，估定完税价格。如销售价格中未包括在保税区、出口加工区或保税仓库中发生的仓储、运输及其他相关费用的，应当按照客观量化的数据资料予以计入。

（三）运往境外修理的货物

运往境外修理的机械器具、运输工具或其他货物，出境时已向海关报明，并在海关规定期限内复运进境的，应当以海关审定的境外修理费和料件费为完税价格。

（四）运往境外加工的货物

运往境外加工的货物，出境时已向海关报明，并在海关规定期限内复运进境的，应当以海关审定的境外加工费和料件费，以及该货物复运进境的运输及其相关费用、保险费估定完税价格。

（五）暂时进境货物

对于经海关批准的暂时进境的货物，应当按照一般进口货物估价办法的规定，估定完税价格。

（六）租赁方式进口货物

租赁方式进口的货物中，以租金方式对外支付的租赁货物，在租赁期间以海关审定的租金作为完税价格；留购的租赁货物，以海关审定的留购价格作为完税价格；承租人申请一次性缴纳税款的，经海关同意，按照一般进口货物估价办法的规定估定完税价格。

（七）留购的进口货样等

对于境内留购的进口货样、展览品和广告陈列品，以海关审定的留购价格作为完税价格。

（八）予以补税的减免税货物

减税或免税进口的货物需予补税时，应当以海关审定的该货物原进口时的价格，扣除折旧部分价值作为完税价格。其计算公式为：

完税价格 = 海关审定的该货物原进口时的价格 × [1 − 申请补税时实际已使用的时间（月）÷（监管年限 × 12）]

（九）以其他方式进口的货物

以易货贸易、寄售、捐赠、赠送等其他方式进口的货物，应当按照一般进口货物估价办法的规定，估定完税价格。

三、出口货物的完税价格

(一) 以成交价格为基础的完税价格

出口货物的完税价格，由海关以该货物向境外销售的成交价格为基础审查确定，并应包括货物运至我国境内输出地点装载前的运输及其相关费用、保险费。但其中包含的出口关税税额，应当扣除。

出口货物的成交价格，是指该货物出口销售到我国境外时买方向卖方实付或应付的价格。出口货物的成交价格中含有支付给境外的佣金的，如果单独列明，应当扣除。

(二) 出口货物海关估价方法

出口货物的成交价格不能确定时，完税价格由海关依次使用下列方法估定：

(1) 同时或大约同时向同一国家或地区出口的相同货物的成交价格；

(2) 同时或大约同时向同一国家或地区出口的类似货物的成交价格；

(3) 根据境内生产相同或类似货物的成本、利润和一般费用、境内发生的运输及其相关费用、保险费计算所得的价格；

(4) 按照合理方法估定的价格。

四、进出口货物完税价格中的运输及相关费用与保险费的计算

(一) 以一般陆运、空运、海运方式进口的货物

在进口货物的运输及相关费用、保险费计算中，海运进口货物，计算至该货物运抵境内的卸货口岸；如果该货物的卸货口岸是内河（江）口岸，则应当计算至内河（江）口岸。陆运进口货物，计算至该货物运抵境内的第一口岸；如果运输及其相关费用、保险费支付至目的地口岸，则计算至目的地口岸。空运进口货物，计算至该货物运抵境内的第一口岸；如果该货物的目的地为境内的第一口岸外的其他口岸，则计算至目的地口岸。

陆运、空运和海运进口货物的运费和保险费，应当按照实际支付的费用计算。如果进口货物的运费无法确定或未实际发生，海关应当按照该货物进口同期运输行业公布的运费率（额）计算运费；按照"货价加运费"两者总额的3‰计算保险费。

(二) 以其他方式进口的货物

邮运的进口货物，应当以邮费作为运输及其相关费用、保险费；以境外边境口岸价格条件成交的铁路或公路运输进口货物，海关应当按照货价的1%计算运输及其相关费用、保险费；作为进口货物的自驾进口的运输工具，海关在审定完税价格时，可以不另行计入运费。

(三) 出口货物

出口货物的销售价格如果包括离境口岸至境外口岸之间的运输费、保险费的，该运输费、保险费应当扣除。

五、应纳税额的计算

（一）从价税应纳税额的计算

其计算公式为：

关税税额 = 应税进（出）口货物数量 × 单位完税价格 × 税率

（二）从量税应纳税额的计算

其计算公式为：

关税税额 = 应税进（出）口货物数量 × 单位货物税额

（三）复合税应纳税额的计算

我国目前实行的复合税都是先计征从量税，再计征从价税。其计算公式为：

关税税额 = 应税进（出）口货物数量 × 单位货物税额 + 应税进（出）口货物数量 × 单位完税价格 × 税率

第六节 关税的征收管理

一、关税缴纳

进口货物自运输工具申报进境之日起 14 日内，出口货物在货物运抵海关监管区后装货 24 小时以前，应由进出口货物的纳税义务人向货物进（出）境地海关申报，海关根据税则归类和完税价格计算应缴纳的关税和进口环节代征税，并填发税款缴款书。纳税义务人应当自海关填发税款缴款书之日起 15 日内，向指定银行缴纳税款。如关税缴纳期限的最后 1 日是周末或法定节假日，则关税缴纳期限顺延至周末或法定节假日过后的第 1 个工作日。为方便纳税义务人，经申请且海关同意，进（出）口货物的纳税义务人可以在设有海关的指运地（启运地）办理海关申报、纳税手续。

关税纳税义务人因不可抗力或者在国家税收政策调整的情形下，不能按期缴纳税款的，经海关总署批准，可以延期缴纳税款，但最长不得超过 6 个月。

二、关税的强制执行

纳税义务人未在关税缴纳期限内缴纳税款，即构成关税滞纳。为保证海关征收关税决定的有效执行和国家财政收入的及时入库，《海关法》赋予海关对滞纳关税的纳税义务人强制执行的权利。强制措施主要有：

（1）征收关税滞纳金。滞纳金自关税缴纳期限届满滞纳之日起，至纳税义务人缴纳关税之日止，按滞纳税款万分之五的比例按日征收，周末或法定节假日不予扣除。其计算公式为：

关税滞纳金金额 = 滞纳关税税额 × 滞纳金征收比率 × 滞纳天数

（2）强制征收。如纳税义务人自海关填发缴款书之日起3个月仍未缴纳税款，经海关关长批准，海关可以采取强制扣缴、变价抵缴等强制措施。强制扣缴即海关从纳税义务人在开户银行或者其他金融机构的存款中直接扣缴税款。变价抵缴即海关将应税货物依法变卖，以变卖所得抵缴税款。

三、关税退还

关税退还是关税纳税义务人按海关核定的税额缴纳关税后，因某种原因的出现，海关将实际征收多于应当征收的税额（称为溢征关税）退还给原纳税义务人的一种行政行为。根据《海关法》的规定，海关多征的税款，海关发现后应当立即退还。

按规定，有下列情形之一的，进出口货物的纳税义务人可以自缴纳税款之日起1年内，书面声明理由，连同原纳税收据向海关申请退税并加算银行同期活期存款利息，逾期不予受理。

（1）因海关误征，多纳税款的；

（2）海关核准免验进口的货物，在完税后，发现有短卸情形，经海关审查认可的；

（3）已征出口关税的货物，因故未将其运出口，申报退关，经海关查验属实的。

对已征出口关税的出口货物和已征进口关税的进口货物，因货物品种或规格原因（非其他原因）原状复运进境或出境的，经海关查验属实的，也应退还已征关税。海关应当自受理退税申请之日起30日内，做出书面答复并通知退税申请人。本规定强调的是，"因货物品种或规格原因，原状复运进境或出境的。"如果属于其他原因且不能以原状复运进境或出境，不能退税。

四、关税补征和追征

补征和追征是海关在关税纳税义务人按海关核定的税额缴纳关税后，发现实际征收税额少于应当征收的税额（称为短征关税）时，责令纳税义务人补缴所差税款的一种行政行为。《海关法》根据短征关税的原因，将海关征收短征关税的行为分为补征和追征两种。由于纳税人违反海关规定造成短征关税的，称为追征；非因纳税人违反海关规定造成短征关税的，称为补征。

区分关税追征和补征的目的是为了区别不同情况适用不同的征收时效，超过时效规定的期限，海关就丧失了追补关税的权力。根据《海关法》的规定，进出境货物和物品放行后，海关发现少征或者漏征税款，应当自缴纳税款或者货物、物品放行之日起1年内，向纳税义务人补征；因纳税义务人违反规定而造成的少征或者漏征的税款，自纳税义务人应缴纳税款之日起3年以内可以追征，并从缴纳税款之日起按日加收少征或者漏征税款万分之五的滞纳金。

五、关税纳税争议

为保护纳税人合法权益，《海关法》和《关税条例》都规定了纳税义务人对海关确定的进出口货物的征税、减税、补税或者退税等有异议时，有提出申诉的权利。在纳税义务人同海关发生纳税争议时，可以向海关申请复议，但同时应当在规定期限内按海关核定的税额缴纳关税，逾期则构成滞纳，海关有权按规定采取强制执行措施。

纳税争议的内容包括：进出境货物和物品的纳税义务人对海关在原产地认定、税则归类、税率或汇率适用、完税价格确定、关税减征、免征、追征、补征和退还等征税行为是否合法或适当，是否侵害了纳税义务人的合法权益，而对海关征收关税的行为表示异议。

纳税争议的申诉程序：纳税义务人自海关填发税款缴款书之日起 30 日内，向原征税海关的上一级海关书面申请复议。逾期申请复议的，海关不予受理。海关应自收到复议申请之日起 60 日内做出复议决定，并以复议决定书的形式答复纳税义务人；纳税义务人对海关复议决定仍然不服的，可以自收到复议决定书之日起 15 日内，向人民法院提请裁决。

六、原产地规定

（一）全部产地生产标准

全部产地生产标准是指进口货物"完全在一个国家内生产或制造"，生产或制造国即为该货物的原产国。完全在一国生产或制造的进口货物包括：

（1）在该国领土或领海内开采的矿产品；

（2）在该国领土上收获或采集的植物产品；

（3）在该国领土上出生或由该国饲养的活动物及从其所得产品；

（4）在该国领土上狩猎或捕捞所得的产品；

（5）在该国的船只上卸下的海洋捕捞物，以及由该国船只在海上取得的其他

（6）在该国加工船加工上述第（5）项所列物品所得的产品；

（7）在该国收集的只适用于做再加工制造的废碎料和废旧物品；

（8）在该国完全使用上述第（1）项至第（7）项所列产品加工成的制成品。

（二）实质性加工标准

实质性加工标准是适用于确定有两个或两个以上国家参与生产的产品的原产国的标准。其基本含义是：经过几个国家加工、制造的进口货物，以最后一个对货物进行经济上可以视为实质性加工的国家作为有关货物的原产国。实质性加工是指产品加工后，在进出口税则中四位数税号一级的税则归类已经有了改变，或者加工增值部分所占新产品总值的比例已超过30%及以上的。

（三）其他

对机器、仪器、器材或车辆所用零件、部件、配件、备件及工具，如与主件同时进口且数量合理的，其原产地按主件的原产地确定，分别进口的则按各自的原产地确定。

七、关税减免

（一）法定减免税

法定减免税是税法中明确列出的减税或免税。符合税法规定可予减免税的进出口

货物，纳税义务人无须提出申请，海关可按规定直接予以减免税。

《海关法》和《中华人民共和国进出口关税条例》明确规定，下列货物、物品予以减免关税：

（1）关税税额在人民币50元以下的一票货物，可免征关税。

（2）无商业价值的广告品和货样，可免征关税。

（3）外国政府、国际组织无偿赠送的物资，可免征关税。

（4）进出境运输工具装载的途中必需的燃料、物料和饮食用品，可予免税。

（5）经海关核准暂时进境或者暂时出境，并在6个月内复运出境或者复运进境的货样、展览品、施工机械、工程车辆、工程船舶、供安装设备时使用的仪器和工具、电视或者电影摄制器械、盛装货物的容器以及剧团服装道具，在货物收发货人向海关缴纳相当于税款的保证金或者提供担保后，可予暂时免税。

（6）为境外厂商加工、装配成品和为制造外销产品而进口的原材料、辅料、零件、部件、配套件和包装物料，海关按照实际加工出口的成品数量免征进口关税；或者对进口料、件先征进口关税，再按照实际加工出口的成品数量予以退税。

（7）因故退还的中国出口货物，经海关审查属实，可予免征进口关税，但已征收的出口关税不予退还。

（8）因故退还的境外进口货物，经海关审查属实，可予免征出口关税，但已征收的进口关税不予退还。

（9）进口货物如有以下情形，经海关查明属实，可酌情减免进口关税：

①在境外运输途中或者在起卸时，遭受损坏或者损失的；

②起卸后海关放行前，因不可抗力遭受损坏或者损失的；

③海关查验时已经破漏、损坏或者腐烂，经证明不是保管不慎造成的。

（10）无代价抵偿货物，即进口货物在征税放行后，发现货物残损、短少或品质不良，而由国外承运人、发货人或保险公司免费补偿或更换的同类货物，可以免税。但有残损或质量问题的原进口货物如未退运国外；其进口的无代价抵偿货物应照章征税。

（11）我国缔结或者参加的国际条约规定减征、免征关税的货物、物品，按照规定予以减免关税。

（12）法律规定减征、免征的其他货物。

（二）特定减免

特定减免特称政策性减免。在法定减免之外，国家按照国际通行规则和我国实际情况，制定发布的有关进出口货物减免关税的政策，称为特定或政策性减免。特定减免货物一般有地区、企业和用途的限制，海关需要进行后续管理，也需要减免税统计。

1. 科教用品

国务院制定了《科学研究和教学用品免征进口税收暂行规定》，对科学研究机构和学校，不以营利为目的，在合理数量范围内进口国内不能生产的科学研究和教学用品，直接用于科学研究和教学的，免征进口关税和进口环节增值税、消费税。该规定对享受该优惠的科研机构和学校资格、类别及可以免税的物品都做了明确的规定。

2. 残疾人专用品

为支持残疾人的健康工作，国务院制定了《残疾人专用品免征进口税收暂行规定》，对健康、福利机构、假肢厂和荣誉军人康复医院进口国内不能生产的、对规定的残疾人专用品免征进口关税和进口环节增值税、消费税。该规定对免税的残疾人专用品种类和品名都做了明确的规定。

3. 扶贫、慈善性捐赠物资

为促进公益事业的健康发展，经国务院批准，财政部、国家税务总局、海关总署发布了《扶贫、慈善性捐赠物资免征进口税收的暂行办法》。对境外自然人、法人或者其他组织等境外捐赠人，无偿向经国务院主管部门依法批准成立的，以人道救助和发展扶贫、慈善事业为宗旨的社会团体以及国务院有关部门和各省、自治区、直辖市人民政府捐赠的，直接用于扶贫、慈善事业的物资，免征进口关税和进口环节增值税。所称扶贫、慈善事业是指非营利的扶贫济困、慈善救助等社会慈善和福利事业。该办法对可以免税的捐赠物资种类和品名做了明确规定。

4. 加工贸易产品

（1）加工装配和补偿贸易。加工装配即来料加工、来样加工及来件装配，是指由境外客商提供全部或部分原辅料、零配件和包装物料，必要时提供设备，由我方按客商要求进行加工装配，成品交外商销售，我方收取工缴费。客商提供的作价设备价款，我方用工缴费偿还。补偿贸易是指由境外客商提供或国内单位利用国外出口信贷进口生产技术或设备，由我方生产，以返销产品方式分期偿还对方技术、设备价款或贷款本息的交易方式。因有利于较快地提高出口产品生产技术，改善我国产品质量和品种，扩大出口，增加我国外汇收入，国家给予一定的关税优惠：进境料件不予征税，准许在境内保税加工为成品后返销出口；进口外商的不作价设备和作价设备，分别按照外商投资项目和国内投资项目的免税规定执行；剩余料件或增产的产品，经批准转内销时，价值在进口料件总值2%以内，且总价值在3 000元以下的，可予免税。

（2）进料加工。经批准有权经营进出口业务的企业使用进料加工专项外汇进口料件，并在1年内加工或装配成品外销出口的业务，称为进料加工业务。对其关税优惠为：对专为加工出口商品而进口的料件，海关按实际加工复出口的数量，免征进口税；加工的成品出口，免征出口税，但内销料件及成品照章征税；对加工过程中产生的副产品、次品、边角料，海关根据其使用价值分析估价征税或者酌情减免税；剩余料件或增产的产品，经批准转内销时，价值在进口料件总值2%以内且总价值在5 000元以下的，可予免税。

5. 边境贸易进口物资

为了鼓励我国边境地区积极发展与我国毗邻国家间的边境贸易与经济合作，国家制定了有关扶持、鼓励边境贸易和边境地区发展对外经济合作的政策措施。边境贸易有边民互市贸易和边境小额贸易两种形式。边民互市贸易是指边境地区边民在边境线20里以内、经政府批准的开放点或指定的集市上进行的商品交换活动。边民通过互市贸易进口的商品，每人每日价值在3 000元以下的，免征进口关税和进口环节增值税。边境小额贸易是指沿陆地边境线经国家批准对外开放的边境县（旗）、边境城市辖区内经批准有边境小额贸易经营权的企业，通过国家指定的陆地边境口岸，与毗邻国家边境地区的企业或其他贸易机构之间进行的贸易活动。边境小额贸易企业通过指定边境口岸进口原产于毗邻国家的商品，除烟、酒、化妆品以及国家规定必须照章征税的其他商品外，进口关税和进口环节增值税减半征收。

6. 保税区进出口货物

为了创造完善的投资、运营环境，开展为出口贸易服务的加工整理、包装、运输、仓储、商品展出和转口贸易，国家在境内设立了保税区，即与外界隔离的全封闭方式，在海关监控管理下进行存放和加工保税货物的特定区域。保税区的主要关税优惠政策有：①进口供保税区使用的机器、设备、基建物资、生产用车辆，为加工出口产品进口的原材料、零部件、元器件、包装物料，供储存的转口货物以及在保税区内加工运输出境的产品免征进口关税和进口环节税；②保税区内企业进口专为生产加工出口产品所需的原材料、零部件、包装物料，以及转口货物予以保税；③从保税区运往境外的货物，一般免征出口关税等。

7. 出口加工区进出口货物

为加强与完善加工贸易管理，严格控制加工贸易产品内销，保护国内相关产业，并为出口加工企业提供更宽松的经营环境，带动国产原材料、零配件的出口，国家设立了出口加工区。出口加工区的主要关税优惠政策有：①从境外进入区内生产性的基础设施建设项目所需的机器、设备和建设生产厂房：仓储设施所需的基建物资，区内企业生产所需的机器、设备、模具及其维修用零配件，区内企业和行政管理机构自用合理数量的办公用品，予以免征进口关税和进口环节税。②区内企业为加工出口产品所需的原材料、零部件、元器件、包装物料及消耗性材料，予以保税。③对加工区运往区外的货物，海关按照对进口货物的有关规定办理报关手续，并按照制成品征税。④对从区外进入加工区的货物视同出口，可按规定办理出口退税。

8. 进口设备

为进一步扩大利用外资，引进国外先进技术和设备，促进产业结构的调整和技术进步，保持国民经济持续、快速、健康发展，国务院决定自1998年1月1日起，对国家鼓励发展的国内投资项目和外商投资项目进口设备，在规定范围内免征进口关税和进口环节增值税。具体为：①对符合《外商投资产业指导目录》鼓励类和限制乙类，并转让技术的外商投资项目，在投资总额内进口的自用设备，以及外国政府贷款和国际金融组织贷款项目进口的自用设备、加工贸易外商提供的不作价进口设备，除《外商投资项目不予免税的进口商品目录》所列商品外，免征进口关税和进口环节增值税；②对符合《当前国家重点鼓励发展的产业、产品和技术目录》的国内投资项目，在投资总额内进口的自用设备，除《国内投资项目不予免税的进口商品目录》所列商品外，免征进口关税和进口环节增值税；③对符合上述规定的项目，按照合同随设备进口的技术及配套件、备件，也免征进口关税和进口环节增值税。

9. 特定行业或用途的减免税政策

为鼓励、支持部分行业或特定产品的发展，国家制定了部分特定行业或用途的减免税政策，这类政策一般对可减免税的商品列有具体清单。如为支持我国海洋和陆上特定地区石油、天然气开采作业，对相关项目进口国内不能生产或性能不能满足要求的，直接用于开采作业的设备、仪器、零附件、专用工具，免征进口关税和进口环节增值税等。

(三) 临时减免税

临时减免税是指以上法定和特定减免税以外的其他减免税，即由国务院根据《海关法》对某个单位、某类商品、某个项目或某批进出口货物的特殊情况，给予特别照顾，一案一批，专文下达的减免税。一般有单位、品种、期限、金额或数量等限制，不能比照执行。

我国已加入世界贸易组织，为遵循统一、规范、公平、公开的原则，有利于统一税法、公平税负、平等竞争，国家严格控制减免税，一般不办理个案临时性减免税；对特定减免税也在逐步规范、清理，对不符合国际惯例的税收优惠政策将逐步予以废止。

习　题

一、单项选择题

1. 反补贴税的征收不得超过（　　）。
   A. 倾销差额　　　　　　　　B. 正常关税
   C. 补贴数额　　　　　　　　D. 最惠国关税

2. 关税的税收客体是（　　）
   A. 进出口货物　　　　　　　B. 进出口商人
   C. 进口国海关　　　　　　　D. 实际消费者

3. 以增加国家收入为目的征收的关税是（　　）。
   A. 财政关税　　　　　　　　B. 保护关税
   C. 过境关税　　　　　　　　D. 差价关税

4. 普惠制的主要原则是（　　）。
   A. 普遍的、非歧视的、非互惠的、永久的
   B. 普遍的、非歧视的、非互惠的
   C. 非普遍的、非歧视的、非互惠的
   D. 非普遍的、歧视的、互惠的

二、多项选择题

1. 一个国家对进口商品，除了征收正常进口关税外，还往往根据目的加征额外关税，叫做进口附加税，其中包括（　　）。
   A. 差价税　　　　　　　　　B. 反倾销税
   C. 特惠税　　　　　　　　　D. 反补贴税

2. 关税和其他税收一样，具有（　　　）。

 A. 强制性   B. 无偿性

 C. 预定性   D. 直接性

3. 进口税一般可分为（　　　）。

 A. 普惠制税   B. 最惠国税

 C. 特惠税   D. 普通税

4. 从价税的主要优点在于（　　　）。

 A. 征收比较简单

 B. 随物价涨跌而涨跌，能起到保护作用

 C. 税赋较为公平

 D. 物价下跌时，更能起到保护作用

5. 一国征收出口税的目的是（　　　）。

 A. 保证本国生产   B. 增加财政收入

 C. 扩大出口   D. 保证本国市场供应

三、判断题

1. 以保护本国工农业为目的而对外国商品进口征收的关税，在其他条件不变的情况下，税率越高越能达到保护的目的。（　　　）

2. 在单一税则下，一种商品项下只设一个税率，简单明确，易于管理，因此目前绝大多数国家都采用单一税则。（　　　）

3. 在发达国家的关税结构中，有效关税税率远远大于名义关税税率。（　　　）

4. 对来自不同国家的商品进口税不同，因此，关税比非关税具有更大的灵活性。（　　　）

5. 不限进口国别或地区，而由进口商的申请先后批给一定的额度，这种配额叫全球配额。（　　　）

6. 自愿出口配额与一般进口配额制一样，都是进口国限制进口的一项措施。（　　　）

7. 一些进口国利用海关估价变相地提高进口商品的价格，这是一种非关税壁垒措施。（　　　）

8. 在进口配额制下，一定时期内规定一定的进口数量，超过了规定的限额，则禁止进口。（　　　）

9. 关税是进出口货物经过一国国境时，由政府设置的海关向其进出口商所征收的税收。（　　　）

10. 目前国际贸易条约与协定一般都采用有条件的最惠国待遇条款。（　　　）

11. 关税属于间接税。（　　　）

四、计算分析题

甲化妆品公司为增值税一般纳税人，主要从事化妆品的生产、进口和销售业务，

2016 年 9 月发生以下经济业务：

（1）从国外进口一批化妆品，海关核定的关税完税价格为 112 万元，公司按规定向海关缴纳了关税、消费税和进口环节增值税，并取得了相关完税凭证。

（2）向公司员工发放一批新研发的化妆品作为职工福利，该批化妆品不含增值税的销售价格为 75 万元。

（3）委托乙公司加工一批化妆品，提供的材料成本为 86 万元，支付乙公司加工费 5 万元，当月收回该批委托加工的化妆品，乙公司没有同类消费品销售价格。

已知：化妆品适用的消费税税率为 30%，关税税率为 25%。要求：

（1）计算该公司当月进口环节应缴纳的消费税税额。

（2）计算该公司当月作为职工福利发放的化妆品应缴纳的消费税税额。

（3）计算乙公司受托加工的化妆品在交货时应代收代缴的消费税税额。

第七章　资源类税

学习目的：通过本章学习，要求掌握资源税和城镇土地使用税的纳税义务人，掌握资源税和城镇土地使用税的税目、税率，掌握资源税和城镇土地使用税的课税数量，及其应纳税额的计算；了解资源税和城镇土地使用税的税收优惠，了解资源税和城镇土地使用税的征收管理与纳税申报。

第一节　资源税

一、资源税概述

（一）资源税的概念

资源税是以自然资源为课税对象而征收的一种税。目前在我国开征的资源税，是对在我国境内开采矿产品及生产盐的单位和个人，就其应税产品销售数量或自用数量为计税依据而征收的。

资源的范围很广，从物质内容上看，包括矿产资源、土地资源、水资源、太阳能资源、空气资源、动物资源、植物资源、海洋资源等。对其中一部分资源征收资源税，可以体现国家对资源产品的特定调控意图。

我国开征资源税的历史久远。早在周朝就有"山泽之赋"，对在山上伐木、采矿、狩猎，水上捕鱼、煮盐等，都要征税；战国时期秦国开始对盐的生产、运销课征"盐课"；明朝的"坑冶之课"，实际上就是矿税，其征收对象包括金、银、铜、铝、朱砂等矿产品。北洋军阀和国民党统治时期，也征收过矿区税、矿产税和矿统税，这三种税实际上属于资源税中的矿税。新中国成立后，《全国税政实施要则》规定对盐的生产、运销征收盐税。1984 年 9 月 18 日国务院根据第六届全国人民代表大会常务委员会第七次会议的决定发布了《中华人民共和国资源税条例（草案）》，并于当年 10 月 1 日起正式开征，但其征收范围仅限于原油、天然气、煤炭三种资源，同时国务院颁布了《中华人民共和国盐税条例（草案）》，将盐税从原工商税中分离出来，重新成为一个独立的税种。随着我国市场经济的不断发展，资源税在征税范围等诸多方面已经不能适应新形势的需要。为此，根据普遍征收、级差调节的原则，1993 年 12 月 25 日国务院颁布了《中华人民共和国资源税暂行条例》，扩大了资源税的征税范围，将盐税归并到资源税中，同时提高了征收税额，修订后的资源税自 1994 年 1 月 1 日起施行。

（二）我国现行资源税的特征

1. 只对特定资源征税

从理论上讲，资源税的课税对象应包括具有商品属性的国有自然资源，如矿藏、水源、森林、山岭、草原、滩涂等。但考虑到我国的实际情况，现行资源税既不是对各种自然资源征税，也不是对所有具有商品属性的资源都征税，而只是对其中的矿产品资源和盐资源征税。在具体确定征税范围时，对矿产资源的绝大多数矿种采取了根据矿产品价格和采掘业的时机情况选择品目、分批分步实施征收资源税的办法，凡列入资源税税目税额表的矿种，都属于征税范围。1984 年 10 月资源税开征之初，只对原油、天然气和煤炭三种产品开征了资源税。目前包括在征收范围内的有煤炭、原油、天然气、有色金属矿产品、黑色金属矿产品、非金属矿产品和盐七种资源产品。从资源税的改革和政府宏观经济调控的客观需要出发，我国资源税的征收范围应逐步扩大，有计划地将水资源、森林资源、草原资源、土地资源及其他矿产品等列入征税范围。

2. 实行从量定额征收

我国现行资源税法规定资源税以应税资源产品的销售量为计税依据，实行从量定额计税。另外，由于开采同一应税产品的资源条件（如资源品位、储量、开采难易程度、地理位置等）存在差异，其单位税额也呈现相应的差异。一般来说，资源条件好、负担能力强的，单位税额就相应高一些；反之，单位税额就相应低一些。从量定额征收有一定的优点，即便于计征和缴纳，而且可以根据资源条件直接确定税额，在一定时期内保持稳定，这样既可以调节级差收入，又能促进企业加强经营管理，提高经济效益。但从量定额征收也存在一些缺点，如不能体现资源的稀缺性特征，不利于促使资源充分有效配置等。因此，目前资源税的改革方案又考虑将从量定额征收改为从价定率征收或从量与从价相结合的方式。

3. 具有级差收入税的特点

各种自然资源在客观上都存在着好坏、贫富、贮存状况、开采条件、地理位置和选矿条件等种种差异。由于这些客观因素的影响，必然导致各资源开发者和使用者在资源丰瘠和收益多少上存在较大差异。我国资源税通过对同一资源实行高低不同的差别税率，直接调节同一种资源由于所处的地理位置不同，内部结构、成分不同以及开发条件不同等客观原因造成的级差收入，一方面增加国家财政收入；另一方面平衡企业利润水平，为企业竞争创造公平的外部环境，以促进资源的合理开发利用。

4. 具有受益税的特点

在我国，国家既是自然资源的所有者，又是政治权力的行使者。资源税实质上是国家凭借其政治权力和自然资源所有权的双重权力对开采者征收的一种税。一方面体现了有偿开发利用国有资源的原则，另一方面体现了税收的强制性、固定性等特点。单位或者个人开发经营国有自然资源，既要为拥有开发权而付出一定代价，又因为享受国有自然资源有义务支付一定的费用。因此说，资源税具有受益税的特征。

（三）资源税的作用

资源税的开征，为构建我国的资源占用课税体系奠定了基础，对于完善我国的税制结构，拓宽税收的调节领域，全面发挥税收的职能作用具有重要意义。资源税开征以来，经过不断改进，其课征范围逐渐扩大，计征方法日趋完善，已经成为我国现行税制体系中的一个重要税种。

在社会主义市场经济条件下，资源税的作用主要有以下几个方面：

1. 有利于国有资源的合理开采，节约使用和有效配置

开征资源税，可以根据资源和开发条件的优劣，确定不同的税额，把资源的开采和利用，同纳税人的自身利益紧密结合，既有利于国家加强对自然资源的保护和管理，防止乱采滥用资源，又有利于经营者出于对自身利益的考虑，提高资源的开发和利用效率，最大限度有效节约地开发和利用国家资源。在我国尚未建立专门的环保税的今天，资源税被公认为我国最具有环保作用的绿色税种。

2. 有利于合理调节资源级差收入，促进开采企业间的公平竞争

我国的资源税，属于比较典型的级差资源税。是根据应税产品的品种、质量、存在形式、开采方式以及企业所处地理位置和交通运输条件等客观因素的差异确定差别税率，从而使条件优越者税负较高，反之则税负较低，这种税率设计使资源税能够比较有效地调节由于自然资源条件差异等客观因素给企业带来的级差收入，缓解企业收益分配上的矛盾，减少或排除资源条件差异对企业盈利水平的影响，促进资源开发企业之间以及资源利用企业之间在较为平等的基础上开展竞争，为企业发展创造有利的外部条件。

3. 有利于发挥税收杠杆的整体功能，保证国家财政收入

虽然资源税对调节纳税人的级差收入水平发挥了一定的作用，但还不够充分，而且与其他税种，如企业所得税、增值税、产品税等之间的关联度较差。鉴于此，我国对资源税与产品税、增值税、企业所得税进行了配套改革，建立了资源税、增值税与企业所得税相辅相成的综合调节机制，使税收的调节作用有效地贯穿资源开发、产品生产和商品流通各个环节。由于1994年资源税税制改革扩大了课征范围，适度提高了课征税率，资源税的收入规模及其在税收收入总额中所占的比重都相应增加，其财政意义也日渐明显，在为国家筹集财政资金方面发挥着不可忽视的作用。

二、资源税的纳税人与扣缴义务人

资源税的纳税义务人是指在中华人民共和国境内开采应税资源的矿产品或者生产盐的单位和个人。单位是指国有企业、集体企业、私营企业、股份制企业、其他企业和行政单位、事业单位、军事单位、社会团体及其他单位；个人是指个体经营者和其他个人；其他单位和其他个人包括外商投资企业、外国企业及外籍人员。

资源税的扣缴义务人，主要是针对零星、分散、不定期开采的情况，为了加强管理，避免漏税，由扣缴义务人在收购矿产品时代扣代缴资源税。《中华人民共和国资源税暂行条例》规定，收购未税矿产品的单位为资源税的扣缴义务人。

三、资源税的征税范围

根据《中华人民共和国资源税暂行条例》的规定，目前我国资源税具体征税范围

包括：

（一）矿产品

（1）原油。原油是指天然汽油，不包括人造石油。

（2）天然气。天然气是指专门开采或与原油同时开采的天然气，暂不包括煤矿伴生的天然气。

（3）煤炭。煤炭是指原煤，不包括洗煤、选煤及其他煤炭制品。

（4）黑色金属矿、有色金属矿和其他非金属矿产品。这三种矿产品均指原矿。

（二）盐

盐包括固体盐和液体盐（卤水）。

四、资源税的税目与单位税额

资源税采取从量定额的办法征收，实施"普遍征收，级差管理"的原则。所谓的普遍征收既是对在我国境内开发的一切应税资源产品征收资源税。级差调节即是运用对因资源储存状况、开采条件、资源优劣、地理位置等客观存在的差别产生的资源级差收入，通过实施差别税额标准进行调节。

目前我国资源税的税目、税额包括7大类（见表7-1）。现行资源税的税目主要是根据资源税应税产品和纳税人开采资源的行业特点设置的。

表7-1　　　　　　　　　资源税税目税额幅度表

税目	税额幅度
一、原油	8～30 元/吨
二、天然气	2～15 元/千立方米
三、煤炭	0.3～5 元/吨
四、其他非金属矿原矿	0.5～20 元/吨（或者立方米）
五、黑色金属矿原矿	2～30 元/吨
六、有色金属矿原矿	0.4～30 元/吨
七、盐　　固体盐 液体盐	10～60 元/吨 2～10 元/吨

纳税人在开采主矿产品的过程中伴采的其他应税矿产品，凡未单独规定适用税额的，一律按主矿产品或视同主矿产品税目征收资源税。未列举名称的其他非金属矿原矿和其他有色金属矿原矿，由省、自治区、直辖市人民政府决定征收或暂缓征收资源税，并报财政部和国家税务总局备案。

五、资源税应纳税额的计算

(一) 资源税的计税依据

1. 确定课税数量的基本办法

资源税以应税产品的课税数量为计税依据,确定课税数量的基本办法是:

(1) 纳税人开采或者生产应税产品销售的,以销售数量为课税数量;

(2) 纳税人开采或者生产应税产品自用的,以自用(非生产用)数量为课税数量。

2. 确定课税数量的具体办法

在实际生产经营活动中,有些情况比较特殊,具体情况的课税数量按如下办法执行:

(1) 纳税人不能准确提供应税产品销售数量或移送使用数量的,以应税产品的产量或主管税务机关确定的折算比换算成的数量为课税数量;

(2) 原油中的稠油、高凝油与稀油划分不清或不易划分的,一律按原油的数量课税;

(3) 对于连续加工前无法正确计算原煤移送使用量的,可按加工产品的综合回收率,将加工产品实际销量和自用量折算成原煤数量作为课税数量;

(4) 金属和非金属矿产品精加工矿,因无法准确掌握纳税人移送使用原矿数量的,可将其精矿按选矿比折算成原矿数量作为课税数量。其计算公式如下:

选矿比 = 精矿数量 ÷ 耗用原矿数量

(5) 纳税人以自产的液体盐加工固体盐,按固体盐征税,以加工的固体盐数量为课税数量。纳税人以外购的液体盐加工固体盐,其加工固体盐所耗用的液体盐的已纳税额准予抵扣。

对于纳税人开采或者生产不同税目应税产品的,应当分别核算;不能准确提供不同税目应税产品课税数量的,从高适用税率。

(二) 资源税应纳税额的计算

资源税的应纳税额,按照应税产品的课税数量和规定的单位税额计算。其计税公式为:

应纳税额 = 课税数量 × 单位税额

代扣代缴应纳税额 = 收购未税矿产品的数量 × 适用的单位税额

【例 7 – 1】鲲鹏油田 9 月份销售原油 50 万吨,按资源税税目税额明细表的规定,其适用的单位税额为 8 元/吨。计算该油田本月应纳资源税税额。

应纳税额 = 课税数量 × 单位税额

= 500 000 吨 × 8

= 4 000 000 (元)

【例 7 – 2】鲲鹏矿山 5 月份销售铜矿石原矿 50 000 吨,移送入选精矿 30 000 吨,选矿比为 30%,按规定该矿山铜矿适用 1.5 元/吨单位税额。要求:计算该矿山本月应纳资源税税额。

$$外销铜矿石原矿的应纳税额 = 课税数量 × 单位税额$$
$$= 50\ 000 × 1.5 = 75\ 000（元）$$
$$按选矿比计算的应纳税额 = 入选精矿 ÷ 选矿比 × 单位税额$$
$$= 30\ 000 ÷ 30\% × 1.5$$
$$= 150\ 000（元）$$
$$5\ 月份合计应纳税额 = 原矿应纳税额 + 精矿应纳税额$$
$$= 75\ 000 + 150\ 000$$
$$= 225\ 000（元）$$

六、资源税的税收优惠

（一）减税、免税项目

资源税贯彻普遍征收、级差调节的原则思想，因此规定的减免税项目比较少。

（1）开采原油过程中用于加热、修井的原油免税。

（2）纳税人开采或者生产应税产品过程中，因意外事故或者自然灾害等原因遭受重大损失的，由省、自治区、直辖市人民政府酌情决定减税或者免税。

（3）自 2007 年 2 月 1 日起，北方海盐资源税暂减按每吨 15 元征收，南方海盐、湖盐、井矿盐资源税暂减按每吨 10 元征收，液体盐资源税暂减按每吨 2 元征收。

（4）从 2007 年 1 月 1 日起，对地面抽采煤层气暂不征收资源税。煤层气，是指赋存于煤层及其围岩中与煤炭资源伴生的非常规天然气。

（5）国务院规定的其他减税、免税项目。

纳税人的减税、免税项目，应当单独核算课税数量；未单独核算或者不能准确提供课税数量的，不予减税或者免税。

（二）出口应税产品不退（免）资源税的规定

资源税规定仅对在中国境内开采或生产应税产品的单位和个人征收，进口的矿产品和盐不征收资源税。由于对进口应税产品不征收资源税，对出口应税产品也不免征或退还已纳资源税。

七、资源税征收管理

（一）纳税义务产生时间

（1）纳税人销售应税产品，其纳税义务发生时间为：

①纳税人采取分期收款结算方式的纳税义务发生时间，为销售合同规定的收款日期的当天。

②纳税人采取预收货款结算方式的纳税义务发生时间，为发出应税产品的当天。

③纳税人采取其他结算方式的纳税义务发生时间，为收讫销售款或者取得索取销售款凭据的当天。

（2）纳税人自产自用应税产品的纳税义务发生时间，为移送使用应税产品的当天。

（3）扣缴义务人代扣代缴税款的纳税义务发生时间，为支付首笔货款或者开具应支付货款凭据的当天。

（二）纳税期限

纳税期限是纳税人发生纳税义务后缴纳税款的期限。资源税的纳税期限为1日、3日、5日、10日、15日或者1个月，纳税人的纳税期限由主管税务机关根据实际情况具体核定。不能按固定期限计算纳税的，可以按次计算纳税。

纳税人以1个月为一期纳税的，自期满之日起10日内申报纳税；以1日、3日、5日、10日或者15日为一期纳税的，自期满之日起5日内预缴税款，于次月1日起10日内申报纳税并结清上月税款。

（三）纳税地点

（1）凡是缴纳资源税的纳税人，都应当向应税产品的开采或者生产所在地主管税务机关缴纳税款。

（2）如果纳税人在本省、自治区、直辖市范围内开采或者生产应税产品，其纳税地点需要调整的，由所在地省、自治区、直辖市税务机关决定。

（3）如果纳税人应纳的资源税属于跨省开采，其下属生产单位与核算单位不在同一省、自治区、直辖市的，对其开采的矿产品一律在开采地纳税，其应纳税款由独立核算、自负盈亏的单位，按照开采地的实际销售量（或者自用量）及适用的单位税额计算划拨。

（4）扣缴义务人代扣代缴的资源税，也应当向收购地主管税务机关缴纳。

（四）纳税申报

资源税纳税需填写资源税纳税申报表，见表7－2。

表7－2　　　　　　　　　　资源税纳税申报表

纳税人识别号：□□□□□□□□□□□□□□□□□□

纳税人名称：（公章）

税款所属期限：自　　年　　月　　日至　　年　　月　　日

填表日期：　　年　　月　　日　　　　　　　　　　金额单位：元（列至角分）

产品名称	课税单位	课税数量	单位税额	本期应纳税额	本期已纳税额	本期应补（退）税额	备注
1	2	3	4	5 ＝ 3×4	6	7 ＝ 5 － 6	
应纳税项目	▶	▶					
	▶	▶					
	▶	▶					
	▶	▶					

表7-2(续)

产品名称	课税单位	课税数量	单位税额	本期应纳税额	本期已纳税额	本期应补(退)税额	备注
1	2	3	4	5=3×4	6	7=5-6	
减免税项目	▶	▶					
	▶						
	▶						
	▶						

纳税人或代理人声明:此纳税申报表是根据国家税收法律的规定填报的,我确信它是真实的、可靠的、完整的。	如纳税人填报,由纳税人填写以下各栏				
	经办人(签章)		会计主管(签章)		法定代表人(签章)
	如委托代理人填报,由代理人填写以下各栏				
	代理人名称			代理人(公章)	
	经办人(签章)				
	联系电话				

以下由税务机关填写				
受理人		受理日期		受理税务机关(签章)

第二节　城镇土地使用税

一、城镇土地使用税概述

(一) 城镇土地使用税的概念

城镇土地使用税是指以开征范围的城镇土地为征税对象,以实际占用的土地面积为计税标准,按规定税额对拥有土地使用权的单位和个人征收的一种税。

城镇土地使用税法是国家制定的调整城镇土地使用税征收与缴纳之间权利及义务关系的法律规范。为了进一步合理利用城镇土地,调节土地的级差收入,提高土地的使用效率,加强城镇土地管理,2006 年 12 月 31 日国务院修改并颁布了《中华人民共和国城镇土地使用税暂行条例》,从 2007 年 1 月 1 日起执行。

(二) 城镇土地使用税的特征

1. 征税对象是土地

由于我国的城镇土地归国家所有,单位和个人对占用的土地只有使用权而无所有权。国家既可以凭借财产权利对土地使用人获取的收益进行分配，又可以凭借政治权利对土地使用者进行征税。开征城镇土地使用税，实质上是运用国家政治权力，将纳税人获取的本应属于国家的土地收益集中到国家手中。

2. 对占用土地的行为征税

在国外，对土地课税属于财产税。但是，我国《宪法》明确规定，城镇土地的所有权归属国家，单位和个人对占用的土地只有使用权而无所有权。因此，现行的城镇土地使用税实质上是对占用土地资源的行为课税，属于准财产税，而非严格意义上的财产税。

3. 征税范围有所限定

现行城镇土地使用税征税范围限定在城市、县城、建制县、工矿区，坐落在农村地区的房地产不属于城镇土地使用税的征税范围。

4. 实行差别幅度税额

开征城镇土地使用税的目的之一，在于调节土地的级差收入，而级差收入的产生主要取决于土地的位置。占有土地位置优越的纳税人可以节约运输和流通费用，扩大销售和经营规模，取得额外经济收益。为了有利于体现国家政策，城镇土地使用税实行差别幅度税额。对不同城镇适用不同税额，对同一城镇的不同地段，根据市政建设状况和经济繁荣程度确定不等的负担水平。

(三) 城镇土地使用税的作用

1. 有利于促进企业节约使用土地

我国虽然幅度辽阔，但人均占有土地面积并不宽裕。过去，我国对非农业用地基本都采取行政划拨、无偿使用的办法，造成大量土地资源的浪费。开征城镇土地使用税后，国有土地不再由单位和个人无偿使用，而要按规定向国家纳税。由于土地使用税的负担是按城市大小和所处地区经济繁荣程度确定的，因此，单位和个人多占地、占好地就要多纳税；少占地、占差地就要少纳税。这样，就可以促进企业在用地时精打细算，把空余不用或少用的土地让出来，起到了加强土地管理，促进了企业合理配置土地和节约使用土地。

2. 有利于调节土地级差收入

在我国目前市场经济条件下，影响企业效益的客观因素很多。其中，地理位置的好坏会影响到企业的运输成本、流通费用的高低，进而影响到企业利润率的高低。由于土地级差收入的获得与企业本身经营状况无关，如果对此不征税，则既不利于企业经济核算，也无法对企业的主观经营成果进行比较。开征城镇土地使用税，将土地的级差收入纳入国家财政，不仅有利于理顺国家和土地使用者的分配关系，而且为企业公平竞争创造了一个基本公平的用地条件。

3. 有利于筹集地方财政资金，完善地方税体系

城镇土地使用税是地方税，其税收收入归地方政府支配，是地方财政收入的主要来源之一。同时，由于城镇土地使用税在所有大、中、小城市和县城、建制镇、工矿区开征，因此它涉及面广，是地方财政的一项稳定收入来源，为完善地方税体系和分

税制创造了条件。

二、城镇土地使用税的纳税义务人

凡是在城市、县城、建制镇、工矿区范围内使用土地的单位和个人，为城镇土地使用税的纳税人。

单位包括国有企业、集体企业、私营企业、股份制企业、外商投资企业、外国企业以及其他企业和事业单位、社会团体、国家机关、军队以及其他单位；个人包括个体工商户以及其他个人。

税法根据用地者的不同情况，将城镇土地使用税的纳税人分为以下几类：

（1）拥有土地使用权的单位和个人；

（2）拥有土地使用权的单位和个人不在土地所在地的，其土地的实际使用人和代管人为纳税人；

（3）土地使用权未确定或权属纠纷未解决的，其实际使用人为纳税人；

（4）土地使用权共有的，共有各方都是纳税人，由共有各方分别纳税。

三、城镇土地使用税的征税范围

城镇土地使用税的征税范围，包括在城市、县城、建制镇和工矿区内的国家所有和集体所有的土地。所称的城市、县城、建制镇和工矿区分别按下列标准确认：

（1）城市是指经国务院批准设立的市，其征税范围包括市区和郊区；

（2）县城是指县人民政府所在地；

（3）建制镇是指经省、自治区、直辖市人民政府批准设立的，符合国务院规定的建制标准的镇；

（4）工矿区是指工商业比较发达、人口比较集中的大中型工矿企业所在地；

（5）自 2009 年 1 月 1 日起，公园、名胜古迹内的索道公司经营用地，按规定缴纳城镇土地使用税；

（6）自 2009 年 12 月 1 日起，对在城镇土地使用税征税范围内单独建造的地下建筑用地，按规定缴纳城镇土地使用税。其中，已取得地下土地使用权证的，按土地使用权证确认的土地面积计算应征税款；未取得地下土地使用权证或地下土地使用权证上未标明土地面积的，按地下建筑垂直投影面积计算应征税款。对上述地下建筑用地暂按应征税款的 50% 征收城镇土地使用税。

四、城镇土地使用税应纳税额的计算

（一）计税依据

城镇土地使用税以纳税人实际占用的土地面积为计税依据，土地面积计量标准为每平方米。税务机关根据纳税人实际占用的土地面积，按照规定的税额计算应纳税额，向纳税人征收土地使用税。

（二）税率

城镇土地使用税采用定额税率，即采用有幅度的差别税额，按大、中、小城市和县城、建制镇、工矿区分别规定每平方米土地使用税年应纳税额。具体标准如下：

（1）大城市 1.5～30 元；

（2）中等城市 1.2～24 元；

（3）小城市 0.9～18 元；

（4）县城、建制镇、工矿区 0.6～12 元。

大、中、小城市以公安部门登记在册的非农业正式户口人数为依据，按照国务院颁布的《城市规划条例》中规定的标准划分。其中，市区及郊区非农业人口在 50 万人以上的为大城市；市区及郊区非农业人口在 20 万和 50 万人之间的为中等城市；市区及郊区非农业人口在 20 万人以下的为小城市。

各省、自治区、直辖市人民政府可根据市政建设情况和经济繁荣程度在规定税额幅度内，确定所辖地区的适用税额幅度。经济落后地区，土地使用税的适用税额标准可适当降低，但降低额不得超过上述规定最低税额的 30%。经济发达地区的适用税额标准可以适当提高，但须报财政部批准。

（三）应纳税额的计算

城镇土地使用税的应纳税额可以通过纳税人实际占用的土地面积乘以该土地所在地段的适用税额求得。其计算公式为：

全年应纳税额＝实际占用应税土地面积（平方米）×适用税额

其中：纳税人实际占用的土地面积，以房地产管理部门核发的土地使用证书与确认的土地面积为准；尚未核发土地使用证书的，应由纳税人据实申报土地面积，据以纳税，待核发土地使用证书后再做调整。

【例7-3】某大城市繁华地段的天一大型商场，其土地使用证书上记载占地面积为 15 000 平方米，经税务机关核定该地段为一等地段，每平方米年税额为 6 元。要求：计算其全年应纳的土地使用税税。

全年应纳土地使用税税额＝15 000×6 ＝90 000（元）

五、城镇土地使用税的税收优惠

（1）下列土地免征城镇土地使用税：

①国家机关、人民团体、军队自用的土地；

②由国家财政部门拨付事业经费的单位自用的土地；

③宗教寺庙、公园、名胜古迹自用的土地；

④市政街道、广场、绿化地带等公共用地；

⑤直接用于农、林、牧、渔业的生产用地；

⑥经批准开山填海整治的土地和改造的废弃土地，从使用的月份起免缴土地使用税 5～10 年；

⑦由财政部另行规定免税的能源、交通、水利设施用地和其他用地；

⑧新征用的耕地自批准征用之日起 1 年内免征土地使用税。

（2）纳税人缴纳土地使用税确有困难需要定期减免的，由省地税局审批。

（3）对免税单位使用纳税单位土地，免征城镇土地使用税。

（4）在城镇土地使用税征收范围内经营采摘、观光农业的单位和个人，其直接用于采摘、观光的种植、养殖、饲养的土地，免征城镇土地使用税。

（5）煤炭企业的下列用地，免征城镇土地使用税：

①矸石山、排土场用地、防排水沟用地；

②矿区办公、生活区以外的公路、铁路专用线及轻便道和输变电线路用地；

③火炸药库库房及安全区用地；

④向社会开放的公园及公共绿化带用地。

（6）对矿山企业的采矿场、排土场、尾矿库、炸药库的安全区、采区运矿及运岩公路、尾矿输送管道及回水系统用地，免征城镇土地使用税。

（7）对电力行业中火电厂厂区围墙外的灰场、输灰管、输油（气）管、铁路专用线用地；水电站除发电厂厂房用地、生产、办公、生活用地外的其他用地；供电部门的输电线路用地、变电站用地，免征城镇土地使用税。

（8）对电力行业中火电厂厂区外的水源用地以及热电厂供热管道用地，免征土地使用税。

（9）对水利设施及其管护用地（如水库库区、大坝、堤防、灌渠、泵站等用地），免征城镇土地使用税。对兼有发电的水利设施用地征免城镇土地使用税问题，比照电力行业征免城镇土地使用税的有关规定办理。

（10）铁道部所属铁路运输企业自用的房产、土地继续免征房产税和城镇土地使用税。

（11）对邮政部门坐落在城市、县城、建制镇、工矿区范围以外，尚在县邮政局内核算的房产、土地，在单位财务账中划分清楚的，从 2001 年 1 月 1 日起不再征收房产税和城镇土地使用税。

（12）对行使国家行政管理职能的中国人民银行总行（含国家外汇管理局）所属分支机构自用的房产、土地，免征房产税、城镇土地使用税。

（13）对被撤销金融机构清算期间自有的或从债务方接收的房地产，免征房产税、城镇土地使用税。

（14）对廉租住房、经济适用住房建设用地以及廉租住房经营管理单位按照政府规定价格、向规定保障对象出租的廉租住房用地，免征城镇土地使用税。

（15）非营利性科研机构自用的房产、土地，免征房产税、城镇土地使用税。

（16）对血站自用的房产和土地，免征房产税和城镇土地使用税。

（17）对非营利性医疗机构自用的房产、土地，免征房产税、城镇土地使用税。对营利性医疗机构自用的房产、土地，自其取得执业登记之日起，3 年内对其自用的房产、土地，免征房产税、城镇土地使用税。对疾病控制机构和妇幼保健机构等卫生机构自用的房产、土地，免征房产税、城镇土地使用税。

（18）对政府部门和企事业单位、社会团体以及个人等社会力量投资兴办的福利性、非营利性的老年服务机构自用的房产、土地，暂免征收房产税、城镇土地使用税。

（19）对由主管工会拨付或差额补贴工会经费的全额预算或差额预算单位，可以比照财政部门拨付事业经费的单位办理，即：对这些单位自用的房产、土地，免征房产税和城镇土地使用税。

（20）对少年犯管教所的用地和由国家财政部门拨付事业经费的劳教单位自用的土地，免征城镇土地使用税。

六、城镇土地使用税的征收管理

（一）纳税期限

城镇土地使用税实行按年计算、分期缴纳的征收方法，具体纳税期限由省、治区、直辖市人民政府确定。各省、治区、直辖市税务机关结合当地情况，一般分别按月、季度、半年或年等不同期限缴纳。

（二）纳税义务发生时间

（1）纳税人购置新建商品房，自房屋交付使用之次月起，缴纳城镇土地使用税。

（2）纳税人购置存量房，自办理房屋权属转移、变更登记手续，房地产权属登记机关签发房屋权属证书之次月起，缴纳城镇土地使用税。

（3）纳税人出租、出借房产，自交付出租、出借房产之次月起，缴纳城镇土使用税。

（4）以出让或转让方式有偿取得土地使用权的，应由受让方从合同约定交付时间的次月起缴纳城镇土地使用税；合同未约定交付时间的，由受让方从合同签订的次月起缴纳城镇土地使用税。

（5）纳税人新征用的耕地，自批准征用之日起满1年时开始缴纳土地使用税。

（6）纳税人新征用的非耕地，自批准征用次月起缴纳土地使用税。

（7）自2009年1月1日起，纳税人因土地的权利发生变化而依法终止城镇使用税纳税义务的，其应纳税款的计算应截至土地权利发生变化的当月末。

（三）纳税地点和征收机构

城镇土地使用税在土地所在地缴纳，由土地所在地的地方税务机关征收，其收入纳入地方财政预算管理。纳税人使用的土地不属于同一省、自治区、直辖市管辖的，由纳税人分别向土地所在地的税务机关缴纳土地使用税；在同一省、自治区、直辖市管辖范围内，税人跨地区使用的土地，其纳税地点由各省、自治区、直辖市地方税务局确定。

（四）纳税申报

城镇土地使用税的纳税人应按照《中华人民共和国城镇土地使用税暂行条例》的有关规定及时办理纳税申报，并如实填写城镇土地使用税纳税申报表，见表7-3。纳税人新征用的土地，必须于批准新征用地之日起30日内申报登记。纳税人如有住址变更、土地使用权属转换等情况，从转移之日起，按规定期限办理申报登记。

表 7－3 城镇土地使用税纳税申报表

纳税人识别号：

纳税人名称：（公章）

税款所属期限：自　　年　月　日至　　年　月　日

填表日期：　　年　月　日　　　　　　　　　　　金额单位：元（列至角分）

土地等级	应税面积	单位税额	本期应纳税额	本期已缴税额	本期应补（退）税额
1	2	3	4	5	6＝4－5
合计	——				

纳税人或代理人声明：　此纳税申报表是根据国家税收法律的规定填报的，我确信它是真实的、可靠的、完整的。	如纳税人填报，由纳税人填写以下各栏				
	经办人（签章）		会计主管（签章）		法定代表人（签章）
	如委托代理人填报，由代理人填写以下各栏				
	代理人名称				代理人（公章）
	经办人（签章）				
	联系电话				
以下由税务机关填写					
受理人		受理日期		受理税务机关（签章）	

习　题

一、单项选择题

1. 在资源税中，煤炭的征税范围包括（　　）。
   A. 选煤　　　　　　　　　　　B. 煤炭制品
   C. 洗煤　　　　　　　　　　　D. 原煤

2. 扣缴义务人代扣代缴资源税的环节为（　　）。
   A. 开采环节　　　　　　　　　B. 收购环节

  C. 移送使用环节   D. 销售环节

 3. 纳税人开采原油销售的，课税数量为（ ）。

  A. 实际产量   B. 开采数量

  C. 销售数量   D. 生产数量

 4. 关于城镇土地使用税的说法，正确的是（ ）。

  A. 凡公共用地均可免征城镇土地使用税

  B. 煤炭企业已取得土地使用权但未利用的塌陷地须缴纳城镇土地使用税

  C. 房地产开发公司经批准开发建设经济适用房的用地，免征城镇土地使用税

  D. 企业关闭撤销后的占地未作他用的，经各省、自治区、直辖市财政部门批准，暂免征收城镇土地使用税

 5. 下列各项中，免征城镇土地使用税的是（ ）。

  A. 基建项目在建期间使用的土地

  B. 宗教寺庙内的宗教人员生活用地

  C. 从事农、林、牧、渔业生产单位的办公用地

  D. 企业关闭、撤销后，其占地未作他用的

二、多项选择题

 1. 资源税的纳税人，应当向（ ）主管税务机关缴纳资源税。

  A. 应税产品的开采地   B. 纳税人所在地

  C. 纳税人注册地   D. 生产所在地

 2. 我国现行的资源税属于（ ）。

  A. 一般资源税   B. 广义资源税

  C. 级差资源税   D. 狭义资源税

 3. 与资源税纳税期限规定相同的税种有（ ）。

  A. 印花税   B. 增值税

  C. 营业税   D. 消费税

 4. 下列各项中，属于资源税纳税义务人的是（ ）。

  A. 开采铁矿石的国有企业   B. 五矿进出口公司

  C. 开采金属矿的外商投资企业   D. 钢铁生产企业

 5. 关于城镇土地使用税的说法，正确的有（ ）。

  A. 城镇土地使用税调节的是土地的级差收入

  B. 城镇土地使用税只在城市、县城、建制镇、工矿区范围内征收

  C. 城镇土地使用权属纠纷未解决的，由实际使用人纳税

  D. 纳税单位无偿使用免税单位的土地，由实际使用人纳税

 6. 下列土地中，可以免征城镇土地使用税的有（ ）。

  A. 盐场的生产厂房用地   B. 港口的码头用地

  C. 机场飞行区用地   D. 房地产开发公司建造商品房的用地

 7. 下列土地中，应征收城镇土地使用税的有（ ）。

A. 校办企业的经营用地　　　　　B. 集体企业养殖场的办公用地

C. 外资企业储备原材料的仓库用地　　D. 水电站的发电厂房用地

8. 下列关于城镇土地使用税纳税义务发生时间的说法中，正确的有（　　）。

A. 纳税人出租、出借房产，自交付出租、出借房产之次月起

B. 纳税人以转让方式有偿取得土地使用权的，应从合同约定交付土地时间的当月起缴纳城镇土地使用税

C. 纳税人购置新建商品房，自房屋交付使用之次月起

D. 纳税人购置存量房，自办理房屋权属转移、变更登记手续，房地产权属登记机关签发房屋权属证之次月起

9. 土地使用税的缴纳地点规定包括（　　）。

A. 跨省、市、自治区的应税土地，分别在土地所在地纳税

B. 同一省、市、自治区范围跨地区的应税土地纳税地点，由省、市、自治区地方税务局确定

C. 由纳税人选择纳税地点

D. 由当地税务所指定纳税地点

三、判断题

1. 我国资源税是对一切矿产资源和盐资源征税。　　　　　　　　　　　　　（　　）

2. 资源税在税率设计上采取差别税额，是为了贯彻"普遍征收"的原则。（　　）

3. 纳税人用自产的液体盐加工成固体盐销售的，以液体盐的数量为课税对象。

（　　）

4. 纳税人的减免税项目，应当单独核算课税数量，未单独核算的，不予减免税。

（　　）

5. 纳税人自产自用应税矿产品的，其纳税义务发生时间为移送使用应税产品的当天。　　　　　　　　　　　　　　　　　　　　　　　　　　　　　　　　　（　　）

6. 城镇土地使用税的最高单位税额与最低单位税额相差 50 倍。　　　　　（　　）

7. 各省、自治区、直辖市人民政府可根据市政建设情况和经济繁荣程度在适当税额幅度内，确定所辖地区的适用税额幅度。　　　　　　　　　　　　　　　（　　）

8. 某县城利用林场土地兴建度假村等休闲娱乐场所的，其经营、办公和生活用地，免征城镇土地使用税。　　　　　　　　　　　　　　　　　　　　　　　　（　　）

9. 对企业的铁路专用线、公路等用地，除另有规定者外，在企业厂区（包括生产、办公及生活区）以内的，应照章征收土地使用税；在厂区以外与社会公用地段未加隔离的，暂免征收土地使用税。　　　　　　　　　　　　　　　　　　　（　　）

10. 纳税人新征用的非耕地，自批准征用次月起缴纳土地使用税。　　　　（　　）

四、计算分析题

1. 鲲鹏油田 2016 年 9 月份开采原油 350 000 吨，本月对外销售 30 000 吨，自用 3 000 吨；本月开采天然气 200 立方米，对外销售 190 立方米，其余部分自用。根据税

法规定，该油田适用的税率每吨12元，天然气适用税率每立方米6元。

要求：计算鲲鹏油田应纳的资源数。

2. 鲲鹏盐场2016年生产液体盐30万吨，其中10万吨直接对外销售，20万吨用于继续加工海盐12万吨，并售出8万吨，另有2万吨海盐继续加工成精制食用盐1.8万吨全部销售。此外，还外购液体盐5万吨全部加工成固体盐2.5万吨并销售。

已知：北方海盐（固体盐）资源税暂减按15元/吨；液体盐资源税暂减按2元/吨。

要求：计算该盐场当年应纳资源税。

第八章　财产和行为类税

学习目的：通过本章学习，要求掌握财产和行为类相关税目的纳税义务人及征收对象，掌握财产和行为类税的税目、税率，掌握财产和行为类相关税目的课税数量及其应纳税额的计算；了解财产和行为类相关税目的税收优惠，了解财产和行为类相关税目的征收管理与纳税申报。

第一节　房产税

一、房产税概述

（一）房产税的概念

房产税是以房屋为征税对象，按房屋的计税余值或租金收入为计税依据，向产权所有人征收的一种财产税。

新中国成立后，1951 年 8 月中央人民政府政务院颁布了《中华人民共和国城市房地产税暂行条例》，规定对城市中的房屋和土地征收房产税和地产税，称为城市房地产税。1973 年简化税制，把对国营企业和集体企业征收的城市房地产税并入工商税，保留税种只对房管部门、个人、外国侨民、外国企业和外商投资企业征收。1984 年改革工商税制，国家决定恢复征收房地产税，将房地产税分为房产税和城镇土地使用税两个税种。1986 年 9 月 15 日国务院发布《中华人民共和国房产税暂行条例》（以下简称《房产税暂行条例》），同年 10 月 1 日起施行，适用于国内单位和个人。2008 年 12 月 31 日国务院发布了第 546 号令，宣布自 2009 年 1 月 1 日起废止《中华人民共和国城市房地产税暂行条例》，外商投资企业、外国企业和组织以及外籍个人，依据《中华人民共和国房产税暂行条例》缴纳房产税。

（二）房产税的特征

1. 房产税属于财产税中的个别财产税

财产税按征收方式分类，可分为一般财产税与个别财产税。一般财产税也称综合财产税，是对纳税人拥有的财产综合课征的税收；个别财产税，也称特种财产税，是对纳税人所有的土地、房屋、资本或其他财产分别课征的税收。我国现行房产税属于个别财产税。

2. 征税范围限于城镇的经营性房屋

房产税的征税范围是在城市、县城、建制镇和工矿区，不涉及农村。另外，对某些拥有房屋但自身没有纳税能力的单位，如国家拨付行政经费、事业经费和国防经费的单位自用的房产，税法也通过免税的方式将这类房屋排除在征税范围之外。

3. 区别房屋的经营使用方式规定征税办法

拥有房屋的单位和个人，既可以自己使用房屋，又可以把房屋用于出租、出典。房产税根据纳税人的经营形式不同，确定对房屋征税可以按房产计税余值征收，又可以按租金收入征收，使其符合纳税人的经营特点，便于平衡税收负担和征收管理。

（三）房产税的作用

1. 有利于筹集地方财政资金

房产税属于地方税，征收房产税可以为地方财政筹集一部分市政建设资金，缓解地方财力不足的问题。而且，房产税以房屋为征税对象，税源比较稳定。随着地方经济的发展，城市基础设施改善和工商业的兴旺，房产税收将成为地方财政收入的一个主要来源。

2. 有利于加强房产管理，配合城市住房制度改革

税收是调节生产和分配的一个重要经济杠杆。一方面，对房屋拥有者征收房产税，可以调节纳税人的收入水平，有利于加强对房屋的管理，提高房屋的使用效益，控制固定资产的投资规模；另一方面，房产税规定对个人拥有的非营业用房屋不征收房产税，可以鼓励个人建房、购房和改善住房条件，配合和推动城市住房制度改革。

二、房产税的征税范围

所谓房产，是指有屋面和围护结构（有墙或两边有柱），能够遮风避雨，可供人们在其中生产、学习、工作、娱乐、居住或贮藏物资的场所。《房产税暂行条例》规定，房产税在城市、县城、建制镇、工矿区征收。

房地产开发企业建造的商品房，在出售前，不征收房产税；但对出售前房地产开发企业已使用或出租、出借的商品房应按规定征收房产税。

三、房产税的纳税义务人

房产税以在征税范围内的房屋产权所有人为纳税人。其中：

（1）产权属国家所有的，由经营管理单位纳税；产权属集体和个人所有的，由集体单位和个人纳税。

（2）产权出典的，由承典人依照房产余值缴纳房产税。

产权出典是指产权所有人将房屋、生产资料等的产权，在一定期限内典当给他人使用，而取得资金的一种融资业务。这种业务大多发生于出典人急需用款，但又想保留产权回赎权的情况。承典人向出典人交付一定的典价之后，在质典期内即获抵押物品的支配权，并可转典。产权的典价一般要低于卖价。出典人在规定期间内须归还典价的本金和利息，方可赎回出典房屋等的产权。由于在房屋出典期间，产权所有人已

无权支配房屋，因此，税法规定由对房屋具有支配权的承典人为纳税人。

（3）产权所有人、承典人不在房屋所在地的，由房产代管人或者使用人纳税。

（4）产权未确定及租典纠纷未解决的，亦由房产代管人或者使用人纳税。

租典纠纷是指产权所有人在房产出典和租赁关系上，与承典人、租赁人发生各种争议，特别是权利和义务的争议悬而未决的。此外，还有一些产权归属不清的问题，也都属于租典纠纷。对租典纠纷尚未解决的房产，规定由代管人或使用人为纳税人，主要目的在于加强征收管理，保证房产税及时入库。

（5）无租使用其他单位房产的问题。

无租使用其他单位房产的应税单位和个人，依照房产余值代缴纳房产税。

自 2009 年 1 月 1 日起，外商投资企业、外国企业和组织以及外籍个人，依照《中华人民共和国房产税暂行条例》缴纳房产税。

四、房产税应纳税额的计算

（一）计税依据

房产税采取从价计征的征税方式，计税方法分为按计税余值计税和按租金收入计税两种。

1. 对经营自用的房屋，以房产的计税余值作为计税依据

计税余值是指依照税法规定按房产原值一次减除 10% ~ 30% 的损耗价值以后的余额。其中：

（1）房产原值是指纳税人按照会计制度规定，在账簿"固定资产"科目中记载的房屋原价。因此，凡按会计制度规定在账簿中记载有房屋原价，应以房屋原价按规定减除一定比例后的房产余值计征房产税；没有记载房屋原价的，按照上述原则，并参照同类房屋，确定房产原值，按规定计征房产税。

（2）房产原值应包括与房屋不可分割的各种附属设备或一般不单独计算价值的配套设施。主要有：暖气、卫生、通风、照明、煤气等设备；各种管线，如蒸汽、压缩空气、石油、给水排水等管道及电力、电信、电缆导线；电梯、升降机、过道、晒台等。属于房屋附属设备的水管、下水道、暖气管、煤气管等应从最近的探视井或三通管起，计算原值；电灯网、照明线从进线盒联结管起，计算原值。

为了维持和增加房屋的使用功能或使房屋满足设计要求，凡以房屋为载体，不可随意移动的附属设备和配套设施，如给排水、采暖、消防、中央空调、电气及智能化楼宇设备等，无论在会计核算中是否单独记账与核算，都应计入房产原值，计征房产税。

（3）纳税人对原有房屋进行改建、扩建的，要相应增加房屋的原值。

（4）对于更换房屋附属设备和配套设施的，在将其价值计入房产原值时，可扣减原来相应设备和设施的价值；对附属设备和配套设施中易损坏，需要经常更换的零配件，更新后不再计入房产原值，原零配件的原值也不扣除。

（5）自 2006 年 1 月 1 日起，凡在房产税征收范围内的具备房屋功能的地下建筑，

包括与地上房屋相连的地下建筑以及完全建在地面以下的建筑、地下人防设施等，均应当依照有关规定征收房产税。

对于与地上房屋相连的地下建筑，如房屋的地下室、地下停车场、商场的地下部分等，应将地下部分与地上房屋视为一个整体按照地上房屋建筑的有关规定计算征收房产税。

（6）在确定计税余值时，房产原值的具体减除比例，由省、自治区、直辖市人民政府在税法规定的减除幅度内自行确定。

如果纳税人未按会计制度规定记载原值，在计征房产税时，应按规定调整房产原值；对房产原值明显不合理的，应重新予以评估；对没有房产原值的，应由房屋所在地的税务机关参考同类房屋的价值核定。在原值确定后，再根据当地所适用的扣除比例，计算确定房产余值。对于扣除比例，一定要按由省、自治区、直辖市人民政府确定的比例执行。

2. 对于出租的房屋，以租金收入为计税依据

房屋的租金收入，是房屋产权所有人出租房屋使用权所取得的报酬，包括货币收入和实物收入。对以劳务或其他形式作为报酬抵付房租收入的，应根据当地同类房屋的租金水平，确定租金标准，依率计征。

如果纳税人对个人出租房屋的租金收入申报不实或申报数与同一地段同类房屋的租金收入相比明显不合理的，税务部门可以按照《税收征管法》的有关规定，采取科学合理的方法核定其应纳税款。具体办法由各省级地方税务机关结合当地实际情况制定。

3. 投资联营及融资租赁房产的计税依据

（1）对投资联营的房产，在计征房产税时应予以区别对待。对于以房产投资联营、投资者参与投资利润分红、共担风险的，按房产的计税余值作为计税依据计征房产税；对以房产投资、收取固定收入、不承担联营风险的，实际是以联营名义取得房产租金，应根据《房产税暂行条例》的有关规定，由出租方按租金收入计算缴纳房产税。

（2）对融资租赁房屋的情况，由于租赁费包括购进房屋的价款、手续费、借款利息等，与一般房屋出租的"租金"内涵不同，且租赁期满后，当承租方偿还最后一笔租赁费时，房屋产权一般都转移到承租方，实际上是一种变相的分期付款购买固定资产的形式，所以在计征房产税时应以房产余值计算征收。至于租赁期内房产税的纳税人，由当地税务机关根据实际情况确定。

4. 居民住宅区内业主共有的经营性房产的计税依据

对居民住宅区内业主共有的经营性房产，由实际经营（包括自营和出租）的代管人或使用人缴纳房产税。其中，自营的依照房产原值减出 10%~30% 后的余值计征，没有房产原值或不能将共有住房划分开的，由房产所在地地方税务机关参照同类房产核定房产原值；出租的，依照租金计征。

（二）应纳税额的计算

由于房产税的计税依据分为从价计征和从租计征两种形式，所以房产税的税率也

有两种：一种是按房产原值一次减除 10% ~ 30% 后的余值计征的，税率为 1.2%；另一种是按房产出租的租金收入计征的，税率为 12%。

1. 从价计征的计算

从价计征是按房产的原值减除一定比例后的余值计征。其计算公式为：

应纳税额 = 应税房产原值 × （1 - 扣除比例） × 适用税率

2. 从租计征的计算

从租计征是按房产的租金收入计征。其计算公式为：

应纳税额 = 租金收入 × 适用税率

五、房产税的税收优惠

（1）国家机关、人民团体、军队自用的房产免征房产税。上述免税单位的出租房产以及非自身业务使用的生产、营业用房，不属于免税范围。

（2）由国家财政部门拨付事业经费的单位自用的房产免征房产税。上述单位所属的附属工厂、商店、招待所等不属于单位公务、业务的用房应照章纳税。

（3）宗教寺庙、公园、名胜古迹自用的房产免征房产税。但经营用的房产不属于免税范围。

（4）个人所有非营业用的房产免征房产税。但个人拥有的营业用房或出租的房产，应照章纳税。

（5）对行使国家行政管理职能的中国人民银行总行所属分支机构自用的房地产，免征房产税。

（6）经财政部批准免税的其他房产：

①老年服务机构自用的房产免税。

②损坏不堪使用的房屋和危险房屋，经有关部门鉴定，在停止使用后，可免征房产税。

③纳税人因房屋大修导致连续停用半年以上的，在房屋大修期间免征房产税，免征税额由纳税人在申报缴纳房产税时自行计算扣除，并在申报表附表或备注栏中做相应说明。

④在基建工地为基建工地服务的各种工棚、材料棚、休息棚和办公室、食堂、茶炉房、汽车房等临时性房屋，在施工期间，一律免征房产税。但工程结束后，施工企业将这种临时性房屋交还或估价转让给基建单位的，应从基建单位减收的次月起，照章纳税。

⑤为鼓励地下人防设施，暂不征收房产税。

⑥从 1988 年 1 月 1 日起，对房管部门经租的居民住房，在房租调整改革之前收取租金偏低的，可暂缓征收房产税。对房管部门经租的其他非营业用房，是否给予照顾，由各省、自治区、直辖市根据当地具体情况按税收管理体制的规定办理。

⑦对高校后勤实体免征房产税。

⑧对非营利性的医疗机构、疾病控制机构和妇幼保健机构等卫生机构自用的房产，

免征房产税。

⑨从 2001 年 1 月 1 日起，对按照政府规定价格出租的公有住房和廉租住房，包括企业和自收自支的事业单位向职工出租的单位自有住房，房管部门向居民出租的私有住房等，暂免征收房产税。

⑩对邮政部门坐落在城市、县城、建制镇、工矿区范围内的房产，应当依法征收房产税；对坐落在城市、县城、建制镇、工矿区范围以外的在县邮政局内核算的房产，在单位财务账中划分清楚的，从 2001 年 1 月 1 日起不再征收房产税。

⑪向居民供热并向居民收取采暖费的供热企业的生产用房，暂免征收房产税。这里的供热企业不包括从事热力生产但不直接向居民供热的企业。

⑫自 2006 年 1 月 1 日起至 2011 年 12 月 31 日，对为高校学生提供住宿服务并按高教系统收费标准收取租金的学生公寓，免征房产税。对从原高校后勤管理部门剥离出来而成立的进行独立核算并有法人资格的高校后勤经济实体自用的房产，免征房产税。

（7）从 2001 年 1 月 1 日起，对个人按市场价格出租的居民住房、用于居住的，可暂减按 4% 的税率征收房产税。

六、房产税的征收管理

（一）纳税义务发生时间

（1）纳税人将原有房产用于生产经营，从生产经营之月起缴纳房产税。

（2）纳税人自行新建房屋用于生产经营，从建成之次月起缴纳房产税。

（3）纳税人委托施工企业建设的房屋，从办理验收手续之次月起缴纳房产税。

（4）纳税人购置新建商品房，自房屋交付使用之次月起缴纳房产税。

（5）纳税人购置存量房，自办理房屋权属转移、变更登记手续，房地产权属登记机关签发房屋权属证书之次月起，缴纳房产税。

（6）纳税人出租、出借房产，自交付出租、出借房产之次月起，缴纳房产税。

（7）房地产开发企业自用、出租、出借本企业建造的商品房，自房屋使用或交付之次月起，缴纳房产税。

（8）自 2009 年 1 月 1 日起，纳税人因房产的实物或权利状态发生变化而依法终止房产税纳税义务的，其应纳税款的计算应截至房产的实物或权利状态发生变化的当月末。

（二）纳税期限

房产税实行按年计算、分期缴纳的征收方法，具体纳税期限由省、自治区、直辖市人民政府确定。各地一般按季或半年征收。

（三）纳税地点

房产税在房产所在地缴纳。房产不在同一地方的纳税人，应按房产的坐落地点分别向房产所在地的税务机关纳税。

（四）纳税申报

房产税的纳税人应按照《房产税暂行条例》的有关规定，及时办理纳税申报，并如实填写房产税纳税申报表，见表8-1。

表8-1 **房产税纳税申报表**

填表日期： 年 月 日

纳税人识别号： ☐☐☐☐☐☐☐☐☐☐☐☐☐☐☐

纳税人名称						税款所属日期												
房产坐落地点						建筑面积（㎡）			房屋结构									
上期申报房产原值（评估）	本期增减	本期实际房产原值	其中			扣除率%	以房产余值计征房产税			以租金收入计征房产税			全年应缴纳税额	交纳次数	本期			
			从价计税的房产原值	从租计税的房产原值	税法规定的免税房产原值		房产余值	适用税率	应纳税额	租金收入	适用税率	应纳税额			应纳税额	已纳税额	应补（退）税额	
1	2	3=1+2	4=3-5-6	5=3-4-6	6	7	8=4-4×7	9	10=8×9	11	12	13=11×12	14=10+13	15	16=14÷15	17	18=16-7

如纳税人填报，由纳税人填写以下各栏		如委托代理人填报，由代理人填写以下各栏			备注
会计主管（签章）	纳税人（公章）	代理人名称		代理人（公章）	
		代理人地址			
		经办人		电话	
以下由税务机关填写					
收到申报日期		接收人			

第二节　车船税

一、车船税概述

(一) 车船税的概念

车船税是指对在中华人民共和国境内的车辆、船舶的所有人或者管理人征收的一种税。车船税法是指国家制定的用以调整车船税征收与缴纳之间权利及义务关系的法律规范。现行车船税法的基本规范，是 2006 年 12 月 29 日由国务院颁布并于 2007 年 1 月 1 日实施的《中华人民共和国车船税暂行条例》（以下简称《车船税暂行条例》）。

(二) 车船税的作用

1. 有利于为地方政府筹集财政资金，加快交通运输业的发展

开征车船税，能够将分散在车船人手中的部分资金集中起来，增加地方财源，增加对交通运输建设的财政投入，加快发展交通运输事业。

2. 有利于车船的管理与合理配置

随着经济发展，社会拥有车船的数量急剧增加，开征车船税后，购置、使用车船越多，应缴纳的车船税越多，促使纳税人加强对自己拥有的车船管理和核算，改善资源配置，合理使用车船，提高车船的使用效率。

3. 有利于调节财富分配

随着我国经济增长，部分先富起来的个人拥有私人轿车、游艇及其他车船的情况将会日益增加，我国征收车船税的财富再分配作用也显得更加重要。

二、车船税的纳税义务人

在中华人民共和国境内，车辆、船舶（以下简称车船）的所有人或者管理人为车船税的纳税人，应当依照《车船税暂行条例》的规定缴纳车船税。车船的所有人或者管理人未缴纳车船税的，使用人应当代为缴纳车船税。

三、车船税的征税范围

车船税的征收范围，是指依法应当在我国车船管理部门登记的车船（除规定减免的车船外）。对于不使用的车船或只在企业内部行驶，不领取行驶执照，不上公路行驶的车辆，不征收车船税。车船税的征收范围包括车辆和船舶两大类。

(一) 车辆

车辆包括机动车辆和非机动车辆。机动车辆，是指依靠燃油、电力等能源作为动力运行的车辆，如汽车、拖拉机、无轨电车等；非机动车辆，是指依靠人力、畜力运行的车辆，如三轮车、自行车、畜力驾驶车等。

（二）船舶

船舶包括机动船舶和非机动船舶。机动船舶，是指依靠燃料等能源作为动力运行的船舶，如客轮、货船、气垫船等；非机动船舶，是指依靠人力或者其他力量运行的船舶，如木船、帆船、舢板等。

四、车船税适用税目与税率

车船税实行定额税率，即对征税的车船规定单位固定税额。定额税率计算简便，适宜于从量计征的税种。车船税的适用税额，依照《车船税暂行条例》所附的车船税税目税额表执行。

国务院财政部门、税务主管部门可以根据实际情况，在车船税税目税额表规定的税目范围和税额幅度内，划分子税目，并明确车辆的子税目税额幅度和船舶的具体适用税额。车辆的具体适用税额由省、自治区、直辖市人民政府在规定的子税目税额幅度内确定。

车船税确定税额总的原则是：排气量小的车辆税负轻于排气量大的车辆；载人少的车辆税负轻于载人多的车辆；自重小的车辆税负轻于自重大的；非机动车船的税负轻于机动车船；小吨位船舶的税负轻于大船舶。由丁车辆和船舶的行驶情况不同，车船税的税额也有所不同，见表 8 - 2。

表 8 - 2　　　　　　　　　　车船税税目税额表

税目	计税单位	每年税额（元）	备注
载客汽车	每辆	60～660	包括电车
载货汽车专项作业车	按自重每吨	16～120	包括半挂牵引车、挂车
三轮汽车低速货车	按自重每吨	24～120	
摩托车	每辆	36～180	
船舶	按净吨位每吨	3～6	拖船和非机动驳船分别按船舶税额的5%计算

（一）载客汽车

车船税税目税额表中的载客汽车分为大型客车、中型客车、小型客车和微型客车4个子税目。其中：大型客车是指核定载客人数大于或者等于20人的载客汽车；中型客车是指核定载客人数大于9人且小于20人的载客汽车；小型客车是指核定载客人数小于或者等于9人的载客汽车；微型客车是指发动机气缸总排气量小于或者等于1升的载客汽车。载客汽车各子税目的每年税额幅度为：

（1）大型客车，480～660元；

（2）中型客车，420～660元；

（3）小型客车，360～660元；

（4）微型客车，60～480元。

（5）客货两用汽车按照载货汽车的计税单位和税额标准计征车船税。

（二）三轮汽车

三轮汽车是指在车辆管理部门登记为三轮汽车或者三轮农用运输车的机动车。

（三）低速货车

低速货车是指在车辆管理部门登记为低速货车或者四轮农用运输车的机动车。

（四）专项作业车

专项作业车是指装置有专用设备或者器具，用于专项作业的机动车；轮式专用机械车是指具有装卸、挖掘、平整等设备的轮式自行机械。专项作业车和轮式专用机械车的计税单位为自重每吨，每年税额为16～120元。具体适用税额由省、自治区、直辖市人民政府参照载货汽车的税额标准在规定的幅度内确定。

（五）船舶

船舶的适用税额为：

（1）净吨位小于或者等于200吨的，每吨3元；

（2）净吨位201～2 000吨的，每吨4元；

（3）净吨位2 001～10 000吨的，每吨5元；

（4）净吨位10 001吨及其以上的，每吨6元。

五、车船税应纳税额的计算

（一）计税依据

（1）纳税人在购买机动车交通事故责任强制保险时，应当向扣缴义务人提供地方税务机关出具的本年度车船税的完税凭证或者减免税证明。不能提供完税凭证或者减免税证明的，应当在购买保险时按照当地的车船税税额标准计算缴纳车船税。

（2）拖船按照发动机功率每2马力折合净吨位1吨计算征收车船税。

（3）核定载客人数、自重、净吨位、马力等计税标准，以车船管理部门核发的车船登记证书或者行驶证书相应项目所载数额为准。纳税人未按照规定到车船管理部门办理登记手续的，计税标准以车船出厂合格证明或者进口凭证相应项目所载数额为准；不能提供车船出厂合格证明或者进口凭证的，由主管地方税务机关根据车船自身状况并参照同类车船核定。

（4）车辆自重尾数在0.5吨以下（含0.5吨）的，按照0.5吨计算；超过0.5吨的，按照1吨计算。船舶净吨位尾数在0.5吨以下（含0.5吨）的不予计算，超过0.5吨的按照1吨计算。1吨以下的小型车船，一律按照1吨计算。

（5）本条例和本细则所称的自重，是指机动车的整备质量。

（6）对于无法准确获得自重数值或自重数值明显不合理的载货汽车、三轮汽车、低速货车、专项作业车和轮式专用机械车，由主管税务机关根据车辆自身状况并参照同类车辆核定计税依据。对能够获得总质量和核定载质量的，可按照车辆的总质量和核定载质量的差额作为车辆的自重；无法获得核定载质量的专项作业车和轮式专用机械车，可按照车辆的总质量确定自重。

（二）应纳税额的计算

1. 载客汽车、摩托车

其计算公式为：

应纳税额 = 车辆数×适用单位税额

2. 载货汽车、三轮汽车、低速货车

其计算公式为：

应纳税额 = 自重数×适用单位税额

3. 船舶

其计算公式为：

应纳税额 = 净吨位数×适用单位税额

购置的新车船，购置当年的应纳税额自纳税义务发生的当月起按月计算。其计算公式为：

$$应纳税额 = \frac{年应纳税额}{12} \times 应纳税月份数$$

六、车船税的税收优惠

（一）法定减免

（1）非机动车船（不包括非机动驳船）。非机动车是指以人力或者畜力驱动的车辆，以及符合国家有关标准的残疾人机动轮椅车、电动自行车等车辆；非机动船是指自身没有动力装置，依靠外力驱动的船舶；非机动驳船是指在船舶管理部门登记为驳船的非机动船。

（2）拖拉机。拖拉机是指在农业（农业机械）部门登记为拖拉机的车辆。

（3）捕捞、养殖渔船。捕捞、养殖渔船是指在渔业船舶管理部门登记为捕捞船或者养殖船的渔业船舶，不包括在渔业船舶管理部门登记为捕捞船或者养殖船以外类型的渔业船舶。

（4）军队、武警专用的车船。军队、武警专用的车船是指按照规定在军队、武警车船管理部门登记，并领取军用牌照、武警牌照的车船。

（5）警用车船。警用车船，是指公安机关、国家安全机关、监狱、劳动教养管理机关和人民法院、人民检察院领取警用牌照的车辆和执行警务的专用船舶。

（6）按照有关规定已经缴纳船舶吨税的船舶。

（7）依照我国有关法律和我国缔结或者参加的国际条约的规定应当予以免税的外国驻华使馆、领事馆和国际组织驻华机构及其有关人员的车船。我国有关法律是指《中华人民共和国外交特权与豁免条例》《中华人民共和国领事特权与豁免条例》。

外国驻华使馆、领事馆和国际组织驻华机构及其有关人员在办理免税事项时，应当向主管地方税务机关出具本机构或个人身份的证明文件和车船所有权证明文件，并申明免税的依据和理由。

（二）特定减免

（1）对尚未在车辆管理部门办理登记、属于应减免税的新购置车辆，车辆所有人或管理人可提出减免税申请，并提供机构或个人身份证明文件和车辆权属证明文件以及地方税务机关要求的其他相关资料。经税务机关审验符合车船税减免条件的，税务机关可为纳税人出具该纳税年度的减免税证明，以方便纳税人购买机动车交通事故责任强制保险。

新购置应予减免税的车辆所有人或管理人在购买机动车交通事故责任强制保险时已缴纳车船税的，在办理车辆登记手续后可向税务机关提出减免税申请，经税务机关审验符合车船税减免条件的，税务机关应退还纳税人多缴的税款。

（2）省、自治区、直辖市人民政府可以根据当地实际情况，对城市、农村公共交通车船给予定期减税、免税。

七、车船税的征收管理

（一）纳税义务发生时间

车船税的纳税义务发生时间，为车船管理部门核发的车船登记证书或者行驶证书所记载日期的当月。纳税人未按照规定到车船管理部门办理应税车船登记手续的，以车船购置发票所载开具时间的当月作为车船税的纳税义务发生时间。对未办理车船登记手续且无法提供车船购置发票的，由主管地方税务机关核定纳税义务发生时间。

车船税按年申报缴纳。纳税年度，自公历1月1日起至12月31日止。具体申报纳税期限由省、自治区、直辖市人民政府确定。

（二）纳税地点

车船税由地方税务机关负责征收。纳税地点由省、自治区、直辖市人民政府根据当地实际情况确定；跨省、自治区、直辖市使用的车船，纳税地点为车船的登记地。

（三）纳税申报

车船税的纳税人应按照《车船税暂行条例》的有关规定及时办理纳税申报，并如实填写车船税纳税申报表，见表8－3。

表 8-3 　　　　　　　　　　　　车船税纳税申报表

填表日期：　　　年　月　日　　　　　　　　　　　　　金额单位：元（列至角元）

纳税人识别号：☐☐☐☐☐☐☐☐☐☐☐☐☐☐☐☐☐

纳税人名称						税款所属时期			
车船类别	计税标准	数量	单位税额	全年应缴税额	车船缴纳次数	本期			
						应纳税额	已纳税额	应补（退）税额	
1	2	3	4	5＝3＋4	6	7＝5÷6	8	9＝7-8	
合计									

如纳税人填报，由纳税人填写以下各栏		如委托代理人填报，由代理人填写以下各栏			备注
会计主管（签章）	纳税人（公章）	代理人名称		代理人（公章）	备注
		代理人地址			
		经办人姓名		电话	
以下由税务机关填写					
收到申报表日期			接收人		

第三节　契税

一、契税概述

（一）契税的概念

契税是以所有权发生转移变动的不动产为征税对象，向产权承受人征收的一种财产税。

契税是一个古老的税种，最早起源于东晋时期的"估税"，至今已有 1 600 多年的历史。新中国成立后，政务院于 1950 年发布《契税暂行条例》，规定对土地、房屋的买卖、典当、赠与和交换征收契税。我国目前现行的契税是 1997 年 7 月 7 日国务院重新颁布的，并于当年的 10 月 1 日起施行的《中华人民共和国契税暂行条例》。

（二）契税的特征

1. 契税属于财产转移税

契税以权属发生转移的土地和房屋等不动产为征税对象，具有对财产转移课税的性质。土地、房屋产权未发生转移的，不征收契税。

2. 契税由财产承受人纳税

一般税种都确定销售者为纳税人，即卖方纳税。对买方征税的主要目的，在于承认不动产转移生效，承受人纳税以后，便可拥有转移过来的不动产的产权或使用权，法律保护纳税人的合法权益。

二、契税的征税对象

契税的征税对象是境内转移的土地、房屋权属。它包括以下内容：

（一）国有土地使用权出让

国有土地使用权出让是指土地使用者向国家交付土地使用权出让费用，国家将国有土地使用权在一定年限内让与土地使用者的行为。

（二）土地使用权的转让

土地使用权的转让是指土地使用者以出售、赠与、交换或者其他方式将土地使用权转移给其他单位和个人的行为。土地使用权的转让不包括农村集体土地承包经营权的转移。

（三）房屋买卖

这里的房屋买卖是指以货币为媒介，出卖者向购买者过渡房产所有权的交易行为。以下几种特殊情况，视同买卖房屋：

（1）以房产抵债或实物交换房屋。经当地政府和有关部门批准，以房抵债和实物交换房屋，均视同房屋买卖，应由产权承受人，按房屋现值缴纳契税。

（2）以房产作投资或作股权转让。以房产作投资或作股权转让业务属房屋产权转移，应根据国家房地产管理的有关规定，办理房屋产权交易和产权变更登记手续，视同房屋买卖，由产权承受方按契税税率计算缴纳契税。

（3）买房拆料或翻建新房，应照章征收契税。

（四）房屋赠与

房屋的赠与是指房屋产权所有人将房屋无偿转让给他人所有。其中：将自己的房屋转交给他人的法人和自然人，称为房屋赠与人；接受他人房屋的法人和自然人，称为受赠人。房屋赠与的前提必须是产权无纠纷，赠与人和受赠人双方自愿。房屋的受赠人要按规定缴纳契税。

（五）房屋交换

房屋交换是指房屋所有者之间互相交换房屋的行为。

随着经济形势的发展，有些特殊方式转移土地、房屋权属的，也将视同土地使用权转让、房屋买卖或者房屋赠与。一是以土地、房屋权属作价投资、入股；二是以土地、房屋权属抵债；三是以获奖方式承受土地、房屋权属；四是以预购方式或者预付集资建房款方式承受土地、房屋权属。

（六）企业改革中的有关契税政策

1. 公司制改革

在公司制改革中，对不改变投资主体和出资比例改建成的公司制企业承受原企业土地、房屋权属的，不征收契税；对独家发起、募集设立的股份有限公司承受发起人土地、房屋权属的，免征契税。对国有、集体企业经批准改建成全体职工持股的有限责任公司或股份有限公司承受原企业土地、房屋权属的，免征契税。

2. 企业合并

两个或两个以上的企业，依据法律规定、合同约定，合并改建为一个企业，且原投资主体存续的，对其合并后的企业承受原合并各方的土地、房屋权属，免征契税。

3. 企业分立

企业分立中，对派生方、新设方承受原企业土地、房屋权属的，不征收契税。

4. 股权重组

对以土地、房屋权属作价入股或作为出资投入企业的，征收契税。

5. 企业破产

对债权人承受破产企业土地、房屋权属以抵偿债务的，免征契税；对非债权人承受破产企业土地、房屋权属的，征收契税。

（七）房屋附属设施有关契税政策

（1）对于承受与房屋相关的附属设施所有权或土地使用权的行为，按照契税法律法规的规定征收契税；对于不涉及土地使用权和房屋所有权转移变动的，不征收契税。

（2）承受的房屋附属设施权属单独计价的，按照当地确定的适用税率征收契税；与房屋统一计价的，适用与房屋相同的契税税率。

（3）对承受国有土地使用权应支付的土地出让金，要征收契税，不得因减免出让金而减免契税。

三、契税的纳税义务人

契税的纳税义务人是境内转移土地、房屋权属承受的单位和个人。境内是指中华人民共和国实际税收行政管辖范围内；土地、房屋权属是指土地使用权和房屋所有权；单位是指企业单位、事业单位、国家机关、军事单位和社会团体以及其他组织；个人是指个体经营者及其他个人，包括中国公民和外籍人员。

四、契税应纳税额的计算

（一）税率

目前我国经济发展还不平衡，考虑到各地经济差别较大的实际情况，契税实行

3%～5%的幅度税率。具体执行税率由各省、自治区、直辖市人民政府在3%～5%的幅度税率规定范围内，按照本地区的实际情况确定。

（二）计税依据

契税的计税依据为不动产的价格。由于土地、房屋权属转移方式不同，定价方法不同，因而具体计税依据视不同情况而决定。

（1）国有土地使用权出让、土地使用权出售、房屋买卖，以成交价格为计税依据。

（2）土地使用权赠与、房屋赠与，由征收机关参照土地使用权出售、房屋买卖的市场价格核定。

（3）土地使用权交换、房屋交换，为所交换的土地使用权、房屋的价格差额。对于成交价格明显低于市场价格又无正当理由的，或者所交换的土地使用权、房屋的价格差额明显不合理且无正当理由的，由征税机关参照市场价格核定。

（4）以划拨方式取得土地使用权，经批准转让房地产时，由房地产转让者补交契税。计税依据为补交的土地使用权出让费用或者土地收益。

为了避免偷、逃税款，税法规定，成交价格明显低于市场价格并且无正当理由的，或者所交换土地使用权、房屋的价格的差额明显不合理并且无正当理由的，征收机关可以参照市场价格核定计税依据。

（5）房屋附属设施征收契税的依据。

①采取分期付款方式购买房屋附属设施土地使用权、房屋所有权的，应按合同规定的总价款计征契税。

②承受的房屋附属设施权属如为单独计价的，按照当地确定的适用税率征收契税；如与房屋统一计价的，适用与房屋相同的契税税率。

（6）个人无偿赠与不动产行为（法定继承人除外），应对受赠人全额征收契税。在缴纳契税时，纳税人须提交经税务机关审核并签字、盖章的个人无偿赠与不动产登记表，税务机关（或其他征收机关）应在纳税人的契税完税凭证上加盖"个人无偿赠与"印章，在个人无偿赠与不动产登记表中签字并将该表格留存。

（7）出让国有土地使用权，契税计税价格为承受人为取得该土地使用权而支付的全部经济利益。对通过"招、拍、挂"程序承受国有土地使用权的，应按照土地成交总价款计征契税，其中的土地前期开发成本不得扣除。

（三）应纳税额的计算

契税采用比例税率。当计税依据确定以后，应纳税额的计算比较简单。应纳税额的计算公式为：

应纳税额＝计税依据×税率

五、契税的税收优惠

（一）契税优惠的一般规定

（1）国家机关、事业单位、社会团体、军事单位承受土地、房屋用于办公、教学、医疗、科研和军事设施的，免征契税。

（2）城镇职工按规定第一次购买公有住房，免征契税。

（3）对个人购买普通住房，且该住房属于家庭（成员范围包括购房人、配偶以及未成年子女，下同）唯一住房的，减半征收契税。对个人购买90平方米及以下普通住房，且该住房属于家庭唯一住房的，减按1%的税率征收契税。

（4）因不可抗力灭失住房而重新购买住房的，酌情减免。

（二）契税优惠的特殊规定

1. 企业公司制改造

一般而言，承受一方如无优惠政策就要征契税。企业公司制改造中，承受原企业土地、房屋权属，免征契税。

2. 企业股权重组

在股权转让中，单位、个人承受企业股权，企业土地、房屋权属不发生转移，不征收契税。但在增资扩股中，如果是以土地使用权来认购股份，则承受方需缴契税。

国有、集体企业实施企业股份合作制改造，由职工买断企业产权，或向其职工转让部分产权，或者通过其职工投资增资扩股，将原企业改造为股份合作制企业的，对改造后的股份合作制企业承受原企业的土地、房屋权属，免征契税。

3. 企业合并分立

（1）两个或两个以上的企业，依据法律规定、合同约定，合并改建为一个企业，对其合并后的企业承受原合并各方的土地、房屋权属，免征契税。

（2）企业依照法律规定、合同约定分设为两个或两个以上投资主体相同的企业，对派生方、新设方承受原企业土地、房屋权属，不征收契税。

4. 企业出售

国有、集体企业出售，被出售企业法人予以注销，并且买受人妥善安置原企业30%以上职工的，对其承受所购企业的土地、房屋权属，减半征收契税；全部安置原企业职工的，免征契税。

5. 企业关闭破产

债权人承受关闭、破产企业土地、房屋权属以抵偿债务的，免征契税；对非债权人承受关闭、破产企业土地、房屋权属，凡妥善安置原企业30%以上职工的，减半征收契税；全部安置原企业职工的，免征契税。

6. 房屋附属设施

对于承受与房屋相关的附属设施（如停车位、汽车库等）所有权或土地使用权的行为，按照契税法律法规的规定征收契税；对于不涉及土地使用权和房屋所有权转移变动的，不征收契税。

7. 继承土地房屋权属

法定继承人继承土地、房屋权属，不征收契税；非法定继承人应征收契税。

8. 其他情况

（1）经国务院批准实施债权转股权的企业，对债权转股权后新设立的公司承受原企业的土地、房屋权属，免征契税。

（2）政府主管部门对国有资产进行行政性调整和划转过程中发生的土地、房屋权属转移，不征收契税。

（3）企业改制重组过程中，同一投资主体内部所属企业之间的土地、房屋权属的无偿划转，包括母公司与其全资子公司之间，同一公司所属全资子公司之间，同一自然人与其设立的个人独资企业、一人有限公司之间土地、房屋权属的无偿划转，不征收契税。

（4）对拆迁居民因拆迁重新购置住房的，对购房成交价格中相当于拆迁补偿款的部分免征契税，成交价格超过拆迁补偿款的，对超过部分征收契税。

（5）公司制企业在重组过程中，以名下土地、房屋权属对其全资子公司进行增资，属同一投资主体内部资产划转，对全资子公司承受母公司土地、房屋权属的行为，不征收契税。

税法规定，凡经批准减征、免征契税的纳税人，改变土地、房屋的用途，不再属于减征免征的范围，应当补缴已经减征免征的税款。其纳税义务发生时间为改变有关土地、房屋权属的当天。

六、契税的征收管理

（一）纳税义务发生时间

契税的纳税义务发生时间是纳税人签订土地、房屋权属转移合同的当天，或者纳税人取得其他具有土地、房屋权属转移合同性质凭证的当天。

（二）纳税期限

纳税人应当自纳税义务发生之日起10日内，向土地、房屋所在地的契税征收机关办理纳税申报，并在契税征收机关核定的期限内缴纳税款。

（三）纳税地点

契税在土地、房屋所在地的征收机关缴纳。

（四）征收管理

纳税人办理纳税事宜后，征收机关应向纳税人开具契税完税凭证。纳税人持契税完税凭证和其他规定的文件材料，依法向土地管理部门、房产管理部门办理有关土地、房屋的权属变更登记手续。土地管理部门和房产管理部门应向契税征收机关提供有关资料，并协助契税征收机关依法征收契税。

符合免征、减征契税规定的纳税人，应当在签订土地、房屋权属合同后10日内，向土地、房屋所在地的契税征收机关申请办理有关免税、减税手续。

第四节　印花税

一、印花税概述

(一) 印花税的概念

印花税是对经济活动和经济交往中书立、领受、使用的应税经济凭证所征收的一种税。因纳税人主要是通过在应税经济凭证上粘贴印花税票来完成纳税义务，故名印花税。

印花税是一个世界各国普遍征收的税种，最早起源于 1624 年的荷兰。新中国成立后，中央人民政府政务院于 1950 年颁布了《中华人民共和国印花税暂行条例》，在全国范围内开征印花税。1958 年简化税制时，经全国人民代表大会常务委员会通过，将印花税并入工商统一税，印花税不再单独设税种，直至经济体制改革前。我国目前现行印花税法的基本规范，是 1988 年 8 月 6 日国务院发布并于同年 10 月 1 日实施的《中华人民共和国印花税暂行条例》。

(二) 印花税的特征

1. 征税范围广泛

印花税的征税对象是经济活动和经济交往中书立、领受、使用应税凭证的行为，这些行为在经济生活中是经常发生的，而且涉及的应税凭证范围广泛，包括各类经济合同、营业账簿、权利许可证照等，这些凭证在经济生活中被广泛地使用着。随着市场经济的发展和经济法制的逐步健全，依法书立经济凭证的现象将会愈来愈普遍。因此，印花税的征收将更加广阔。

2. 税率低，税负轻

印花税的税负较轻，其税率或税额明显低于其他税种，最低比例税率为应税凭证所载金额的万分之零点五，一般都为万分之几或千分之几；定额税率是每件应税凭证 5 元。

3. 自行贴花纳税

印花税采取纳税人自行计算应纳税额、自行购买印花税票、自行贴花、自行在每枚税票的骑缝处盖戳注销或画销的纳税方法。

4. 兼有凭证税和行为税性质

一方面，印花税是对单位和个人书立、领受、使用的应税凭证征收的一种税，具有凭证税性质；另一方面，任何一种应税经济凭证反映的都是某种特定的经济行为。因此，对凭证税，实质上是对经济行为课税。

二、印花税的纳税义务人

印花税的纳税义务人，是在中国境内书立、使用、领受印花税法所列举的凭证并应依法履行纳税义务的单位和个人。所称单位和个人，是指国内各类企业、事业、机关、团体、部队以及中外合资企业、合作企业、外资企业、外国公司和其他经济组织及其在华机构等单位和个人。

按照书立、使用、领受应税凭证的不同，可以分别确定为立合同人、立据人、立账簿人、领受人和使用人五种。

（一）立合同人

立合同人是指合同的当事人。当事人是指对凭证有直接权利义务关系的单位和个人，但不包括合同的担保人、证人、鉴定人。各类合同的纳税人是立合同人。各类合同，包括购销、加工承揽、建设工程承包、财产租赁、货物运输、仓储保管、借款、财产保险、技术合同或者具有合同性质的凭证。

合同是指根据原《中华人民共和国经济合同法》《中华人民共和国涉外经济合同法》和其他有关合同法规订立的合同。具有合同性质的凭证，是指具有合同效力的协议、契约、合约、单据、确认书及其他各种名称的凭证。

当事人的代理人有代理纳税的义务，他与纳税人负有同等的税收法律义务和责任。

（二）立据人

产权转移书据的纳税人是立据人。如立据人未贴印花或少贴印花，书据的持有人应负责补贴印花。所立书据以合同方式签订的，应由持有书据的各方分别按全额贴花。

（三）立账簿人

营业账簿的纳税人是立账簿人。所谓立账簿人，是指设立并使用营业账簿的单位和个人。

（四）领受人

权利、许可证照的纳税人是领受人。领受人是指领取或接受并持有该项凭证的单位和个人。

（五）使用人

在国外书立、领受，但在国内使用的应税凭证，其纳税人是使用人。

三、印花税的税目与税率

（一）税目

1. 购销合同

购销合同包括供应、预购、采购、购销结合及协作、调剂、补偿、贸易等合同。此外，还包括出版单位与发行单位之间订立的图书、报纸、期刊和音像制品的应税凭证，如订购单、订数单等。还包括发电厂与电网之间、电网与电网之间（国家电网公司系统、南方电网公司系统内部各级电网互供电量除外）签订的购售电合同。但是，电网与用户之间签订的供用电合同不属于印花税列举征税的凭证，不征收印花税。

2. 加工承揽合同

加工承揽合同包括加工、定做、修缮、修理、印刷、广告、测绘、测试等合同。

3. 建设工程勘察设计合同

建设工程勘察设计合同包括勘察、设计合同。

4. 建筑安装工程承包合同

建筑安装工程承包合同包括建筑、安装工程承包合同。承包合同，包括总承包合同、分包合同和转包合同。

5. 财产租赁合同

财产租赁合同包括租赁房屋、船舶、飞机、机动车辆、机械、器具、设备等合同，还包括企业、个人出租门店、柜台等签订的合同。

6. 货物运输合同

货物运输合同包括民用航空、铁路运输、海上运输、公路运输和联运合同，以及作为合同使用的单据。

7. 仓储保管合同

仓储保管合同包括仓储、保管合同，以及作为合同使用的仓单、栈单等。

8. 借款合同

银行及其他金融组织与借款人（不包括银行同业拆借）所签订的合同，以及只填开借据并作为合同使用、取得银行借款的借据。银行及其他金融机构经营的融资租赁业务，是一种以融物方式达到融资目的的业务，融资租赁合同也属于借款合同。

9. 财产保险合同

财产保险合同包括财产、责任、保证、信用保险合同，以及作为合同使用的单据。家庭财产两全保险属于家庭财产保险性质，其合同在财产保险合同之列，应照章纳税。

10. 技术合同

技术合同包括技术开发、转让、咨询、服务等合同，以及作为合同使用的单据。

11. 产权转移书据

产权转移书据包括财产所有权和版权、商标专用权、专利权、专有技术使用权等转移书据和土地使用权出让合同、土地使用权转让合同、商品房销售合同等权力转移合同。

12. 营业账簿

营业账簿是指单位或者个人记载生产经营活动的财务会计核算账簿。营业账簿按其反映内容的不同，可分为记载资金的账簿和其他账簿。

记载资金的账簿，是指反映生产经营单位资本金数额增减变化的账簿；其他账簿，是指除上述账簿以外的有关其他生产经营活动内容的账簿，包括日记账簿和各明细分类账簿。

对金融系统营业账簿，要结合金融系统财务会计核算的实际情况进行具体分析。银行用以反映资金存贷经营活动、记载经营资金增减变化、核算经营成果的账簿，如各种日记账、明细账和总账都属于营业账簿，应按照规定缴纳印花税；银行根据业务管理需要设置的各种登记簿，如空白重要凭证登记簿、有价单证登记簿、现金收付登记簿等，其记载的内容与资金活动无关，仅用于内部备查，属于非营业账簿，均不征收印花税。

13. 权利、许可证照

权利、许可证照包括政府部门发给的房屋产权证、工商营业执照、商标注册证、专利证、土地使用证。

（二）税率

印花税的税率有两种形式，即比例税率和定额税率。

1. 比例税率

在印花税的 13 个税目中，各类合同以及具有合同性质的凭证（含以电子形式签订的各类应税凭证）、产权转移书据、营业账簿中记载资金的账簿，适用比例税率。

印花税的比例税率分为 4 档：0.05‰、0.3‰、0.5‰、1‰。

（1）借款合同适用税率 0.05‰；

（2）购销合同、建筑安装工程承包合同、技术合同适用税率 0.3‰；

（3）加工承揽合同、建筑工程勘察设计合同、货物运输合同、产权转移书据、营业账簿中记载资金的账簿适用 0.5‰ 的税率；

（4）财产租赁合同、仓储保管合同、财产保险合同适用 1‰ 的税率；

（5）股权转让书据适用 1‰ 的税率，包括 A 股和 B 股。

2. 定额税率

在印花税的 13 个税目中，权利、许可证照和营业账簿税目中的其他账簿，适用定额税率，均为按件贴花，税额为 5 元。这样规定，主要是考虑到上述应税凭证比较特殊，有的是无法计算金额的凭证，如权利、许可证照；有的是虽记载有金额，但以其作为计税依据又明显不合理的凭证，如其他账簿。采用定额税率，便于纳税人缴纳，便于税务机关征管。印花税税目、税率详见表 8 - 4。

表 8 - 4　　　　　　　　　　　　印花税税目、税率表

税目	范围	税率	纳税人	说明
购销合同	包括供应、预购、采购、购销结合及协作、调剂、补偿、易货等合同	按购销金额的 3‰ 贴花	立合同人	
加工承揽合同	包括加工、定做、修缮、修理、印刷、广告、测绘、测试等合同	按加工或承揽收入的 5‰ 贴花	立合同人	
建设工程勘察设计合同	包括勘察、设计合同	按收取费用的 5‰ 贴花	立合同人	
建筑安装工程承包合同	包括建筑、安装工程承包合同	按承包金额的 3‰ 贴花	立合同人	
财产租赁合同	包括租赁房屋、船舶、飞机、机动车辆、机械、器具、设备等合同	按租赁金额的 1‰ 贴花。税额不足 1 元按 1 元贴花	立合同人	

表8-4(续)

税目	范围	税率	纳税人	说明
货物运输合同	包括民用航空运输、铁路运输、海上运输、内河运输、公路运输和联运合同	按运输收取的费用的5‰贴花	立合同人	单据作为合同使用的，按合同贴花
仓储保管合同	包括仓储、保管合同	按仓储收取的保管费用的1‰贴花	立合同人	仓单或栈单作为合同使用的，按合同贴花
借款合同	银行及其他金融组织和借款人（不包括银行同业拆借）所签订的借款合同	按借款金额的0.5‰贴花	立合同人	单据作为合同使用的，按合同贴花
财产保险合同	包括财产、责任、保证、信用等保险合同	按收取的保险费收入的1‰贴花	立合同人	单据作为合同使用的，按合同贴花
技术合同	包括技术开发、转让、咨询、服务等合同	按所记载金额的3‰贴花	立合同人	
产权转移书据	包括财产所有权和版权、商标专用权、专利权、专有技术使用权等转移书据、土地使用权出让合同、土地使用权转让合同、商品房销售合同	按所记载金额的5‰贴花	立据人	
营业账簿	生产、经营用账册	记载资金的账簿，按实收资本和资本公积的合计金额的5‰贴花。其他账簿按件贴花5元	立账簿人	
权利、许可证照	包括政府部门发给的房屋产权证、工商营业执照、商标注册证、专利证、土地使用证	按件贴花5元	领受人	

四、印花税应纳税额的计算

(一) 计税依据

印花税的计税依据为各种应税凭证上所记载的计税金额。具体规定为：

(1) 购销合同的计税依据为合同记载的购销金额。

(2) 加工承揽合同的计税依据是加工或承揽收入的金额。具体规定：

①对于由受托方提供原材料的加工、定做合同，凡在合同中分别记载加工费金额和原材料金额的，应分别按"加工承揽合同""购销合同"计税，两项税额相加数，即为合同应贴印花；若合同中未分别记载，则应就全部金额依照加工承揽合同计税

贴花。

②对于由委托方提供主要材料或原料，受托方只提供辅助材料的加工合同，无论加工费和辅助材料金额是否分别记载，均以辅助材料与加工费的合计数，依照加工承揽合同计税贴花。对委托方提供的主要材料或原料金额不计税贴花。

（3）建设工程勘察设计合同的计税依据为收取的费用。

（4）建筑安装工程承包合同的计税依据为承包金额。

（5）财产租赁合同的计税依据为租赁金额；经计算，税额不足1元的，按1元贴花。

（6）货物运输合同的计税依据为取得的运输费金额（即运费收入），不包括所运货物的金额、装卸费和保险费等。

（7）仓储保管合同的计税依据为收取的仓储保管费用。

（8）借款合同的计税依据为借款金额。针对实际借贷活动中不同的借款形式，税法规定了不同的计税方法：

①凡是一项信贷业务既签订借款合同，又一次或分次填开借据的，只以借款合同所载金额为计税依据计税贴花；凡是只填开借据并作为合同使用的，应以借据所载金额为计税依据计税贴花。

②借贷双方签订的流动资金周转性借款合同，一般按年（期）签订，规定最高限额，借款人在规定的期限和最高限额内随借随还。为避免加重借贷双方的负担，对这类合同只以其规定的最高限额为计税依据，在签订时贴花一次，在限额内随借随还不签订新合同的，不再另贴印花。

③对借款方以财产作抵押，从贷款方取得一定数量抵押贷款的合同，应按借款合同贴花；在借款方因无力偿还借款而将抵押财产转移给贷款方时，应再就双方书立的产权书据，按产权转移书据的有关规定计税贴花。

④对银行及其他金融组织的融资租赁业务签订的融资租赁合同，应按合同所载租金总额，暂按借款合同计税。

⑤在贷款业务中，如果贷方系由若干银行组成的银团，银团各方均承担一定的贷款数额。借款合同由借款方与银团各方共同书立，各执一份合同正本。对这类合同借款方与贷款银团各方应分别在所执的合同正本上，按各自的借款金额计税贴花。

⑥在基本建设贷款中，如果按年度用款计划分年签订借款合同，在最后一年按总概算签订借款总合同，且总合同的借款金额包括各个分合同的借款金额的，对这类基建借款合同，应按分合同分别贴花，最后签订的总合同，只就借款总额扣除分合同借款金额后的余额计税贴花。

（9）财产保险合同的计税依据为支付（收取）的保险费，不包括所保财产的金额。

（10）技术合同的计税依据为合同所载的价款、报酬或使用费。为了鼓励技术研究开发，对技术开发合同，只就合同所载的报酬金额计税，研究开发经费不作为计税依据。单对合同约定按研究开发经费一定比例作为报酬的，应按一定比例的报酬金额贴花。

（11）产权转移书据的计税依据为所载金额。

（12）营业账簿税目中记载资金的账簿的计税依据为"实收资本"与"资本公积"两项的合计金额。实收资本包括现金、实物、无形资产和材料物资。现金按实际收到或存入纳税人开户银行的金额确定。实物，是指房屋、机器等，按评估确认的价值或者合同、协议约定的价格确定。无形资产和材料物资，按评估确认的价值确定。

资本公积，包括接受捐赠、法定财产重估增值、资本折算差额、资本溢价等。如果是实物捐赠，则按同类资产的市场价格或有关凭据确定。

其他账簿的计税依据为应税凭证件数。

（13）权利、许可证照的计税依据为应税凭证件数。

（二）计税依据的特殊规定

（1）凭证以"金额""收入""费用"作为计税依据的，应当全额计税，不得做任何扣除。

（2）同一凭证，载有两个或两个以上经济事项而适用不同税目税率，如分别记载金额的，应分别计算应纳税额，相加后按合计税额贴花；如未分别记载金额的，按税率高的计税贴花。

（3）按金额比例贴花的应税凭证，未标明金额的，应按照凭证所载数量及国家牌价计算金额；没有国家牌价的，按市场价格计算金额，然后按规定税率计算应纳税额。

（4）应税凭证所载金额为外国货币的，应按照凭证书立当日国家外汇管理局公布的外汇牌价折合成人民币，然后计算应纳税额。

（5）应纳税额不足0.1元的，免纳印花税；0.1元以上的，其税额尾数不满0.05元的不计，满0.05元的按0.1元计算。

（6）有些合同，在签订时无法确定计税金额，如：技术转让合同中的转让收入，是按销售收入的一定比例收取或是按实现利润分成的；财产租赁合同，只是规定了月（天）租金标准而无租赁期限的。对这类合同，可在签订时先按定额5元贴花，以后结算时再按实际金额计税，补贴印花。

（7）应税合同在签订时纳税义务即已产生，应计算应纳税额并贴花。所以，不论合同是否兑现或是否按期兑现，均应贴花。对已履行并贴花的合同，所载金额与合同履行后实际结算金额不一致的，只要双方未修改合同金额，一般不再办理完税手续。

（8）对有经营收入的事业单位，凡属由国家财政拨付事业经费，实行差额预算管理的单位，其记载经营业务的账簿，按其他账簿定额贴花，不记载经营业务的账簿不贴花；凡属经费来源实行自收自支的单位，其营业账簿，应对记载资金的账簿和其他账簿分别计算应纳税额。

跨地区经营的分支机构使用的营业账簿，应由各分支机构于其所在地计算贴花。对上级单位核拨资金的分支机构，其记载资金的账簿按核拨的账面资金额计税贴花，其他账簿按定额贴花；对上级单位不核拨资金的分支机构，只就其他账簿按件定额贴花。为避免对同一资金重复计税贴花，上级单位记载资金的账簿，应按扣除拨给下属机构资金数额后的其余部分计税贴花。

（9）商品购销活动中，采用以货换货方式进行商品交易签订的合同，是反映既购又销双重经济行为的合同。对此，应按合同所载的购、销合计金额计税贴花。合同未列明金额的，应按合同所载购、销数量依照国家牌价或者市场价格计算应纳税额。

（10）施工单位将自己承包的建设项目，分包或者转包给其他施工单位所签订的分包合同或者转包合同，应按新的分包合同或转包合同所载金额计算应纳税额。这是因为印花税是一种具有行为税性质的凭证税，尽管总承包合同已依法计税贴花，但新的分包或转包合同是一种新的凭证，又发生了新的纳税义务。

（11）对股票交易征收印花税，始于深圳和上海两地证券交易的不断发展。现行印花税法规定，股份制试点企业向社会公开发行的股票，因购买、继承、赠与所书立的股权转让书据，均依书立时证券市场当日实际成交价格计算的金额，由立据双方当事人分别按1‰的税率缴纳印花税。

（12）对国内各种形式的货物联运，凡在起运地统一结算全程运费的，应以全程运费作为计税依据，由起运地运费结算双方缴纳印花税；凡分程结算运费的，应以分程的运费作为计税依据，分别由办理运费结算的各方缴纳印花税。

对国际货运，凡由我国运输企业运输的，不论在我国境内、境外起运或中转分程运输，我国运输企业所持的一份运费结算凭证，均按本程运费计算应纳税额；托运方所持的一份运费结算凭证，按全程运费计算应纳税额。由外国运输企业运输进出口货物的，外国运输企业所持的一份运费结算凭证免纳印花税；托运方所持的一份运费结算凭证应缴纳印花税。国际货运运费结算凭证在国外办理的，应在凭证转回我国境内时按规定缴纳印花税。

印花税票为有价证券，其票面金额以人民币为单位，分为1角、2角、5角、1元、2元、5元、10元、50元、100元9种。

（二）应纳税额的计算

纳税人的应纳税额，根据应纳税凭证的性质，分别按比例税率或者定额税率计算。其计算公式为：

应纳税额 = 应税凭证计税金额（或应税凭证件数）×适用税率

五、印花税的税收优惠

（1）对已缴纳印花税凭证的副本或者抄本免税；但以副本或者抄本视同正本使用的，则应另贴印花。

（2）对财产所有人将财产赠给政府、社会福利单位、学校所立的书据免税。

（3）对国家指定的收购部门与村民委员会、农民个人书立的农副产品收购合同免税。

（4）对无息、贴息贷款合同免税。

（5）对外国政府或者国际金融组织向我国政府及国家金融机构提供优惠贷款所书立的合同免税。

（6）对房地产管理部门与个人签订的用于生活居住的租赁合同免税。

（7）对农牧业保险合同免税。

（8）军事物资运输凭证、抢险救灾凭证、新建铁路的工程临管线运输凭证免税。

（9）企业改制过程中有关印花税征免规定。

①关于资金账簿的印花税。

A. 实行公司制改造的企业在改制过程中成立的新企业（重新办理法人登记的），其新启用的资金账簿记载的资金或因企业建立资本纽带关系而增加的资金，凡原已贴花的部分可不再贴花，未贴花的部分和以后新增加的资金按规定贴花。

B. 以合并或分立方式成立的新企业，其新启用的资金账簿记载的资金，凡原已贴花的部分可不再贴花，未贴花的部分和以后新增加的资金按规定贴花。

C. 企业债权转股权新增加的资金按规定贴花。

D. 企业改制中经评估增加的资金按规定贴花。

E. 企业其他会计科目记载的资金转为实收资本或资本公积的资金按规定贴花。

②企业改制前签订但尚未履行完的各类应税合同，改制后需要变更执行主体的，对仅改变执行主体、其余条款未做变动且改制前已贴花的，不再贴花。

③企业因改制签订的产权转移书据免予贴花。

④股权分置改革过程中因非流通股股东向流通股股东支付对价而发生的股权转让，暂免征收印花税。

六、印花税的征收管理

（一）征收方法

印花税的纳税办法，根据税额大小、贴花次数以及税收征收管理的需要，分别采用下列三种纳税办法：

1. 自行贴花办法

自行贴花一般适用于应税凭证较少或者贴花次数较少的纳税人。纳税人书立、领受或者使用印花税法列举的应税凭证的同时，纳税义务即已产生，应当根据应纳税凭证的性质和适用的税目税率，自行计算应纳税额，自行购买印花税票，自行一次贴足印花税票并加以注销或划销，纳税义务才算全部履行完毕。纳税人有印章的，加盖印章注销。纳税人没有印章的，可以用钢笔、圆珠笔画线注销。

对已贴花的凭证，修改后所载金额增加的，其增加部分应当补贴印花税票。凡多贴印花税票者，不得申请退税或者抵用。

2. 汇贴或汇缴办法

汇贴或汇缴办法适用于应纳税额较大或者贴花次数频繁的纳税人。

应纳税额超过 500 元的凭证，应向当地税务机关申请填写缴款书或者完税证，将其中一联粘贴在凭证上或者由税务机关在凭证上加注完税标记代替贴花。这就是通常所说的"汇贴"办法。

同一种类应纳税凭证，需频繁贴花的，纳税人可以根据实际情况自行决定是否采用按期汇总缴纳印花税的方式，汇总缴纳的期限为 1 个月。缴纳方式一经选定，1 年内不得改变。实行印花税按期汇总缴纳的单位，对征税凭证和免税凭证汇总时，凡分别汇总的，按本期征税凭证的汇总金额计算缴纳印花税；凡确属不能分别汇总的，应按本期全部凭证的实际汇总金额计算缴纳印花税。

3. 委托代征办法

委托代征办法主要是通过税务机关的委托，经由发放或者办理应纳税凭证的单位代为征收印花税税款。税务机关应与代征单位签订代征委托书。所谓发放或者办理应纳税凭证的单位，是指发放权利、许可证照的单位和办理凭证的鉴证、公证及其他有关事项的单位（如工商行政管理局、银行、保险公司等）。

根据印花税法律制度的规定，发放或者办理应纳税凭证的单位，负有监督纳税人依法纳税的义务，具体是指对以下纳税事项监督：

（1）应纳税凭证是否已粘贴印花；

（2）粘贴的印花是否足额；

（3）粘贴的印花是否按规定注销。

对未完成以上纳税手续的，应督促纳税人当场完成。

（二）纳税环节

印花税应当在书立或领受时贴花，具体是指在合同签订时、账簿启用时和证照领受时贴花。如果合同是在国外签订，并且不便在国外贴花的，应在将合同带入境时办理贴花纳税手续。

（三）纳税地点

印花税一般实行就地纳税。对于全国性商品物资订货会（包括展销会、交易会等）上所签订合同应纳的印花税，由纳税人回其所在地后及时办理贴花完税手续；对地方主办、不涉及省际关系的订货会、展销会上所签合同的印花税，其纳税地点由各省、自治区、直辖市人民政府自行确定。

（四）纳税申报

印花税的纳税人应按照《中华人民共和国印花税暂行条例》的有关规定及时办理纳税申报，并如实填写印花税纳税申报表，见表8-5。

表8－5 印花税纳税申报表

填表日期： 年 月 日　　　　　　　　　　　　金额单位：元（列至角分）

纳税人识别号：□□□□□□□□□□□□□□□

纳税人名称							税款所属时期		
应税凭证名称	件数	计税金额	适用税率	应纳税额	已纳税额	应补（退）税额	购画贴花情况		
							上期结转	本期购进	本期贴花
1	2	3	4	5＝2×4 或 5＝3×4	6	7＝5－6	8	9	10

如纳税人填报，由纳税人填写以下各栏		如委托代理人填报，由代理人填写，由代理人填写以下各栏			备注
会计主管（签章）	纳税人（签章）	代理人名称		代理人（签章）	
		代理人地址			
		经办人姓名		电话	

以下由税务机关填写				
收到申报表日期			接收人	

习　题

一、单项选择题

1. 根据房产税法律制度的规定，下列各项中不属于房产税纳税人的是（　　）。

　　A. 城区房产使用人　　　　　　　　B. 城区房产代管人

　　C. 城区房屋所有人　　　　　　　　D. 城区房屋出典人

2. 根据《房产税暂行条例》的规定，不征收房产税的地区是（　　）。

    A. 县城　　　　　　　　　　　　B. 农村

    C. 建制镇　　　　　　　　　　　D. 城市

3. 根据车船税法律制度的规定，下列各项中属于载货汽车计税依据的是（　　）。

    A. 排气量　　　　　　　　　　　B. 自重吨位

    C. 净吨位　　　　　　　　　　　D. 购置价格

4. 根据印花税法律制度的规定，下列各项中属于印花税纳税人的是（　　）。

    A. 合同的双方当事人　　　　　　B. 合同的担保人

    C. 合同的证人　　　　　　　　　D. 合同的鉴定人

5. 2016 年 3 月，甲企业与乙企业签订了一份合同，由甲企业向乙企业提供货物并运输到乙企业指定的地点，合同标的金额为 300 万元，其中包括货款和货物运输费用。货物买卖合同适用的印花税率为 0.3‰，货物运输合同适用的印花税率为 0.5‰。根据印花税法律制度的规定，甲企业应纳印花税额是（　　）万元。

    A. 0.24　　　　　　　　　　　　B. 0.15

    C. 0.09　　　　　　　　　　　　D. 0.06

6. 某公司 2016 年 3 月以 3 500 万元购得某一写字楼作为办公用房使用，该写字楼原值 6 000 万元，累计折旧 2 000 万元。如果适用的契税税率为 3%，该公司应缴契税为（　　）万元。

    A. 120　　　　　　　　　　　　　B. 105

    C. 180　　　　　　　　　　　　　D. 15

二、多项选择题

1. 根据房产税法律制度的规定，下列有关房产税纳税人的表述中，正确的有（　　）。

    A. 产权属于国家所有的房屋，其经营管理单位为纳税人

    B. 产权属于集体所有的房屋，该集体单位为纳税人

    C. 产权属于个人所有的营业用的房屋，该个人为纳税人

    D. 产权出典的房屋，出典人为纳税人

2. 根据印花税法律制度的规定，下列各项中属于印花税征税范围的有（　　）。

    A. 土地使用权出让合同　　　　　B. 土地使用权转让合同

    C. 商品房销售合同　　　　　　　D. 房屋产权证

3. 根据印花税法律制度的规定，下列各项中以所载金额作为计税依据缴纳印花税的有（　　）。

    A. 产权转移书据　　　　　　　　B. 借款合同

    C. 财产租赁合同　　　　　　　　D. 工商营业执照

4. 根据《契税暂行条例》的规定，下列行为中应缴纳契税的有（　　）。

    A. 房屋赠与　　　　　　　　　　B. 农村集体土地承包经营权的转移

    C. 以土地使用权作价投资　　　　D. 以土地使用权抵押

5. 根据契税法律制度的规定，下列各项中应征收契税的有（　　）。

    A. 某人将其拥有产权的一幢楼抵押

    B. 某人在抽奖活动中获得一套住房

    C. 某人将其拥有产权的房屋出租

    D. 某人购置一套住房

6. 根据契税法律制度的规定，下列各项中不征收契税的有（　　）。

    A. 接受作价房产入股　　　　　　　　B. 承受抵债房产

    C. 承租房产　　　　　　　　　　　　D. 继承房产

三、判断题

1. 张某将个人拥有产权的房屋出典给李某，则李某为该房屋房产税的纳税人。

                                          （　　）

2. 农民王某于2016年将其在本村价值20万元的楼房出租，取得租金收入3 000元。按照房产税从租计征的规定计算，王某当年应缴纳房产税360元。（　　）

3. 契税的纳税人是在我国境内转让土地、房屋权属的单位和个人。（　　）

4. 甲企业以价值300万元的办公用房与乙企业互换一处厂房，并向乙企业支付差价款100万元。在这次互换中，乙企业不需缴纳契税，应由甲企业缴纳。（　　）

5. 车船税的纳税义务发生时间，为车船管理部门核发的车船登记证书或者行驶证中记载日期的次月。（　　）

第九章 特定目的类税

学习目的：通过本章学习，要求理解土地增值税、耕地占用税的概念，了解开征土地增值税、耕地占用税的必要性及作用或意义；掌握土地增值税、耕地占用税的基本内容，掌握土地增值税纳税申报与税款缴纳等制度，掌握耕地占用税的计算及其会计核算。

第一节 土地增值税

一、土地增值税概述

土地增值税是转让国有土地使用权、地上的建筑物及其附着物并取得收入的单位和个人，以转让所取得的收入的增值额征收的一种税，不包括以继承、赠与方式无偿转让房地产的行为。

（一）开征土地增值税的必要性

我国从1987年开始对国有土地实行有偿出让、转让的土地使用制度。这一改革使得国内房地产业得到了迅速发展，房地产市场已初具规模，这对于改善人民居住条件，合理配置土地资源，充分发挥国有土地的资产效益，改善投资环境，增加国家收入起到了很大作用。但也出现一些问题，主要表现在：

（1）土地供给计划性不强，成片批租地量过大、价格低。由于批地不与项目结合，不充分考虑基础设施配套情况和开发资金的落实等问题，使得土地批出后得不到及时开发，造成土地资源的浪费和资金的占用，城市规划也得不到实施。土地批租的随意性和以协议方式为主，使出让金价格偏低，国有土地收益大量流失。

（2）房地产开发公司增长过快，价格上涨过猛，房地产投资开发规模偏大。大量房地产开发公司的涌现并介入炒地活动，使房地产价格直线上升，房地产业发展膨胀，国有土地资源收益大量流失。

（3）盲目设立开发区，占用耕地多，开发利用率低。

（4）房地产市场机制不完善，市场行为不规范，"炒"风过盛。炒卖房产快速获得高额利润，使各行各业蜂拥而上，严重冲击了房地产市场正常的秩序，使房地产投资结构失衡。

（5）浪费国家财力，加剧社会分配不公。房地产市场的过热现象，不但浪费了国家的资源和财力，也加剧了我国资金市场紧张，扰乱了金融秩序，使国家的产业结构失衡。由于缺乏必要的经济手段，加剧了社会分配不公，也使得国有土地资源收益大量流失，影响了整个宏观经济的正常运行。

房地产管理制度不健全不严密，国有土地的出让价格太低，使得转让土地及炒买炒卖者能够获得暴利。要解决这一问题，必须要加强对土地出让环节的管理，健全产权登记制度，除加强对房地产业的监督和管理外，还应运用法律、经济手段特别是要发挥税收杠杆的特殊调节作用，达到促进国有土地得到合理而有效地利用的目的。国务院于1993年12月发布《中华人民共和国土地增值税暂行条例》，并决定自1994年1月起，对转让土地及地上的建筑物的单位和个人征收土地增值税。

（二）土地增值税的作用

1. 抑制土地投机，规范房地产市场交易秩序

由于土地增值税是以转让房地产的增值额为计税依据，并实行超额累进税率，也即增值额多的多征，增值额少的少征，无增值额的不征，这样就能在一定程度上抑制房地产投机活动。由于在计算应纳税增值额时，允许扣除支付给国家批租土地的出让金和改良土地的开发成本费用，这就有利于制约任意降低出让金的行为，鼓励对土地的开发和利用，从而有利于规范土地、房地产市场的交易秩序。

2. 增加财政收入，防止国有土地收益的流失

房地产业是高附加值产业的支柱产业，是开辟新税源的重点。土地增值税的开征，能有效增加财政收入，防止国有土地收益的流失。

3. 为分税制财政管理体制的实施创造条件

实行"分税制"的重要条件之一，就是建立健全地方税收体系，扩大地方税收规模。征收土地增值税是完善地方税收体系、扩大地方税收规模的重要措施。

二、土地增值税的征税范围

（1）转让国有土地使用权。国有土地是指按国家法律规定属于国家所有的土地。

（2）地上的建筑物及其附着物连同国有土地使用权一并转让。地上的建筑物是指建于土地上的一切建筑物，包括地上地下的各种附属设施；附着物是指附着于土地上的不能移动或一经移动即遭损坏的物品。

三、土地增值税的纳税人

土地增值税的纳税人是指转让国有土地使用权、地上建筑物及其附着物并取得收入的单位和个人。单位是指企业单位、事业单位、国家机关、军事单位和社会团体以及其他组织；个人是指个体经营者及其他个人。

四、土地增值税的税率及计算

（一）土地增值税的税率

土地增值税实行四级超率累进税率，按转让房地产增值比例的大小，分档定率，超率累进。每级"增值额未超过扣除项目金额"的比例，均包括本比例数。土地增值

税超率累进税率表见表9-1。

表9-1   土地增值税超率累进税率表

级数	增值额与扣除项目金额的比率（增值率）	税率（%）	速算扣除数（%）
1	不超过50%的部分	30	0
2	超过50%～100%的部分	40	5
3	超过100%～200%的部分	50	15
4	超过200%的部分	60	35

（二）土地增值税应纳税额的计算

1. 转让房地产收入的确定

纳税人转让房地产取得的收入包括转让房地产的全部价款及有关的经济收益，包括货币收入、实物收入和其他收入。

（1）货币收入是指纳税人转让房地产而取得的现金、银行存款、支票、银行本票、汇票等各种信用票据和国库券、金融债券、企业债券、股票等有价证券。这些类型的收入其实质都是转让方因转让土地使用权、房屋产权而向取得方收取的价款。货币收入一般比较容易确定。

（2）实物收入是指纳税人转让房地产而取得的各种实物形态的收入，如钢材、水泥等建材，房屋、土地等不动产等。实物收入的价值不太容易确定，一般要对这些实物形态的财产进行估价。

（3）其他收入是指纳税人转让房地产而取得的无形资产收入或具有财产价值的权利，如专利权、商标权、著作权、专有技术使用权、土地使用权、商誉权等。这种类型的收入比较少见，其价值需要进行专门的评估。

2. 扣除项目的确定

土地增值税的扣除项目包括：

（1）取得成本。即取得土地使用权所支付的金额，包括纳税人为取得土地使用权所支付的地价款及其相关费用。

地价款确定有下列几种情况：以协议、招标、拍卖等方式取得的，地价款为纳税人实际支付的土地出让金；以行政划拨方式取得的，地价款为按国家规定补缴的土地出让金；以有偿转让方式取得的，地价款为向原土地使用权人实际支付的地价款。

相关费用是指纳税人在取得土地使用权过程中为办理有关手续，按国家统一规定缴纳的有关登记、过户手续费等。

（2）开发成本。即纳税人房地产开发项目实际发生的成本，包括土地征用及拆迁补偿费、前期工程费、建筑安装工程费、基础设施费、公共配套设施费和开发间接费等。

（3）开发费用。即与房地产开发项目有关的营业费用、管理费用和财务费用。

（4）旧房及建筑物的评估价格。即在转让旧房及建筑物时，由政府批准设立的房地产评估机构评定的重置成本乘以成新度折旧率后的价格。评估价格须经当地税务机关确认。例如，一栋房屋已使用10年，按历史成本计算的原始造价为240万元，按转让时的建筑材料及人工费用的重置成本价计算，建造同类型的新建筑物需耗费1 400万元，该房屋成新度折旧率为60%（六成新），则该房屋的评估价格为840万元（1 400×60%）。

（5）有关的税金及附加。即转让房地产时缴纳的营业税、城市维护建设税、印化税以及教育费附加。因为房地产开发企业的印花税已列入管理费用，因此，不再单独计算扣除。

（6）其他扣除项目。根据财政部的有关规定，对从事房地产开发的企业，还可按取得土地使用权支付金额和房地产开发成本之和，加计20%扣除。此条规定只适用于房地产开发企业，其他纳税人不适用。

3. 应纳税额的计算

土地增值税实行超率累进税率，其应纳税额的计算应按下列步骤进行：

（1）增值额计算。土地增值税以纳税人转让房地产所取得的土地增值额为计税依据。土地增值税纳税人转让房地产所取得的收入减去规定的扣除项目金额后的余额为增值额。其计算公式为：

增值额＝转让房地产取得的收入－扣除项目

（2）增值率计算。土地增值税采用超率累进税率，只有在计算增值率后，才能确定具体适用税率。其计算公式为：

增值率＝增值额÷扣除项目金额×100%

（3）应纳税额计算。土地增值税应纳税额计算方法有两种，即分级计算法和速算扣除法。其计算公式分别为：

应纳税额＝∑（每级距的土地增值额×适用税率）

应纳税额＝土地增值额×适用税率－扣除项目金额×速算扣除系数

【例9－1】四川鲲鹏有限公司建造并出售商住楼一栋，实现收入1 800万元，原支付的地价款、成本、费用及应交销售税金等计800万元，按规定加计扣除金额200万元。请计算该公司应纳土地增值税。

解：增值额＝1 800－（800＋200）＝800（万元）

增值率＝800÷1 000×100%＝80%，确定适用累进税率为40%，速算扣除率为5%。

应纳土地增值税＝800×40%－1 000×5%＝270（万元）

【例9－2】四川鲲鹏有限公司开发的一个房地产开发项目已经竣工结算，此项目已缴纳土地出让金300万元，获得土地使用权后，立即开始开发此项目，建成10 000平方米的普通标准住宅，以每平方米4 000元价格全部出售，开发土地、新建房及配套设施的成本为每平方米1 500元，不能按转让房地产项目计算分摊利息支出，账面房地产开发费用为200万元。已经缴纳营业税、城市维护建设税、教育费附加、地方教育费、印花税170万元。请问如何缴纳土地增值税？

解：

第一步，计算商品房销售收入：

$4\,000 \times 10\,000 = 4\,000$（万元）

第二步，计算扣除项目金额：

①购买土地使用权费用：300 万元

②开发土地、新建房及配套设施的成本：$1\,500 \times 10\,000 = 1\,500$（万元）

③房地产开发费用：

因为不能按转让房地产项目计算分摊利息支出，房地产开发费用扣除限额为：$(300 + 1\,500) \times 10\% = 180$ 万元，应按照 180 万元作为房地产开发费用扣除。

④计算加计扣除：$(300 + 1\,500) \times 20\% = 1\,800 \times 20\% = 360$（万元）

⑤税金：170 万元

扣除项目金额 $= 300 + 1\,500 + 180 + 360 + 170 = 2\,510$（万元）

第三步，计算增值额：

$$\text{增值额} = \text{商品房销售收入} - \text{扣除项目金额合计}$$
$$= 4\,000 - 2\,510 = 1\,490 \text{（万元）}$$

第四步，确定增值率：

$$\text{增值率} = \frac{1\,490}{2\,510} \times 100\% = 59.36\%$$

增值率超过扣除项目金额 50%，未超过 100%。

第五步，计算土地增值税税额：

$$\text{土地增值税税额} = \text{增值额} \times 40\% - \text{扣除项目金额} \times 5\%$$
$$= 1\,490 \times 40\% - 2\,510 \times 5\%$$
$$= 596 - 125.50$$
$$= 470.50 \text{（万元）}$$

五、土地增值税的会计处理

缴纳土地增值税的企业，应设置"应交税费——应交土地增值税"账户进行核算。该账户的贷方登记按规定应交的土地增值税，借方登记已缴纳的土地增值税；期末贷方余额反映尚未缴纳的土地增值税，期末借方有余额反映纳税人多缴或预缴的土地增值税。

从事房地产开发的企业和非从事房地产开发的企业均有可能发生房地产转让行为，而从事房地产开发的企业按其经营范围可分为主营房地产和兼营房地产两种情况。针对不同情况，企业还应分别设置"营业税金及附加""其他业务支出""固定资产清理"等账户，反映企业应负担的土地增值税情况。

（一）房地产开发企业的核算

1. 主营房地产

对主营房地产开发企业，计算应由当期营业收入负担的土地增值税时，借记"营业税金及附加账户"，贷记"应交税费——应交土地增值税"账户；实际缴纳时，借记"应交税费——应交土地增值税"账户，贷记"银行存款"账户。

【例9-3】四川鲲鹏房地产开发公司应纳土地增值税200万元。请进行账务处理。

解：

①计算土地增值税时：

借：营业税金及附加　　　　　　　　　　　　　　　2 000 000
　　贷：应交税费——应交土地增值税　　　　　　　　　　　　2 000 000

②实际缴纳税金时：

借：应交税费——应交土地增值税　　　　　　　　　2 000 000
　　贷：银行存款　　　　　　　　　　　　　　　　　　　　　2 000 000

2. 兼营房地产

对兼营房地产开发企业，计算应由当期营业收入负担的土地增值税时，借记"其他业务支出"账户，贷记"应交税费——应交土地增值税"账户；实际缴纳时与主营房地产企业相同。

【例9-4】四川鲲鹏有限公司为兼营房地产的企业，经计算其转让房地产应缴纳的土地增值税为100万元。请进行账务处理。

解：

①计算土地增值税时：

借：其他业务支出　　　　　　　　　　　　　　　　1 000 000
　　贷：应交税费——应交土地增值税　　　　　　　　　　　　1 000 000

②实际缴纳税金时：

借：应交税费——应交土地增值税　　　　　　　　　1 000 000
　　贷：银行存款　　　　　　　　　　　　　　　　　　　　　1 000 000

（二）非从事房地产开发企业的核算

非从事房地产开发企业转让房地产，在计算土地增值税时，借记"固定资产清理"等账户，贷记"应交税费——应交土地增值税"账户，实际缴纳时与房地产开发企业相同。

【例9-5】四川鲲鹏有限公司转让一处房产的土地使用权及地上房产的产权，企业为取得该房产支付的成本、费用为3 000万元，转让房产取得的收入为5 000万元，支付营业税金及附加为306万元，累计折旧为800万元。请计算该企业应交土地增值税，并进行账务处理。

解：

①转让房地产时：

借：固定资产清理　　　　　　　　　　　　　　　　22 000 000
　　累计折旧　　　　　　　　　　　　　　　　　　 8 000 000
　　贷：固定资产　　　　　　　　　　　　　　　　　　　　　30 000 000

②收到转让收入时：

借：银行存款   50 000 000
    贷：固定资产清理   50 000 000

③计算营业税时：

应纳营业税额 = 50 000 000 × 5% = 250（万元）

借：固定资产清理   2 500 000
    贷：应交税费——应交营业税   2 500 000

④计算应交土地增值税时：

扣除项目金额 =（30 000 000 - 8 000 000）+ 2 500 000 = 2 450（万元）

增值额 = 50 000 000 - 24 500 000 = 2 550（万元）

增值率 = 25 500 000 ÷ 24 500 000 × 100% = 104.08%，确定适用累进税率为50%，速算扣除率为15%。

应纳土地增值税 = 25 500 000 × 50% - 24 500 000 × 15% = 9 075 000（元）

借：固定资产清理   9 075 000
    贷：应交税费——应交土地增值税   9 075 000

⑤实际上缴税金时：

借：应交税费——应交土地增值税   9 075 000
    贷：银行存款   9 075 000

⑥结转固定资产清理损益时：

固定资产清理净收益 = 5 000 - 2 200 - 250 - 907.5 = 1 642.5（万元）

借：固定资产清理   16 425 000
    贷：营业外收入   16 425 000

六、土地增值税的征收管理

（一）纳税地点

纳税人应向房地产所在地主管税务机关办理纳税申报。纳税人转让房地产坐落在两个或两个以上地区的，应按房地产所在地分别申报纳税。

（二）纳税申报

纳税人应在转让房地产合同签订后7日内，到房地产所在地主管税务机关办理纳税申报，向税务机关提交房屋及建筑物产权、土地使用权证书，土地转让、房产买卖合同，房地产评估报告及其他与转让房地产有关的资料，并如实填写土地增值税纳税申报表。纳税人因经常发生房地产转让而难以在每次转让后申报的，经税务机关审核同意后，可以定期进行纳税申报，具体期限由税务机关根据情况确定。

第二节　耕地占用税

一、耕地占用税概述

耕地占用税是对占用耕地建房或从事其他非农业建设的单位和个人，就其占用耕地面积从量定额征收的一种税，属于资源税类的税种。它的基本法规是 1987 年 4 月 1 日由国务院发布的《中华人民共和国耕地占用税暂行条例》，并决定从发布之日起施行。

(一) 开征耕地占用税的必要性

土地是人类赖以生存的宝贵资源，耕地是从事农业生产的基本条件。我国是一个人多地少的国家，人均占有耕地 1.5 亩（1 亩 = 0.0667 公顷，下同）左右，比加拿大（人均 20.8 亩）、美国（人均 14.6 亩）、前苏联（人均 13.6 亩）少得多，位于世界第 113 位。我们要在只占世界 7% 的耕地上养活占世界 22% 的人口，耕地是我们极为宝贵的资源。中华人民共和国成立后，虽然开垦了一些荒地，由于各项建设占地太多。总的耕地面积不仅没有增加，反而减少了 4 亿多亩，人均占有耕地也由原来的 3 亩左右降到 1.5 亩左右，减少了一半，如果任其发展下去，必然会妨碍农业的发展，造成严重的后果。因此，国家发布了《中华人民共和国土地管理法》，并规定："各级人民政府应当采取措施，保护耕地，维护排灌工程设施，改良土壤，提高地力，防治土地沙化、盐渍化，水土流失，制止荒废、破坏耕地的行为。"这是运用法律手段保护耕地的一项重要措施。

此外，为了进一步加强土地管理，合理利用土地资源。保护农用耕地，国务院又发布了《中华人民共和国耕地占用税暂行条例》，对单位和个人占用耕地建房和从事非农业建设的，按照条例规定征收耕地占用税。

(二) 耕地占用税的意义

开征耕地占用税，是加强土地管理、防止乱占用耕地、综合治理非农业占用耕地的一种法律和经济手段。同时，根据"取之于农、用之于农"的原则，征收的耕地占用税要返还于发展农业、增加农业投资，特别是用于开垦宜农荒地，开发利用滩涂草场，改造整治中、低产田，改善农田灌溉条件，加强农田基本建设，提高土地质量，增加农业生产的后劲，以此来弥补一些占地给农业生产带来的损失。

二、耕地占用税的征税范围和纳税人

耕地占用税以占用农用耕地和从事其他非农业建设为征税范围。耕地是指用于种植农作物的土地，占用前 3 年内曾用于种植农作物的土地，以及鱼塘、园地、菜地和其他农用地（如晒场等），均视为耕地。占地的目的以建房或从事非农业建设为限，两个条件同时具备的，属于耕地占用税的征税范围；对非耕地或占用耕地用于农业生产建设的，不属于耕地占用税的征税范围。

耕地占用税的纳税人是占用耕地建房或者从事其他非农业建设的单位和个人，但不包括外商投资企业、外国企业及外籍个人。

三、耕地占用税的计税依据和税率

耕地占用税以纳税人实际占用的耕地面积（平方米）为计税依据，以县为单位，按人均占有耕地的多少，实行从量定额幅度税额。单位税额规定为：

（1）以县为单位，人均耕地在1亩以下（含1亩）的地区，每平方米为2~10元；

（2）以县为单位，人均耕地在1~2亩（含2亩）的地区，每平方米为1.6~8元，

（3）以县为单位，人均耕地在2~3亩（含3亩）的地区，每方平方米为1.3~6.5元；

（4）以县为单位，人均耕地在3亩以上的地区，每平方米为1~5元；

（5）农村居民（包括牧民、渔民）占用耕地新建住宅，按上述规定减半征收；

（6）经济特区、经济技术开发区及经济发达、人均耕地特别少的地区，适用税额可适当提高，但最高不得超过上述规定税额的50%。

为了协调政策，避免毗邻地区征收税额过于悬殊，国家对各省、市、自治区每平方米平均税额又做了以下的核定：①上海市9元；②北京市8元；③天津市7元；④浙江（含宁波市）、福建、江苏、广东（含广州市）4个省各6元；⑤湖北（含武汉市）、湖南、辽宁（含沈阳市、大连市）3省各5元；⑥河北、山东（含青岛市）、江西、安徽、河南、四川（含重庆市）6省各4.5元；⑦广西、陕西（含西安市）、贵州、云南4省、区各4元；⑧山西、黑龙江（含哈尔滨市）、吉林3省各3.5元；⑨甘肃、宁夏、内蒙古、青海、新疆5省、区各2.5元。各省、市、自治区应有差别地规定各县（市）和市郊区的适用税额，但全省平均不得低于上述核定的平均税额。

四、耕地占用税的减免说

（1）部队军事设施用地，准允免税。军事设施用地，应限于部队（包括武警部队）以及省、自治区、直辖市以上指挥防护工程，配置武器、装备的作战（情报）阵地，尖端武器作战、试验地、军用机场、港口（码头），设防工程，军事通信台站、线路、导航设施、军用仓库、输油管线、靶场、训练场、营区、师（含师级）以下军事机关办公用房，专用修械所和通往军事设施的铁路、公路支线。部队非军事用途和从事非农业生产经营占用耕地，不予免税。

（2）铁路线路、飞机场跑道和停机坪用地，准允免税。铁路线路用地是指铁路线路以及按规定两侧留地和沿线的车站、装卸用货场、仓库用地，铁路系统其他堆货场、仓库、招待所、职工宿舍等用地均不在免税之列。民用机场飞机跑道、停机坪、机场内必要的空地以及候机楼、指挥塔、雷达设施用地给予免税。

（3）炸药库用地，准允免税。炸药库是指国家物资储备部门炸药专用库房以及为保证安全所必需的用地。

（4）学校、幼儿园、敬老院、医院用地，给予免税。学校用地是指全日制大、中、小学校的教学用房、实验室、操场、图书馆、办公室及师生员工食堂宿舍用地，给予免税。学校从事非农业生产经营占用耕地，不予免税。职工夜校、学习班、培训中心、函授学校等不在免税之列。医院用地包括部队和部门医院、企业职工医院、卫生院、医疗站、诊所用地，给予免税。疗养院等不在免税之列。殡仪馆、火葬场用地给予免税。

（5）对水库移民、灾民、难民建房占用耕地，直接为农业生产服务的农田水利设施用地，免征耕地占用税，但水利工程占用耕地以发电、旅游为主的，不予免税。

（6）农村革命烈士家属、革命残废军人、鳏寡孤独以及在革命老根据地、少数民族聚居地区和边远贫困山区生活困难的农户，在规定用地标准以内新建住宅，纳税确有困难的，由纳税人提出申请，经所在地乡（镇）人民政府审核，报经县级人民政府批准后，可给予减税或免税。

五、耕地占用税的征收管理

耕地占用税由各级税务机关负责征收管理，获准征用或占用耕地的单位和个人，应在批准之日起30日内持县级以上土地管理部门批准文件向税务机关申报纳税。

国有和乡镇集体企业，有条件的可自行计税缴纳税款，或者按征收机关填开的缴款书缴纳税款；对农村居民，由乡（镇）税务机关征收，也可由村民委员会、土地管理部门或其他部门代征。

六、耕地占用税的计算及其会计核算

（一）耕地占用税的税额计算

耕地占用税以纳税人实际占用的耕地面积为计税依据，按规定的单位税额计算其应纳税额。其计算公式为：

应纳税额＝实际占用应税耕地面积×单位税额

【例9-6】四川鲲鹏有限公司在某经济技术开发区征用耕地3 000平方米用于建造房屋，该地区适用单位税额为4元/平方米。则该企业应纳耕地占用税额为：

应纳税额＝3 000×4×（1-50%）＝6 000（元）

（二）耕地占用税的会计核算

缴纳耕地占用税的企业，可通过设立的"在建工程""固定资产"等账户进行会计核算。其会计处理规定如下：

（1）企业征用耕地获得批准，按规定需缴清耕地占用税时，借记"在建工程"，贷记"银行存款"科目。

（2）因计算差错等原因，补缴税款的会计处理为：①工程尚未完工的或已完工尚未投入使用的，借记"在建工程"，贷记"银行存款"科目；②工程已完工并投入使用的，在补缴税款会计处理后，借记"固定资产"，贷记"在建工程"科目。

（3）因违反税法规定，被处以加收滞纳金、罚款时的会计处理为：①工程尚未完工的或已完工尚未投入使用的，作为开办费借记"待摊费用"，贷"银行存款"科目；

②工程已完工投入使用的，借记"利润分配——未分配利润（盈余公积）"，贷记"银行存款"科目。

（4）因计算差错等原因，多缴税款在收到退税后的会计处理为：①按上述第（2）种情况补缴税款的会计处理，做"红字"冲减处理；②收到退税款时，借记"银行存款"科目，贷记"在建工程"科目。

【例9-7】以本节【例9-6】的资料为例，其会计处理为：

解：征地被批准缴纳税款后：

借：在建工程   6 000

  贷：银行存款   6 000

假定该企业缴纳税款超过纳税期限28天，每天2‰的滞纳金率而被加收滞纳金336元（6 000×2‰×28），税款和滞纳金一同缴纳时：

借：在建工程   6 000

  待摊费用   336

  贷：银行存款   6 336

习　题

一、单项选择题

1. 下列各项中，应征土地增值税的有（　　）。
  A. 房地产的继承   B. 房地产的代建房行为
  C. 房地产的交换   D. 房地产的出租

2. 下列各项中，应征土地增值税的是（　　）。
  A. 赠与社会公益事业的房地产
  B. 经税务机关核实的个人之间互换自有住房
  C. 抵押期满转让给债权人的房地产
  D. 兼并企业从被兼并企业得到的房地产

3. 某单位转让一幢1980年建造的公寓楼，当时的造价为1 000万元。经房地产评估机构评定，该楼的重置成本价为4 000万元，成新度折扣率为六成。在计算土地增值税时，其评估价格为（　　）万元。
  A. 500   B. 2 400
  C. 2 000   D. 1 500

4. 纳税人如果不能按转让房地产项目计算分摊利息支出，其房地产开发费用按地价款加开发成本之和的（　　）计算扣除。
  A. 5%以内   B. 5%
  C. 10%以内   D. 10%

5. 纳税人建造普通标准住宅出售，增值额超过扣除项目全额20%的，应就其（　　）按规定计算缴纳土地增值税。

　　　A. 超过部分的金额　　　　　　　　B. 全部增值额

　　　C. 扣除项目金额　　　　　　　　　D. 出售金额

　6. 经济特区、经济技术开发区和经济发达、人均占有耕地较少的地区，税额可以适当提高，但是最多不得超过规定税额标准的（　　）%。

　　　A. 20　　　　　　　　　　　　　　B. 30

　　　C. 50　　　　　　　　　　　　　　D. 100

　7. 以下关于耕地占用税的表述不正确的是（　　）。

　　　A. 耕地占用税是以纳税人实际占用耕地面积为计税依据，按照规定税额一次性征收

　　　B. 耕地占用税实行地区差别幅度比例税率

　　　C. 占用果园、桑园、竹园、药材种植园等园地应照章征税

　　　D. 个人占用耕地建房也应缴纳耕地占用税

　8. 获准占用耕地的单位或者个人应当在收到土地管理部门的通知之日起（　　）内缴纳耕地占用税。

　　　A. 7 日　　　　　　　　　　　　　B. 15 日

　　　C. 30 日　　　　　　　　　　　　D. 60 日

　9. 耕地占用税由（　　）负责征收。

　　　A. 国家税务总局　　　　　　　　　B. 省级税务机关

　　　C. 地方税务机关　　　　　　　　　D. 地方人民政府

　10. 获准占用耕地的单位或者个人应当在收到土地管理部门的通知之日起（　　）内缴纳耕地占用税。

　　　A. 20 日　　　　　　　　　　　　B. 30 日

　　　C. 一个月　　　　　　　　　　　　D. 45 日

二、多项选择题

　1. 以下属于土地增值税特点的项目是（　　）

　　　A. 以转让房地产的增值额为计税依据

　　　B. 征税面比较广

　　　C. 实行超率累进税率

　　　D. 实行按次征收

　2. 土地增值税的纳税义务人可以是（　　）。

　　　A. 外商独资企业　　　　　　　　　B. 国家机关

　　　C. 事业单位　　　　　　　　　　　D. 医院

　3. 以下应征土地增值税的项目有（　　）。

　　　A. 取得奥运会占地的拆迁补偿金

　　　B. 将一项房产直接赠与某私立学校以支援教育事业

　　　C. 被兼并企业将房产转让到兼并企业中

　　　D. 房地产开发商销售楼房

4. 以下应缴纳土地增值税的有（　　　）。

    A. 将使用过的旧房卖给某单位做办公室

    B. 将使用过的旧房赠与子女

    C. 将使用过的旧房出租

    D. 将使用过的旧房换取股票

5. 房地产开发成本的项目有（　　　）。

    A. 取得土地使用权支付的金额　　　　B. 土地征用费

    C. 耕地占用税　　　　　　　　　　　D. 周转房摊销

6. 耕地占用税的特点，包括（　　　）。

    A. 兼具资源税与特定行为税的性质

    B. 采用地区差别税率

    C. 在占用耕地环节一次性课征

    D. 税收收入专用于耕地开发与改良

7. 耕地是指种植农作物的土地，包括（　　　）。

    A. 人工开掘的水产养殖水面

    B. 药材种植园

    C. 弃荒的前三年内曾用于种植农作物的土地

    D. 花圃

8. 纳税人占用（　　　）土地建房或从事非农业建设应缴纳耕地占用税。

    A. 人工草场　　　　　　　　　　　　B. 打谷场

    C. 菜地　　　　　　　　　　　　　　D. 茶园

9. 下列项目中，关于耕地占用税的规定正确的是（　　　）。

    A. 耕地占用税实行地区差别幅度定额税率

    B. 人均耕地面积越少，耕地占用税单位税额越高

    C. 耕地占用税由地方税务机关负责征收

    D. 获准占用耕地的单位或者个人应当在收到土地管理部门的通知之日起 10 日
    　　内缴纳耕地占用税

10. 下列项目中，减征耕地占用税的是（　　　）。

    A. 军事设施占用耕地

    B. 学校、幼儿园、养老院、医院占用耕地

    C. 农村居民占用耕地新建住宅

    D. 铁路线路占用耕地

三、计算题

1. 位于市区的某国有工业企业利用厂区空地建造写字楼，2016 年发生的相关业务如下：

    （1）按照国家有关规定补交土地出让金 4 000 万元，缴纳相关税费 160 万元；

    （2）写字楼开发成本 3 000 万元，其中装修费用 500 万元；

（3）写字楼开发费用中的利息支出300万元（不能提供金融机构证明）；

（4）写字楼竣工验收，将总建筑面积的1/2销售，签订销售合同，取得销售收入6 500万元；将另外1/2的建筑面积出租，当年取得租金收入15万元。

（其他相关资料：该企业所在省规定，按《土地增值税暂行条例》规定的高限计算扣除房地产开发费用。）

要求：根据上述资料，按下列序号计算回答问题，并需计算出合计数：

（1）企业计算土地增值税时应扣除的取得土地使用权所支付的金额；

（2）企业计算土地增值税时应扣除的开发成本的金额；

（3）企业计算土地增值税时应扣除的开发费用的金额；

（4）企业计算土地增值税时应扣除的有关税金；

（5）企业应缴纳的土地增值税；

（6）企业应缴纳的营业税、城市维护建设税和教育费附加；

（7）企业应缴纳的房产税。

2. 某市房地产开发公司，2016年发生以下业务：

（1）1月通过竞拍取得市区一处土地的使用权，支付土地出让金5 400万元，缴纳相关税费210万元；

（2）以上述土地开发建设恒富小区项目（含住宅楼、会所和写字楼），住宅、会所和写字楼占地面积各为1/3；

（3）住宅楼开发成本2 500万元，提供金融机构证明，分摊到住宅楼利息支出300万元，包括超过贷款期限的利息50万元；

（4）与住宅楼配套的会所开发成本1 000万元，无法准确分摊利息支出，根据相关规定，会所产权属于住宅楼全体业主所有；

（5）写字楼开发成本4 000万元，无法提供金融机构证明利息支出具体数额；

（6）9月份该建设项目全部竣工验收后，公司将住宅楼出售，取得收入12 000万元；将写字楼的80%出售，取得收入15 000万元，10%无偿交给政府用于派出所、居委会等公共事业。

其他相关资料：该房地产公司所在地规定，按《土地增值税暂行条例》规定的最高限计算扣除房地产开发费用。

要求：根据上述资料，按下列序号回答问题，并需计算出合计数：

（1）计算公司应缴纳的营业税；

（2）计算公司缴纳土地增值税时应扣除的土地使用权的金额；

（3）计算公司缴纳土地增值税时应扣除的开发成本的金额；

（4）计算公司缴纳土地增值税时应扣除的开发费用和其他扣除项目；

（5）计算公司缴纳土地增值税时应扣除的税金；

（6）计算公司应缴纳的土地增值税。

3. 农村某村民新建住宅，经批准占用耕地200平方米。该地区耕地占用税额为7元/平方米，由于农村居民占用耕地新建住宅，按照当地适用税额减半征收耕地占用税，求该村民应纳耕地占用税。

第十章　企业所得税

学习目的：通过本章学习，要求理解企业所得税的概念；掌握企业所得税基本内容；掌握企业所得税的计算与会计处理、征收管理等。

第一节　企业所得税概述

一、企业所得税的概念

企业所得税是指对我国境内的企业和其他取得收入的组织（以下统称企业），就其生产经营所得和其他所得征收的一种税。

我国的企业所得税制度，是随着改革开放和经济体制改革的不断推进而逐步建立、完善的。20 世纪 80 年代，中国对国营企业实施"利改税"改革，将国营企业上缴利润改为上缴所得税，并考虑集体企业的税收负担和私营企业不断发展的情况，按企业所有制性质，分别设置了国营企业所得税、集体企业所得税和私营企业所得税三个税种。改革开放初期，为适应吸引、利用外商投资的需要，分别对外国企业、中外合资经营企业开征了中外合资经营企业所得税和外国企业所得税。1991 年，将中外合资经营企业所得税和外国企业所得税合并，创立了统一的外商投资企业和外国企业所得税。1994 年，为简化税制、公平税负，合并了国营企业所得税、集体企业所得税和私营企业所得税，创立了统一的（内资）企业所得税。2008 年，为平衡内资、外资企业的税收负担，合并了（内资）企业所得税与外商投资企业和外国企业所得税，创立了完全统一的企业所得税。

目前，中国企业所得税的法律依据，主要是 2007 年 3 月 16 日全国人民代表大会通过的《中华人民共和国企业所得税法》（以下简称《企业所得税法》）和同年 11 月 28 日国务院通过的《中华人民共和国企业所得税法实施条例》（以下简称《企业所得税条例》）。

《企业所得税法》结束了内资、外资企业适用不同税法的历史，统一了有关纳税义务人的规定，统一并适当降低了企业所得税税率，统一并规范了税前扣除办法和标准，统一了税收优惠政策。《企业所得税法》适应了社会主义市场经济发展的要求，进一步理顺和规范了国家与企业间的分配关系，促进了内资、外资企业间的公平竞争。

二、企业所得税的作用

企业所得税在组织财政收入、促进社会经济发展、实施宏观调控等方面具有重要的职能作用。企业所得税调节的是国家与企业之间的利润分配关系。这种分配关系是我国经济分配制度中最重要的一个方面，是处理其他分配关系的前提和基础。企业所得税的作用主要体现在以下两个方面：

（一）财政收入作用

企业所得税是我国第二大主体税种，对组织国家税收收入的作用非常重要。随着我国国民经济的快速发展和企业经济效益的不断提高，企业所得税作为税收收入的主体税种之一也取得了较快的增长。

（二）宏观调控作用

企业所得税是国家实施税收优惠政策的最主要的税种，有减免税降低税率、加计扣除、加速折旧、投资抵免、减计收入等众多的税收优惠措施，是贯彻国家产业政策和社会政策，实施宏观调控的主要政策工具。在为国家组织财政收入的同时，企业所得税作为国家宏观调控的一种重要手段，也促进了我国产业结构调整和经济又好又快地发展。

第二节　企业所得税的基本内容

一、企业所得税的纳税人

企业所得税的纳税义务人是指在中华人民共和国境内的企业和其他取得收入的组织。《企业所得税法》第一条规定，除个人独资企业、合伙企业不适用企业所得税法外，在我国境内，企业和其他取得收入的组织为企业所得税的纳税人，依照法律规定缴纳企业所得税。

企业所得税的纳税人分为居民企业和非居民企业。这是根据企业纳税义务范围的宽窄进行的分类方法，不同的企业在向中国政府缴纳所得税时，纳税义务不同。把企业分为居民企业和非居民企业，是为了更好地保障我国税收管辖权的有效行使。税收管辖权是一国政府在征税方面的主权，是国家主权的重要组成部分。根据国际上的通行做法，我国选择了地域管辖权和居民管辖权的双重管辖权标准，最大限度地维护我国的税收利益。

（一）居民企业

居民企业是指依法在中国境内成立，或者依照外国（地区）法律成立但实际管理机构在中国境内的企业。这里的企业包括国有企业、集体企业、私营企业、联营企业、股份制企业、外商投资企业、外国企业以及有生产、经营所得和其他所得的其他组织。其中，有生产、经营所得和其他所得的其他组织，是指经国家有关部门批准，依法注册、登记的事业单位、社会团体等组织。由于我国的一些社会团体组织、事业单位在完成国家事业计划的过程中，开展多种经营和有偿服务活动取得除财政部门各项拨款，财政部和国家物价部门批准的各项规费收入以外的经营收入，具有了经营的特点，应当视同企业纳入征税范围。其中，实际管理机构，是指对企业的生产经营、人员、账务、财产等实施实质性全面管理和控制的机构。

（二）非居民企业

非居民企业是指依照外国（地区）法律成立且实际管理机构不在中国境内，但在中国境内设立机构、场所的或者在中国境内未设立机构、场所但有来源于中国境内所得的企业。上述所称机构、场所，是指在中国境内从事生产经营活动的机构、场所，包括：

（1）管理机构、营业机构、办事机构；
（2）工厂、农场、开采自然资源的场所；
（3）提供劳务的场所；
（4）从事建筑、安装、装配、修理、勘探等工程作业的场所；
（5）其他从事生产经营活动的机构、场所。

非居民企业委托营业代理人在中国境内从事生产经营活动的，包括委托单位或者个人经常代其签订合同，或者储存、交付货物等，该营业代理人视为非居民企业在中国境内设立的机构、场所。

二、企业所得税的征税范围与对象

企业所得税的征税范围包括我国境内的企业和组织取得的生产经营所得和其他所得。生产经营所得是指企业从事物质生产、商品流通、交通运输、劳动服务及其他盈利事业取得的合法经营所得。其他所得是指股息、利息、租金、特许权使用费及营业外收益等所得。另外，企业解散或破产后的清算所得，也属于企业所得税的征税范围。但由于纳税义务人不同，征税范围也存在差异。

（一）居民企业的征税对象

居民企业应就其来源于中国境内、境外的所得缴纳企业所得税。所得包括销售货物所得、提供劳务所得、转让财产所得、股息红利等权益性投资所得，以及利息所得、租金所得、特许权使用费所得、接受捐赠所得和其他所得。

（二）非居民企业的征税对象

非居民企业在中国境内设立机构、场所的，应当就其所设机构、场所取得的来源于中国境内的所得，以及发生在中国境外但与其所设机构、场所有实际联系的所得，缴纳企业所得税；非居民企业在中国境内未设立机构、场所的，或者虽设立机构、场所但取得的所得与其所设机构、场所没有实际联系的，应当就其来源于中国境内的所得缴纳企业所得税。

上述所称实际联系是指非居民企业在中国境内设立的机构、场所拥有的据以取得所得的股权、债权，以及拥有、管理、控制据以取得所得的财产。

（三）所得来源的确定

（1）销售货物所得，按照交易活动发生地确定；

（2）提供劳务所得，按照劳务发生地确定；

（3）转让财产所得：①不动产转让所得按照不动产所在地确定；②动产转让所得按照转让动产的企业或者机构、场所所在地确定；③权益性投资资产转让所得按照被投资企业所在地确定；

（4）股息、红利等权益性投资所得，按照分配所得的企业所在地确定；

（5）利息所得、租金所得、特许权使用费所得，按照负担、支付所得的企业或者机构、场所所在地确定，或者按照负担、支付所得的个人的住所地确定；

（6）其他所得，由国务院财政、税务主管部门确定。

三、企业所得税的税率

企业所得税税率是体现国家与企业分配关系的核心要素。税率设计的原则是兼顾国家、企业、职工个人三者之间的利益，既要保证财政收入的稳定增长，又要使企业在发展生产、经营方面有一定的财力保证；既要考虑到企业的实际情况和负担能力，又要维护税率的统一性。

企业所得税实行比例税率。比例税率简便易行，透明度高，不会因征税而改变企业间收入分配的比例，有利于促进效率的提高。现行规定是：

（1）基本税率为25%。该税率适用于居民企业和在中国境内设有机构、场所且所得与机构、场所有关联的非居民企业。

（2）低税率为20%。该税率适用于在中国境内未设立机构、场所的，或者虽设立机构、场所但取得的所得与其所设机构、场所没有实际联系的非居民企业。

现行企业所得税基本税率设定为25%，从世界各国比较而言还是偏低的。据有关资料介绍，全世界上近160个实行企业所得税的国家（地区）平均税率为28.6%，我国周边18个国家（地区）的平均税率为26.7%。现行税率的确定，既考虑了我国财政承受能力，又考虑了企业负担水平。

第三节　企业所得税的计算与会计处理

一、应纳税所得额的计算

企业计算所得税的依据为应纳税所得额。企业所得税应纳税所得额，是指企业每一纳税年度的收入总额，减除不征税收入、免税收入、各项扣除及允许弥补的以前年度亏损后的余额。应纳税所得额的计算公式为：

应纳税所得额＝收入总额－不征税收入－免税收入－各项扣除－以前年度亏损

应纳税所得额与会计利润是两个不同的概念，两者既有联系又有区别。应纳税所得额是一个税收概念，是根据《企业所得税法》按照一定的标准确定的、纳税人在一定时期内的计税所得，它包括企业来源于中国境内、境外的全部生产经营所得和其他所得。而会计利润则是一个会计核算概念，反映的是企业一定时期内生产经营的财务成果。会计利润是确定应纳税所得额的基础，但是不能等同应纳税所得额。企业按照财务会计制度的规定进行核算所得出的会计利润，根据税法规定做相应的调整后，才能作为企业的应纳税所得额。

（一）收入总额

收入总额是指企业在生产经营活动中以及其他行为取得的各项收入的总和，包括销售货物收入、提供劳务收入、转让财产收入、股息红利等权益性投资收益，以及利息收入、租金收入、特许权使用费收入、接受捐赠收入、其他收入。

（1）销售货物收入。它是指企业销售商品、产品、原材料、包装物、低值易耗品以及其他存货取得的收入。

（2）提供劳务收入。它是指企业从事建筑安装、修理修配、交通运输、仓储租赁、金融保险、邮电通信、咨询经纪、文化体育、科学研究、技术服务、教育培训、餐饮住宿、中介代理、卫生保健、社区服务、旅游、娱乐、加工及以其他劳务服务活动取得的收入。

（3）转让财产收入。它是指企业转让固定资产、生物资产、无形资产、股权、债权等财产取得的收入。

（4）股息、红利等权益性投资收益。它是指企业因权益性投资从被投资方取得的收入。

（5）利息收入。它是指企业将资金提供给他人使用但不构成权益性投资，或者因他人占用本企业资金取得的收入。

（6）租金收入。它是指企业提供固定资产、包装物或者其他有形资产的使用权取得的收入。

（7）特许权使用费收入。它是指企业提供专利权、非专利技术、商标权、著作权，以及其他特许权的使用权取得的收入。

（8）接受捐赠收入。它是指企业接受的来自其他企业、组织或者个人无偿给予的货币性资产、非货币性资产。

（9）其他收入。它是指企业取得的除以上收入外的其他收入，包括企业资产溢余收入、逾期未退还包装物押金收入、确实无法偿付的应付款项、已做坏账损失处理后又收回的应收款项、债务重组收入、补贴收入、违约金收入、汇兑收益等。

企业的收入总额包括以货币形式和非货币形式从各种来源取得的收入。企业取得收入的货币形式，包括现金、存款、应收账款、应收票据、准备持有至到期的债券投资以及债务的豁免等；以非货币形式取得的收入，包括固定资产、生物资产、无形资产、股权投资、存货、不准备持有至到期的债券投资、劳务以及有关权益等。

（二）不征税收入

（1）财政拨款。它是指各级人民政府对纳入预算管理的事业单位、社会团体等组织拨付的财政资金，但国务院和国务院财政、税务主管部门另有规定的除外。

（2）依法收取并纳入财政管理的行政事业性收费、政府性基金。行政事业性收费，是指依照法律法规等有关规定，按照规定程序批准，在实施社会公共管理，以及在向公民、法人或者其他组织提供特定公共服务过程中，向特定对象收取并纳入财政管理的费用；政府性基金，是指企业依照法律、行政法规等有关规定，代政府收取的具有专项用途的财政资金。

（3）国务院规定的其他不征税收入。它是指企业取得的，由国务院财政、税务主管部门规定专项用途并经国务院批准的财政性资金。

（三）免税收入

（1）国债利息收入。为鼓励企业积极购买国债，支援国家建设，税法规定，企业因购买国债所得的利息收入，免征企业所得税。

（2）符合条件的居民企业之间的股息、红利等权益性收益。它是指居民企业直接投资于其他居民企业取得的投资收益。

（3）在中国境内设立机构、场所的非居民企业从居民企业取得与该机构、场所有实际联系的股息、红利等权益性投资收益。该收益都不包括连续持有居民企业公开发行并上市流通的股票不足 12 个月取得的投资收益。

（4）符合条件的非营利组织的收入。符合条件的非营利组织是指：

①依法履行非营利组织登记手续；

②从事公益性或者非营利性活动；

③取得的收入除用于与该组织有关的、合理的支出外，全部用于登记核定或者章程规定的公益性或者非营利性事业；

④财产及其孳生息不用于分配；

⑤按照登记核定或者章程规定，该组织注销后的剩余财产用于公益性或者非营利性目的，或者由登记管理机关转赠与该组织性质、宗旨相同的组织，并向社会公告；

⑥投入人对投入该组织的财产不保留或者享有任何财产权利；

⑦工作人员工资福利开支控制在规定的比例内，不变相分配该组织的财产；

⑧国务院财政、税务主管部门规定的其他条件。

《企业所得税法》第二十六条第四项所称符合条件的非营利组织的收入，不包括非营利组织从事营利性活动取得的收入，但国务院财政、税务主管部门另有规定的除外。

（四）扣除项目及其标准

在计算应纳税所得额时，下列项目可按照实际发生额或规定的标准扣除。

1. 工资、薪金支出

企业发生的合理的工资、薪金支出准予据实扣除。工资、薪金支出是企业每一纳税年度支付给本企业任职或与其有雇佣关系的员工的所有现金或非现金形式的劳动报酬，包括基本工资、奖金、津贴、补贴、年终加薪、加班工资，以及与任职或者是受雇有关的其他支出。

2. 职工福利费、工会经费、职工教育经费

企业发生的职工福利费、工会经费、职工教育经费按标准扣除，未超过标准的按实际数扣除，超过标准的只能按标准扣除。

（1）企业发生的职工福利费支出，不超过工资、薪金总额14%的部分准予扣除。

（2）企业拨缴的工会经费，不超过工资、薪金总额2%的部分准予扣除。

（3）除国务院财政、税务主管部门另有规定外，企业发生的职工教育经费支出，不超过工资、薪金总额2.5%的部分准予扣除，超过部分准予在结转以后纳税年度扣除。

3. 社会保险费

（1）企业依照国务院有关主管部门或者省级人民政府规定的范围和标准为职工缴纳的"五险一金"，即基本养老保险费、基本医疗保险费、失业保险费、工伤保险费、生育保险费等基本社会保险费和住房公积金，准予扣除。

（2）企业为投资者或者职工支付的补充养老保险费、补充医疗保险费，在国务院财政、税务主管部门规定的范围和标准内，准予扣除。企业依照国家有关规定为特殊工种职工支付的人身安全保险费和符合国务院财政、税务主管部门规定可以扣除的商业保险费准予扣除。

（3）企业参加财产保险，按照规定缴纳的保险费，准予扣除。企业为投资者或者职工支付的商业保险费，不得扣除。

4. 利息费用

企业在生产、经营活动中发生的利息费用，按下列规定扣除：

（1）非金融企业向金融企业借款的利息支出、金融企业的各项存款利息支出和同业拆借利息支出、企业经批准发行债券的利息支出可据实扣除。

（2）非金融企业向非金融企业借款的利息支出，不超过按照金融企业同期同类贷款利率计算的数额的部分可据实扣除，超过部分不许扣除。

其中，所谓金融机构，是指各类银行、保险公司及经中国人民银行批准从事金融业务的非银行金融机构。它包括：国家专业银行、区域性银行、股份制银行、外资银行、中外合资银行以及其他综合性银行；全国性保险企业、区域性保险企业、股份制保险企业、中外合资保险企业以及其他专业性保险企业；城市、农村信用社、各类财务公司以及其他从事信托投资、租赁等业务的专业和综合性非银行金融机构。非金融机构，是指除上述金融机构以外的所有企业、事业单位以及社会团体等企业或组织。

5. 借款费用

（1）企业在生产经营活动中发生的合理的不需要资本化的借款费用，准予扣除。

（2）企业为购置、建造固定资产、无形资产和经过12个月以上的建造才能达到预定可销售状态的存货发生借款的，在有关资产购置、建造期间发生的合理的借款费用，应予以资本化，作为资本性支出计入有关资产的成本；有关资产交付使用后发生的借款利息，可在发生当期扣除。

6. 汇兑损失

企业在货币交易中，以及纳税年度终了时将人民币以外的货币性资产、负债按照

期末即期人民币汇率中间价折算为人民币时产生的汇兑损失，除已经计入有关资产成本以及与向所有者进行利润分配相关的部分外，准予扣除。

7. 业务招待费

企业发生的与生产经营活动有关的业务招待费支出，按照发生额的60%扣除，但最高不得超过当年销售（营业）收入的5‰。

8. 广告费和业务宣传费

企业发生的符合条件的广告费和业务宣传费支出除国务院财政、税务主管部门另有规定外，不超过当年销售（营业）收入15%的部分，准予扣除；超过部分，准予结转以后纳税年度扣除。

企业申报扣除的广告费支出应与赞助支出严格区分。企业申报扣除的广告费支出，必须符合下列条件：广告是通过工商部门批准的专门机构制作的；已实际支付费用，并已取得相应发票；通过一定的媒体传播。

9. 环境保护专项资金

企业依照法律、行政法规有关规定提取的用于环境保护、生态恢复等方面的专项资金，准予扣除。上述专项资金提取后改变用途的，不得扣除。

10. 保险费

企业参加财产保险，按照规定缴纳的保险费，准予扣除。

11. 租赁费

企业根据生产经营活动的需要租入固定资产支付的租赁费，按照以下方法扣除：

（1）以经营租赁方式租入固定资产发生的租赁费支出，按照租赁期限均匀扣除。经营性租赁是指所有权不转移的租赁。

（2）以融资租赁方式租入固定资产发生的租赁费支出，按照规定构成融资租入固定资产价值的部分应当提取折旧费用分期扣除。融资租赁是指在实质上转移与一项资产所有权有关的全部风险和报酬的一种租赁。

12. 劳动保护费

企业发生的合理的劳动保护支出，准予扣除。

13. 公益性捐赠支出

公益性捐赠，是指企业通过公益性社会团体或者县级以上人民政府及其部门，用于《中华人民共和国公益事业捐赠法》规定的公益事业的捐赠。

企业发生的公益性捐赠支出，不超过年度利润总额12%的部分，准予扣除。年度利润总额，是指企业依照国家统一会计制度的规定计算的年度会计利润。

企事业单位、社会团体以及其他组织捐赠住房作为廉租住房的，视同公益性捐赠，按上述规定执行。

公益性社会团体，是指同时符合下列条件的基金会、慈善组织等社会团体：

（1）依法登记，具有法人资格；

（2）以发展公益事业为宗旨，且不以营利为目的；

（3）全部资产及其增值为该法人所有；

（4）收益和营运结余主要用于符合该法人设立目的的事业；

（5）终止后的剩余财产不归属任何个人或者营利组织；

（6）不经营与其设立目的无关的业务；

（7）有健全的财务会计制度；

（8）捐赠者不以任何形式参与社会团体财产的分配；

（9）国务院财政、税务主管部门会同国务院民政部门等登记管理部门规定的其他条件。

14. 有关资产的费用

企业转让各类固定资产发生的费用，允许扣除。企业按规定计算的固定资产折旧费、无形资产和递延资产的摊销费，准予扣除。

15. 总机构分摊的费用

非居民企业在中国境内设立的机构、场所，就其中国境外总机构发生的与该机构、场所生产经营有关的费用，能够提供总机构出具的费用汇集范围、定额、分配依据和方法等证明文件，并合理分摊的，准予扣除。

16. 资产损失

企业当期发生的固定资产和流动资产盘亏、毁损净损失，由其提供清查盘存资料经主管税务机关审核后，准予扣除；企业因存货盘亏、毁损、报废等原因不得从销项税金中抵扣的进项税金，应视同企业财产损失，准予与存货损失一起在所得税前按规定扣除。

17. 依照有关法律、行政法规和国家有关税法规定准予扣除的其他项目。如会员费、合理的会议费、差旅费、违约金、诉讼费用等。

（五）不得扣除的项目

在计算应纳税所得额时，下列支出不得扣除：

（1）向投资者支付的股息、红利等权益性投资收益款项；

（2）企业所得税税款；

（3）税收滞纳金，是指纳税人违反税收法规，被税务机关处以的滞纳金；

（4）罚金、罚款和被没收财物的损失，是指纳税人违反国家有关法律法规规定，被有关部门处以的罚款，以及被司法机关处以的罚金和被没收财物；

（5）超过规定标准的捐赠支出；

（6）赞助支出，是指企业发生的与生产经营活动无关的各种非广告性质支出；

（7）未经核定的准备金支出，是指不符合国务院财政、税务主管部门规定的各项资产减值准备、风险准备等准备金支出；

（8）企业之间支付的管理费、企业内营业机构之间支付的租金和特许权使用费，以及非银行企业内营业机构之间支付的利息，不得扣除；

（9）与取得收入无关的其他支出。

（六）亏损弥补

亏损是指企业依照《企业所得税法》及其实施条例的规定，将每一纳税年度的收入总额减除不征税收入、免税收入和各项扣除后小于零的数额。税法规定，企业某一纳税年度发生的亏损可以用下一年度的所得弥补，下一年度的所得不足以弥补的，可以逐年延续弥补，但最长不得超过5年。而且，企业在汇总计算缴纳企业所得税时，其境外营业机构的亏损不得抵减境内营业机构的盈利。

亏损弥补的含义有两个：一是自亏损年度的下一个年度起连续5年不间断地计算；二是连续发生年度亏损，也必须从第一个亏损年度算起，先亏先补，按顺序连续计算亏损弥补期，不得将每个亏损年度的连续弥补期相加，更不得断开计算。

企业在汇总计算缴纳企业所得税时，其境外营业机构的亏损不得抵减境内营业机构的盈利。

特别提醒：税法中的亏损称为应税亏损，不是企业财务会计报告中的亏损，而是企业财务报表中的亏损额经过主管税务机关按税法规定核实调整后的金额，两者数额是不相等的。

【例10-1】四川鲲鹏有限公司2016年实现利润总额为800万元。经税务机关检查发现，该企业当年有以下几项支出均已列支：①公益性捐赠支出100万元；②税收的罚款支出8万元；③国库券利息收入10万元。要求：计算该公司当年应纳税所得额。

解：

①公益性捐赠支出100万元，按规定允许扣除96万元（800×12%），实际列支100万元，应调增4万元。

②税收的罚款支出8万元，不允许在税前扣除，应调增8万元。

③国债利息收入10万元免税，应调减10万元。

应纳税所得额=800+4+8-10=802（万元）

二、所得税应纳税额的计算

（一）居民企业应纳税额的计算

居民企业应缴纳所得税额等于应纳税所得额乘以适用税率。其基本计算公式为：

应纳税额=应纳税所得额×适用税率-减免税额-抵免税额

从这个计算公式可以看出，应纳税额的多少，取决于应纳税所得额和适用税率两个因素。在实际过程中，应纳税所得额的计算一般有以下两种方法：

1. 直接计算法

在直接计算法下，企业每一纳税年度的收入总额减除不征税收入、免税收入、各项扣除以及允许弥补的以前年度亏损后的余额为应纳税所得额。其计算公式为：

应纳税所得额=收入总额-不征税收入-免税收入-各项扣除金额-弥补亏损

2. 间接计算法

在间接计算法下，在会计利润总额的基础上加或减按照税法规定调整的项目金额后，即为应纳税所得额。其计算公式为：

应纳税所得额=会计利润总额±纳税调整项目金额

纳税调整项目金额包括两方面的内容：一是企业的财务会计处理和税收规定不一致应予以调整的金额；二是企业按税法规定准予扣除的税收金额。

【例 10 - 2】四川鲲鹏有限公司为居民企业，2016 年发生经营业务如下：

（1）取得产品销售收入 4 000 万元；

（2）发生产品销售成本 2 600 万元；

（3）发生销售费用 770 万元（其中广告费 650 万元），管理费用 480 万元（其中业务招待费 25 万元），财务费用 60 万元；

（4）销售税金 160 万元（含增值税 120 万元）；

（5）营业外收入 80 万元，营业外支出 50 万元（含通过公益性社会团体向贫困山区捐款 30 万元，支付税收滞纳金 6 万元）；

（6）计入成本、费用中的实发工资总额 200 万元、拨缴职工工会经费 5 万元、发生职工福利费 31 万元、发生职工教育经费 7 万元。

要求：计算该企业 2016 年度实际应缴纳的企业所得税。

解：

（1）会计利润总额 = 4 000 + 80 - 2 600 - 770 - 480 - 60 - 40 - 50 = 80（万元）

（2）广告费和业务宣传费调增所得额 = 650 - 4 000 × 15% = 650 - 600 = 50（万元）

（3）业务招待费调增所得额 = 25 - 25 × 60% = 25 - 15 = 10（万元）

  4 000 × 5% = 20（万元）> 25 × 60% = 15（万元）

（4）捐赠支出应调增所得额 = 30 - 80 × 12% = 20.4（万元）

（5）工会经费应调增所得额 = 5 - 200 × 2% = 1（万元）

（6）职工福利费应调增所得额 = 31 - 200 × 14% = 3（万元）

（7）职工教育经费应调增所得额 = 7 - 200 × 2.5% = 2（万元）

（8）应纳税所得额 = 80 + 50 + 10 + 20.4 + 6 + 1 + 3 + 2 = 172.4（万元）

（9）2008 年应缴企业所得税 = 172.4 × 25% = 43.1（万元）

【例 10 - 3】四川鲲鹏有限公司为居民企业，2005 年发生经营业务如下：

（1）取得产品销售收入 4 000 万元；

（2）发生产品销售成本 2 600 万元；

（3）发生销售费用 770 万元（其中广告费 650 万元），管理费用 480 万元（其中业务招待费 25 万元），财务费用 60 万元；

（4）销售税金 160 万元（含增值税 120 万元）；

（5）营业外收入 80 万元，营业外支出 50 万元（含通过公益性社会团体向贫困山区捐款 30 万元、支付税收滞纳金 6 万元）；

（6）计入成本、费用中的实发工资总额 200 万元、拨缴职工工会经费 5 万元、发生职工福利费 31 万元、发生职工教育经费 7 万元。

要求：计算四川鲲鹏有限公司 2008 年度实际应缴纳的企业所得税。

（1）会计利润总额 = 4 000 + 80 - 2 600 - 770 - 480 - 60 - 40 - 50 = 80（万元）

（2）广告费和业务宣传费调增所得额 = 650 - 4 000 × 15% = 650 - 600 = 50（万元）

（3）业务招待费调增所得额 = 25 - 25 × 60% = 25 - 15 = 10（万元）

  4 000 × 5% = 20（万元）> 25 × 60% = 15（万元）

（4）捐赠支出应调增所得额 $= 30 - 80 \times 12\% = 20.4$（万元）

（5）工会经费应调增所得额 $= 5 - 200 \times 2\% = 1$（万元）

（6）职工福利费应调增所得额 $= 31 - 200 \times 14\% = 3$（万元）

（7）职工教育经费应调增所得额 $= 7 - 200 \times 2.5\% = 2$（万元）

（8）应纳税所得额 $- 80 + 50 + 10 + 20.4 + 6 + 1 + 3 + 2 = 172.4$（万元）

（9）2008 年应缴纳企业所得税 $= 172.4 \times 25\% = 43.1$（万元）

【例 10-4】四川鲲鹏有限公司为居民企业，2016 年发生经营业务如下：全年取得产品销售收入 5 600 万元，发生产品销售成本 4 000 万元；其他业务收入 800 万元，其他业务成本 660 万元；取得购买国债的利息收入 40 万元；缴纳非增值税销售税金及附加 300 万元；发生管理费用 760 万元，其中新技术的研究开发费用为 60 万元、业务招待费用为 70 万元；发生财务费用 200 万元；取得直接投资其他居民企业的权益性收益 34 万元（已在投资方所在地按 15% 的税率缴纳了所得税），取得营业外收入 100 万元，发生营业外支出 250 万元（其中含公益捐赠 38 万元）。要求：计算四川鲲鹏有限公司 2016 年应缴纳的企业所得税。

解：

（1）利润总额 $= 5\ 600 + 800 + 40 + 34 + 100 - 4\ 000 - 660 - 300 - 760 - 200 - 250$
$= 370$（万元）

（2）国债利息收入免征企业所得税，应调减所得额 40 万元。

（3）技术开发费调减所得额 $= 60 \times 50\% = 30$（万元）

（4）2008 年应缴纳企业所得税 $= (40 + 30) \times 60\% = 42$（万元）

（二）非居民企业应纳税额的计算

非居民企业取得的应税所得，按照下列方法计算其应纳税所得额：

（1）股息、红利等权益性投资收益和利息、租金、特许权使用费所得，以收入全额为应纳税所得额；

（2）转让财产所得，以收入全额减除财产净值后的余额为应纳税所得额；

（3）其他所得，参照前两项规定的方法计算应纳税所得额。

收入全额是指企业向支付人收取的全部价款和价外费用。提供专利权、专有技术所收取的特许权使用费，包括特许权使用费收入，以及与其相关的图纸资料费、技术服务费和人员培训费等费用。

非居民企业应纳税额的计算公式如下：

应纳税额 = 应纳税所得额 × 适用税率 - 抵免税额

【例 10-5】某外国公司在中国境内设立一个分公司，该分公司可在中国境内独立开展经营活动，某年该分公司在中国境内取得营业收入 100 万元，发生成本费用 70 万元（其中有 20 万元不得税前扣除），假设该分公司不享受税收优惠。要求：计算该分公司该年度在中国应缴纳的企业所得税。

解：非居民企业在中国境内设立机构、场所的，应当就其所设机构、场所取得的来源于中国境内的所得，以及发生在中国境外且与其所设机构、场所有实际联系的所得，按 25% 的税率计算缴纳企业所得税。

解：

该分公司应纳税所得额为：100 － （70 － 20）＝ 50 （万元）

由于该分公司不享受税收优惠，当年该分公司应在中国缴纳的所得税为：

50 × 25% ＝ 12.5 （万元）

三、企业所得税的会计处理

（一）永久性差异和时间性差异

企业按照会计规定计算的所得税前会计利润（以下简称"税前会计利润"）与按税法规定计算的应纳税所得额（以下简称"纳税所得"）之间，往往存在着一定的差异。这种差异就其原因和性质不同可以分为两种，即永久性差异和时间性差异。

所谓永久性差异是指由于企业一定时期的税前会计利润与纳税所得之间计算的口径不同所产生的差异。企业按会计原则计算的税前会计利润与按税法规定计算的纳税所得，其确认收支的口径往往是不同的。如税法规定：企业违法经营的罚款和被没收财物的损失等在计算应纳税所得额时不得扣除；但从会计核算的角度看，这些支出均属企业发生的费用支出，应当体现在其经营损益中，应在计算税前利润时予以扣除，在这种情况下两者之间就产生了差异。再如，企业购买国库券取得的利息收入，从会计核算上讲，属于企业的一种收益，构成税前会计利润的组成内容；而税法则规定企业购买国库券取得的利息收入可以从应纳税所得额中扣除，这样会计上计算的税前会计利润与税收上计算的纳税所得之间也会产生差异。这种差异在各会计期间都有可能产生，它在本期发生以后，不能够在以后期间转回。

所谓时间性差异是指企业一定时期的税前会计利润与纳税所得之间由于有些收入和支出项目计入纳税所得的时间与计入税前会计利润的时间不一致所产生的差异。如企业的某项固定资产，税法规定其使用年限为 10 年，按直线法计提折旧，每年提取 10% 的折旧。企业对该项固定资产采用加速折旧的方法规定其折旧年限为 5 年，按直线折旧法计算每年应提取 20% 的折旧。这样，从一个会计年度看，由于会计核算和税收计算所采用的固定资产折旧年限和年折旧率不同，从而使得按会计原则计算的税前会计利润和按税法规定计算的纳税所得产生差异，并由此导致从当期损益中扣除的所得税和当期应交所得税计算的差异。这种差异在某一时期产生以后，可以在以后一期或若干期内转回。

（二）科目设置

1. "所得税费用"科目

企业应在损益类科目中设置"所得税费用"科目，用来核算企业按规定从当期损益中扣除的所得税。该科目的借方反映从当期损益中扣除的所得税，贷方反映期末转入"本年利润"科目的所得税额。

2. "递延税款"科目

企业应在负债类科目中增设"递延税款"科目，用来核算企业由于时间性差异造成的税前会计利润与纳税所得之间的差异所产生的影响纳税的金额以及以后各期转销的数额。"递延税款"科目的贷方发生额，反映企业本期税前会计利润大于纳税所得产生的时间性差异影响纳税的金额，以及本期转销已确认的时间性差异对纳税影响的借方数额；其借方发生额，反映企业本期税前会计利润小于纳税所得产生的时间性差异影响纳税的金额，以及本期转销已确认的时间性差异对纳税影响的贷方数额；期末贷方（或借方）余额，反映尚未转销的时间性差异影响纳税的金额。采用负债法时，"递延税款"科目的借方或贷方发生额，还反映税率变动或开征新税调整的递延税款数额。

3. "应交税费——应交所得税"科目

企业应设置"应交税费——应交所得税"科目，用来专门核算企业缴纳的企业所得税。

"应交税费——应交所得税"科目的贷方发生额表示企业应纳税所得额按规定税率计算出的应当缴纳的企业所得税税额，借方发生额表示企业实际缴纳的企业所得税税额。该科目的贷方余额表示企业应交而未交的企业所得税税额，借方余额表示企业多缴应退还的企业所得税税额。

（三）会计处理方法

按照税法规定，企业所得税应按年计算，分月或分季预缴。

每月终了，企业应将成本费用和税金类科目的月末余额转入"本年利润"科目的借方，将收入类科目的余额转入"本年利润"科目的贷方。然后再计算"本年利润"科目的本期借贷方发生额之差。该科目的贷方余额表示企业本月实现的利润总额即税前会计利润，借方余额表示企业本月发生的亏损总额。

由于税前会计利润与纳税所得之间存在的永久性差异和时间性差异，会计核算上可以采用应付税款法或纳税影响会计法。

1. 应付税款法

应付税款法是将本期税前会计利润与纳税所得之间的差异造成的影响纳税的金额直接计入当期损益，而不递延到以后各期。在应付税款法下，当期计入损益的所得税费用等于当期应缴的所得税。

在应付税款法下，企业应按照税法规定对税前会计利润进行调整，得出应纳税所得额即纳税所得，再按税法规定的税率计算出当期应缴纳的所得税，作为费用直接计入当期损益。企业按照税法规定计算应缴的所得税，记：

借：所得税费用

　　贷：应交税费——应交所得税

月末或季末企业按规定预缴本月（或本季）应纳所得税税额时，作如下会计分录：

借：应交税费——应交所得税

　　贷：银行存款

月末，企业应将"所得税费用"科目的借方余额作为费用转入"本年利润"科目，作如下会计分录：

借：本年利润

　　贷：所得税费用

2. 纳税影响会计法

纳税影响会计法是将本期税前会计利润与纳税所得之间的时间性差异造成的影响纳税的金额递延和分配到以后各期。

纳税影响会计法又可以具体分为递延法和债务法两种。

（1）递延法。递延法是把本期由于时间性差异而产生的影响纳税的金额，保留到这一差异发生相反变化的以后期间予以转销。当税率变更或开征新税，不需要调整由于税率的变更或新税的征收对"递延税款"余额的影响。发生在本期的时间性差异影响纳税的金额，用现行税率计算，以前各期发生的而在本期转销的各项时间性差异影响纳税的金额，按照原发生时的税率计算转销。

企业采用递延法时，应按税前会计利润（或税前会计利润加减发生的永久性差异后的金额）计算的所得税费用，借记"所得税"科目，按照纳税所得计算的应缴所得税，贷记"应交税费——应交所得税"科目，按照税前会计利润（或税前会计利润加减发生的永久性差异后的金额）计算的所得税费用与按照纳税所得计算的应缴所得税之间的差额，作为递延税款，借记或贷记"递延税款"科目。本期发生的递延税款待以后各期转销时，如为借方余额应借记"所得税费用"科目，贷记"递延税款"科目；如为贷方余额应借记"递延税款"科目，贷记"所得税费用"科目。实际上缴所得税时，借记"应交税费——应交所得税"科目，贷记"银行存款"科目。

【例10-6】四川鲲鹏有限公司某项设备按照税法的规定使用年限为10年，公司经批准采用加速折旧法，选定折旧年限为5年，即从第六年起，该项固定资产不再提取折旧，该项固定资产的原价为200万元（不考虑净残值的因素）。假设该公司前5年每年实现利润2 000万元，后5年每年实现利润1 800万元。1~4年公司所得税税率为33%，从第五年起，所得税税率改为28%。

根据上述资料，公司应作以下会计处理：

第一年：按税法规定的折旧年限（10年）计算每年应提折旧额

$$=200 \div 10 = 20（万元）$$

按公司选定的折旧年限（5年）计算每年应提折旧额 $=200 \div 5 = 40$（万元）

时间性差异 $= 40 - 20 = 20$（万元）

按照税前会计利润计算的应交所得税 $= 2\ 000 \times 33\% = 660$（万元）

按照纳税所得计算的应交所得税 $=（2\ 000 + 20）\times 33\% = 666.6$（万元）

时间性差异影响纳税的金额 $= 666.6 - 660 = 6.6$（万元）

会计分录为：

借：所得税费用 　　　　　　　　　　　　　　　　　　　6 600 000

　　递延税款 　　　　　　　　　　　　　　　　　　　　　　66 000

　　贷：应交税费——应交所得税 　　　　　　　　　　　　　　　6 666 000

第二、三、四年的有关会计处理同上。

第五年：按照税前会计利润计算的应交所得税 = 2 000 × 28% = 560（万元）

按照纳税所得计算的应交所得税 = （2 000 + 20）× 28% = 565.6（万元）

时间性差异影响纳税的金额 = 565.6 - 560 = 5.6（万元）

会计分录为：

借：所得税费用　　　　　　　　　　　　　　　　　　　　5 600 000

　　递延税款　　　　　　　　　　　　　　　　　　　　　　56 000

　　贷：应交税费——应交所得税　　　　　　　　　　　　　　　5 656 000

第六年：按照纳税所得计算的应缴所得税 = （1 800 - 20）× 28% = 498.4（万元）

在转销时间性差异时，仍然按33%的税率计算，即应转销的时间性差异为：

20 × 33% = 6.6（万元）

会计分录为：

借：所得税费用　　　　　　　　　　　　　　　　　　　　5 050 000

　　贷：递延税款　　　　　　　　　　　　　　　　　　　　　66 000

　　　　应交税费——应交所得税　　　　　　　　　　　　　　4 984 000

第七、八、九年的会计处理同上。

第十年：按照纳税所得计算的应交所得税仍为498.4万元。

但转销的时间性差异，要按原发生时的28%（第五年税率）的所得税率计算，即应转销的时间性差异为5.6万元（20 × 28%）。

会计分录为：

借：所得税费用　　　　　　　　　　　　　　　　　　　　5 040 000

　　贷：递延税款　　　　　　　　　　　　　　　　　　　　　56 000

　　　　应交税费——应交所得税　　　　　　　　　　　　　　4 984 000

（2）债务法。债务法是把本期由于时间性差异而产生的影响纳税的金额，保留到这一差额发生相反变化时转销。在税率变更或开征新税，递延税款的余额要按照税率的变动或新征税款进行调整。仍以上例加以说明。

第一、二、三、四年的会计处理不变。

第五年的有关会计处理如下：

按照税前会计利润计算的应交所得税 = 2 000 × 28% = 560（万元）

按照纳税所得计算的应交所得税 = （2 000 + 20）× 28% = 565.6（万元）

时间性差异影响纳税的金额 = 565.6 - 560 = 5.6（万元）

调整前四年按33%的所得税率计算对纳税的影响：

20 × 4 × 33% - 20 × 4 × 28 = 4（万元）

会计分录为：

借：所得税费用　　　　　　　　　　　　　　　　　　　　5 600 000

　　递延税款　　　　　　　　　　　　　　　　　　　　　　6 000

　　贷：应交税费——应交所得税　　　　　　　　　　　　　　5 656 000

借：所得税费用　　　　　　　　　　　　　　　　　　　　　　　40 000
　　贷：递延税款　　　　　　　　　　　　　　　　　　　　　　　　40 000

第六年：按税前会计利润计算的应交所得税＝1 800×28%＝504（万元）

按纳税所得计算的应交所得税＝（1 800－20）×28%＝498.4（万元）

时间性差异影响纳税的金额＝504－498.4＝5.6（万元）

会计分录为：

借：所得税　　　　　　　　　　　　　　　　　　　　　　　　5 040 000
　　贷：递延税款　　　　　　　　　　　　　　　　　　　　　　　56 000
　　　　应交税费——应交所得税　　　　　　　　　　　　　　　4 984 000

第七、八、九、十年的会计处理同上。

第四节　企业所得税的征收管理

一、企业所得税的纳税办法

（一）居民企业的纳税办法

居民企业的企业所得税实行按年计算、分月或者分季预缴、年终汇算清缴的纳税办法。

（1）据实计算预缴。据实计算预缴是根据企业当期实现的利润总额计算出应纳税额，并据此缴税。

（2）按上年实际数计算预缴。按上年实际数计算预缴是按照上年实际缴纳的企业所得税额的1/12或1/4进行预缴。

（3）居民企业在报送企业所得税纳税申报表时，应当按照主管税务机关的要求附送财务会计报告和其他有关资料。

（4）居民企业在中国境内设立不具有法人资格的营业机构的，应当汇总计算并缴纳企业所得税。

（二）非居民企业的纳税办法

非居民企业在中国境内未设立机构、场所的，或者虽设立机构、场所但取得的所得与其所设机构、场所没有实际联系的，就其来源于中国境内的所得缴纳企业所得税时，实行源泉扣缴，以支付人为扣缴义务人。税款由扣缴义务人在每次支付或者到期应支付时，从支付或者到期应支付的款项中扣缴。

对非居民企业在中国境内取得工程作业和劳务所得应缴纳的所得税，税务机关可以指定工程价款或者劳务费的支付人为扣缴义务人。

对非居民企业应当扣缴的所得税，扣缴义务人未依法扣缴或者无法履行扣缴义务的，由纳税人在所得发生地缴纳。纳税人未依法缴纳的，税务机关可以从该纳税人在中国境内其他收入项目的支付人应付的款项中追缴该纳税人的应纳税款。

扣缴义务人每次代扣的税款，应当自代扣之日起 7 日内缴入国库，并向所在地的税务机关报送扣缴企业所得税报告表。

二、企业所得税的纳税期限

企业所得税按年计征，分月或者分季预缴，年终汇算清缴，多退少补。

按月或按季预缴的，应当自月份或者季度终了之日起 15 日内，向税务机关报送预缴企业所得税纳税申报表，预缴税款。

企业所得税的纳税年度，自公历 1 月 1 日起至 12 月 31 日止。企业在一个纳税年度的中间开业，或者由于合并、关闭等原因终止经营活动，使该纳税年度的实际经营期不足 12 个月的，应当以其实际经营期为一个纳税年度。企业清算时，应当以清算期间作为一个纳税年度。

自年度终了之日起 5 个月内，向税务机关报送年度企业所得税纳税申报，并汇算清缴，结清应缴应退税款。

企业在年度中间终止经营活动的，应当自实际经营终止之日起 60 日内，向税务机关办理当期企业所得税汇算清缴。

三、企业所得税的纳税地点

除税收法律、行政法规另有规定外，居民企业以企业登记注册地为纳税地点；但登记注册地在境外的，以实际管理机构所在地为纳税地点。企业注册登记地，是指企业依照国家有关规定登记注册的住所地。

居民企业在中国境内设立不具有法人资格的营业机构的，应当汇总计算并缴纳企业所得税。企业汇总计算并缴纳企业所得税时，实行"统一计算、分级管理、就地预缴、汇总清算、财政调库"的企业所得税征收管理办法。总机构和具有主体生产经营职能的二级分支机构，就地分期预缴企业所得税。

非居民企业在中国境内设立机构、场所的，应当就其所设机构、场所取得的来源于中国境内的所得，以及发生在中国境外但与其所设机构、场所有实际联系的所得，以机构、场所所在地为纳税地点。非居民企业在中国境内未设立机构场所的，或者虽设立机构、场所，但取得的所得与其所设机构、场所没有实际联系的所得，以扣缴义务人所在地为纳税地点。

四、企业所得税的纳税申报

企业在纳税年度内无论盈利或者亏损，都应当依照《企业所得税法》规定的期限，向税务机关报送预缴企业所得税纳税申报表、年度企业所得税纳税申报表、财务会计报告和税务机关规定应当报送的其他资料。

习 题

一、单项选择题

1. 企业每一纳税年度的收入总额，减除（　　）后的余额，为应纳税所得额。

　　A. 不征税收入、各项扣除、免税收入以及允许弥补的以前年度亏损

　　B. 不征税收入、免税收入、各项扣除以及允许弥补的以前年度亏损

　　C. 免税收入、不征税收入、各项扣除以及允许弥补的以前年度亏损

　　D. 不征税收入、各项扣除、允许弥补的以前年度亏损以及免税收入

2. 以分期收款方式销售货物的，按照（　　）日期确认收入的实现。

　　A. 合同约定收款　　　　　　　　　　B. 发出商品

　　C. 实际收到货款　　　　　　　　　　D. 预收货款

3. 按照规定摊销的固定资产大修理支出，是指同时符合下列条件的支出：①修理支出达到取得固定资产时的（　　）以上；②修理后固定资产的使用年限延长（　　）年以上。

　　A. 计税基础50%、使用年限延长1年　　B. 计税基础20%、使用年限延长2年

　　C. 计税基础50%、使用年限延长2年　　D. 计税基础20%、使用年限延长1年

4. 符合条件的技术转让所得免征、减征企业所得税，是指一个纳税年度内，居民企业技术转让所得不超过（　　）万元的部分，免征企业所得税；超过的部分，减半征收企业所得税。

　　A. 30　　　　　　　　　　　　　　　B. 100

　　C. 300　　　　　　　　　　　　　　 D. 500

5. 抵扣应纳税所得额，是指创业投资企业采取股权投资方式投资于未上市的中小高新技术企业（　　）以上的，可以按照其投资额的（　　）在股权持有满（　　）的当年抵扣该创业投资企业的应纳税所得额；当年不足抵扣的，可以在以后纳税年度结转抵扣。

　　A. 1年　50%　1年　　　　　　　　　B. 1年　70%　1年

　　C. 2年　70%　2年　　　　　　　　　D. 2年　50%　2年

6. 企业从事规定的国家重点扶持的公共基础设施项目的投资经营的所得，自项目取得第一笔生产经营收入所属纳税年度起，（　　）征收企业所得税。

　　A. "三免、二减半"　　　　　　　　　B. "二免、三减半"

　　C. "三免、三减半"

7. 减计收入，是指企业以《资源综合利用企业所得税优惠目录》规定的资源作为主要原材料，生产国家非限制和禁止并符合国家和行业相关标准的产品取得的收入，减按（　　）计入收入总额。

　　A. 60%　　　　　　　　　　　　　　B. 70%

　　C. 80%　　　　　　　　　　　　　　D. 90%

8. 企业与其关联方之间的业务往来，不符合独立交易原则，或者企业实施其他不具有合理商业目的安排的，税务机关有权在该业务发生的纳税年度起（　　）年内，进行纳税调整。

A. 2
B. 3

C. 5
D. 10

9. 股息、红利等权益性投资收益，除国务院财政、税务主管部门另有规定外，按照（　　）确认收入的实现。

A. 投资方实际收到投资收益的日期

B. 被投资方做出利润分配决定的日期

10. 企业对外投资期间，投资资产的成本在计算应纳税所得额时（　　）扣除。

A. 不得
B. 可以

11. 企业发生的公益性捐赠支出，在（　　）以内的部分，准予在计算应纳税所得额时扣除。

A. 年度应纳税所得额3%
B. 年度利润总额3%

C. 年度利润总额12%
D. 年度应纳税所得额12%

二、多项选择题

1. 《企业所得税法》第二条所称依法在中国境内成立的企业，包括依照中国法律、行政法规在中国境内成立的（　　）以及其他取得收入的组织。

A. 企业
B. 事业单位

C. 社会团体
D. 国家机关

2. 《企业所得税法》第二条所称实际管理机构，是指对企业的（　　）等实施实质性全面管理和控制的机构。

A. 生产经营
B. 人员

C. 账务
D. 财产

3. 《企业所得税法》第六条所称企业取得收入的货币形式，包括（　　）等。

A. 现金
B. 存款

C. 应收账款
D. 应收票据

E. 不准备持有至到期的债券投资
F. 债务的豁免

4. 企业发生非货币性资产交换，以及将货物、财产、劳务用于（　　）等用途的，应当视同销售货物、转让财产或者提供劳务，但国务院财政、税务主管部门另有规定的除外。

A. 捐赠
B. 偿债

C. 赞助
D. 集资

E. 广告
F. 样品

G. 工程
H. 职工福利或者利润分配

5. 收入总额中的（　　）收入为不征税收入。

A. 财政拨款

B. 依法收取并纳入财政管理的行政事业性收费、政府性基金；

C. 国家税务总局规定的其他不征税收入

6. 在计算应纳税所得额时（　　）不得扣除。

A. 向投资者支付的股息、红利等权益性投资收益款项

B. 企业所得税税款

C. 税收滞纳金

D. 经核定的准备金支出

7. （　　）固定资产不得计算折旧扣除。

A. 未投入使用的固定资产

B. 以经营租赁方式租入的固定资产

C. 以融资租赁方式租出的固定资产

D. 已足额提取折旧仍继续使用的固定资产

8. 企业使用或者销售的存货的成本计算方法，可以在（　　）中选用一种。计价方法一经选用，不得随意变更。

A. 先进先出法　　　　　　　　　　　B. 后进先出法

C. 加权平均法　　　　　　　　　　　D. 个别计价法

9. 企业的（　　）为免税收入。

A. 国债利息收入

B. 居民企业之间的股息、红利等权益性投资收益

C. 在中国境内设立机构、场所的非居民企业从居民企业取得与该机构、场所有实际联系的股息、红利等权益性投资收益

D. 非营利组织的收入。

10. 企业从事（　　）项目的所得，免征企业所得税

A. 蔬菜、谷物、薯类、油料、豆类的种植

B. 花卉、茶的种植

C. 林木的培育和种植

D. 农产品初加工

11. 某企业 2008 年应缴企业所得税的税率有可能是（　　）

A. 25%　　　　　　　　　　　　　　B. 20%

C. 15%　　　　　　　　　　　　　　D. 10%

三、判断改错题

1. 符合条件的小型微利企业，是指符合下列条件的企业：①工业企业，年度应纳税所得额不超过 20 万元，从业人数不超过 200 人，资产总额不超过 2 000 万元；②其他企业，年度应纳税所得额不超过 10 万元，从业人数不超过 100 人，资产总额不超过 1 000 万元。　　　　　　　　　　　　　　　　　　　　　　　　　　　（　　）

2. 企业依照国务院有关主管部门或者省级人民政府规定的范围和标准为职工缴纳的基本养老保险费、基本医疗保险费、失业保险费、工伤保险费、生育保险费等基本

社会保险费和住房公积金，准予扣除。企业为投资者或者职工支付的补充养老保险费、补充医疗保险费，在国务院财政、税务主管部门规定的范围和标准内，准予扣除。

（　　）

3.《企业所得税法》第三十四条所称税额抵免，是指企业购置并实际使用《环境保护专用设备企业所得税优惠目录》《节能节水专用设备企业所得税优惠目录》和《安全生产专用设备企业所得税优惠目录》规定的环境保护、节能节水、安全生产等专用设备的，该专用设备的投资额的40%可以从企业当年的应纳税额中抵免；当年不足抵免的，可以在以后纳税年度结转抵免。（　　）

4. 企业所得税分月或者分季预缴，由纳税人自行选择确定。纳税人预缴企业所得税时，按照月度或者季度的实际利润额预缴或者按照上一纳税年度应纳税所得额的月度或者季度平均额预缴，或者按照其他方法预缴，都可由纳税人确定。但预缴方法一经确定，该纳税年度内不得随意变更。（　　）

四、计算题

1. 某企业2011年12月1日购入一固定资产并投入使用，购买价款200万元，支付相关税费20万元，该固定资产使用年限5年（与税法规定一致），预计残值为10万元。由于技术进步等原因，该企业决定采用加速折旧方法提取固定资产折旧。请在两种加速折旧方法中任选一种计算该固定资产2012—2016年每年可提取的折旧额。

2. 我县一家机械制造企业，2008年实现税前收入总额2 000万元（其中包括产品销售收入1 800万元、购买国库券利息收入100万元），发生各项成本费用共计1 000万元，其中包括：合理的工资薪金总额200万元，业务招待费100万元，职工福利费50万元，职工教育经费2万元，工会经费10万元，税收滞纳金10万元，提取的各项准备金支出100万元。另外，企业当年购置环境保护专用设备500万元，购置完毕即投入使用。问：这家企业当年应缴纳的企业所得税额是多少（假定企业以前年度无未弥补亏损）？

第十一章　个人所得税

学习目的：通过本章学习，要求理解个人所得税的概念，了解开征个人所得税的必要性及作用或意义；掌握个人所得税的基本内容，掌握个人所得税的计算及其会计核算。

第一节　个人所得税概述

一、个人所得税的概念

个人所得税是调整征税机关与自然人（居民、非居民人）之间在个人所得税的征纳与管理过程中所发生的社会关系的法律规范的总称，是国家对本国公民、居住在本国境内的个人的所得和境外个人来源于本国的所得征收的一种所得税。我国个人所得税是对中国境内有住所或者无住所而在境内居住满一年的个人在中国境内、境外取得的所得，和在中国境内无住所又不居住或者无住所而在境内居住不满一年的个人在中国境内取得的所得征收的一种收益税。

二、个人所得税的特点

我国的个人所得税，是根据中国国情，借鉴国际税收惯例制定的。我国个人所得税主要有以下几个特点：

（一）分类征收

个人所得税主要有分类征收、综合征收和分类综合征收三种形式。我国采用分类征收制，即对工资薪金等所得，采取分类累进税率计征，按月征收；对稿酬所得等所得，采取分类比例税率计征，按次征收。

（二）税率较低

我国《税法》规定，个人所得税对工资薪金所得实行5%～45%的7级超额累进税率，而美国则为14%～50%，日本为10%～70%；我国对劳务报酬等其他所得实行20%的比例税率，而其他一些国家一般为20%～30%。相比之下，我国所规定的个人所得税税率，与国外相比是较低的。

（三）扣除额宽

世界各国都有扣除法定标准的本人及赠养家属的生活费和为取得所得而支付费用

后的余额计税的规定，参照国际惯例，我国对基本生活费实行税收优惠。由于采取了定额与定率扣除两种形式，扣除额更为宽泛。此外，我国采取分类征收，对个人多项收入所得还可享受分项扣除的优惠。

（四）计征简便

世界各国的个人所得税税率级数层次较多，扣除项目杂乱，方法繁琐。我国的个人所得税税率级次较少，如工资薪金所得税税率为7级，且采取分项征收，由支付单位扣缴，征收计算简便，方便纳税人缴税。

三、个人所得税的发展历程

我国在"中华民国"时期，曾开征薪给报酬所得税、证券存款利息所得税。中华人民共和国成立后，1950年7月公布的《税政实施要则》中，就曾列举有对个人所得课税的税种，当时定名为"薪给报酬所得税"，但由于我国人均收入水平低，实行低工资制，虽然设立了税种，却一直没有开征。1980年9月10日第五届全国人民代表大会第三次会议通过了《中华人民共和国个人所得税法》《中华人民共和国城乡个体工商业户所得税暂行条例》以及《中华人民共和国个人收入调节税暂行条例》。这三个税收法规的发布实施对于调节个人收入水平、增加国家财政收入、促进对外经济技术合作与交流起到了积极作用，但也暴露出一些问题，主要是按内外个人分设两套税制、税政不统一、税负不够合理等。为了统一税政、公平税负、规范税制，1993年10月31日，第八届全国人民代表大会常务委员会第四次会议通过了《全国人大常委会关于修改〈中华人民共和国个人所得税法〉的决定》，同日发布了新修改的《中华人民共和国个人所得税法》，1994年1月28日国务院发布了《中华人民共和国个人所得税法实施条例》。1999年8月30日第九届全国人民代表大会常务委员会第十一次会议决定第二次修正，并于当日公布生效。第九届全国人民代表大会常务委员会第十八次会议于2005年10月27日通过《全国人民代表大会常务委员会关于修改〈中华人民共和国个人所得税法〉的决定》，自2006年1月1日起施行。中华人民共和国第十一届全国人民代表大会常务委员会第二十一次会议2011年6月30日表决通过了全国人民代表大会常务委员会关于修改个人所得税法的决定。根据决定，个税起征点从2 000元提高到3 500元，自2011年9月1日起施行。

第二节 个人所得税的基本内容

一、个人所得税的纳税义务人

我国个人所得税的纳税义务人是在中国境内居住有所得的人，以及不在中国境内居住而从中国境内取得所得的个人，包括中国国内公民，在华取得所得的外籍人员和港澳台同胞。

按税法规定，在中国境内有住所或无住所但在境内居住满一年而从中国境内和境外取得所得的个人，以及在中国境内无住所又不居住或无住所只在境内居住不满一年而从中国境内取得所得的个人，为个人所得税的纳税人。

二、个人所得税的征税范围

（一）居民和非居民的概念

按照国际惯例，个人所得税法引入了居民和非居民的概念，分为居民纳税义务人与非居民纳税义务人。

1. 居民纳税义务人

在中国境内有住所，或者无住所而在境内居住满一年的个人，是居民纳税义务人，应当承担无限纳税义务，即就其在中国境内和境外取得的所得，依法缴纳个人所得税。

2. 非居民纳税义务人

在中国境内无住所又不居住或者无住所而在境内居住不满一年的个人，是非居民纳税义务人，承担有限纳税义务，仅就其从中国境内取得的所得，依法缴纳个人所得税。

判定"非中国居民"的关键是"住所"和"居住时间"。具体规定为：

（1）在中国境内有住所的个人是指因户籍、家庭、经济利益关系而在中国境内习惯性居住的个人。

（2）在境内居住满一年是指在一个纳税年度（即公历每年1月1日起至12月31日止）中在中国境内居住365天日，临时离境的，不扣减日数。临时离境是指在一个纳税年度中一次离境不超过30日或者多次累计离境不超过90日。

（3）在中国境内无住所，但是居住一年以上五年以下的个人，其来源于中国境外的所得，经主管税务机关批准，可以只就由中国境内公司、企业以及其他经济组织或者个人支付并负担的部分所得缴纳个人所得税；居住超过五年的个人，从第六年起，不论其所得由谁支付、由谁负担都应当就其来源于中国境外的全部所得缴纳个人所得税。

（二）中国境内取得的所得的概念

中国境内取得的所得，是指来源于中国境内的所得而不管支付地点是在中国境内还是在中国境外。但下列所得，不论支付地点是否在中国境内，均为来源于中国境内的所得。

（1）因任职、受雇、履约等而在中国境内提供劳务取得的所得；

（2）将财产出租给承租人在中国境内使用而取得的所得；

（3）转让中国境内的房屋、建筑物、土地使用权等财产或者在中国境内转让其他财产取得的所得；

（4）许可各种特许权在中国境内使用而取得的所得；

（5）从中国境内的公司、企业以及其他经济组织或者个人取得的利息、股息、红利所得。

三、个人所得税的征税对象

个人所得税以个人取得的各项应税所得为征税对象。我国采取列举所得项目征税的办法确定征税对象，税法列举的征税项目共有 11 项。

（一）工资、薪金所得

工资、薪金所得是指个人因任职或受雇而取得的工资、薪金、奖金、年终加薪、劳动分红、津贴、补贴以及与任职、受雇有关的其他所得。但不包括独生子女补贴，执行公务员工资制未纳入基本工资总额的补贴、津贴差额和家属成员的副食品补贴，托儿补助费，以及差旅费津贴和误餐补贴。工资和薪金都是劳动报酬的名称，但国外一般将工人的劳动报酬称工资，职员的劳动报酬称薪金。而在我国工作的外籍人员中包括工人和职员，因此把两者并列起来，统一作为一个征税对象。

（二）个体工商户的生产、经营所得

个体工商户的生产、经营所得包括：

（1）个体工商户从事工业、手工业、建筑业、交通运输业、商业、饮食业、服务业、修理业及其他行业生产、经营取得的所得；

（2）个人经政府有关部门批准，取得执照，从事的办学、医疗、咨询以及其他有偿服务活动取得的所得；

（3）其他个人从事个体职业生产经营取得的所得；

（4）上述个人取得与生产经营有关的各项应纳税所得。

（三）企事业单位的承包经营、承租经营所得

企事业单位的承包经营、承租经营所得是指个人承包经营或承租经营以及转包、转租取得的所得。该项所得也包括个人按月或按次领取的工资薪金性质的所得。

（四）劳务报酬所得

劳务报酬所得是指个人从事设计、装潢、安装、制图、化验、测试、医疗、法律、会计、咨询、讲学、新闻、广播、翻译、审稿、书画、雕刻、影视、录音、录像、各种演出与表演、广告、展览、技术服务、经纪服务、代办服务以及其他劳务取得的所得。

（五）稿酬所得

稿酬所得是指个人因其作品被以图书、报刊方式出版、发表取得的所得。

（六）特许权使用费所得

特许权使用费所得是指个人提供专利权、著作权、商标权、非专利技术以及其他特权的使用权取得的所得。提供著作权的使用权取得的所得，不包括稿酬所得。

（七）利息、股息红利所得

利息、股息红利所得是指个人拥有债权、股权而取得的利息、股息红利所得。

（八）财产租赁所得

财产租赁所得是指个人出租建筑物、土地使用权、机器设备、车船以及其他财产取得的所得。

（九）财产转让所得

财产转让所得是指个人转让有价证券、股权、建筑物、土地使用权、机器设备、车船以及其他财产取得的所得。

（十）偶然所得

偶然所得是指个人得奖、中奖、中彩以及其他偶然性质的所得。

（十一）经国务院财政部门确定征税的其他所得

经国务院财政部门确定征税的其他所得是除上述 10 项所得以外，经财政部确定征税的所得。

纳税人取得的所得，难以界定应纳税所得项目的，由主管税务机关确定。各项所得，包括现金、实物和有价证券。实物应按取得时的凭证价格计算，无凭证的实物或凭证上注明的价格明显偏低的，由税务机关参照当地的市场价格折算；有价证券按票面价格和市场价格核定。

四、个人所得税的减免税规定

（一）免税规定

1. 国家支持和鼓励发展社会事业支援国家经济建设的

省级人民政府、国务院部委和中国人民解放军军以上单位，以及外国组织、国际组织颁发的科学、教育、技术、文化、卫生、体育、环境保护等方面的奖金；国家教委颁发的曾宪梓教育基金会优秀教师奖励奖的奖金，可视同国务院部委颁发的教育方面的奖金。对此部分奖金予以免税。

2. 对纳税人的生产需要给予照顾的

（1）按照国家统一规定发给的补贴、津贴；

（2）福利费、抚恤费、救济金；

（3）保险赔款；

（4）军人的转业费、复员费；

（5）按照国家统一规定发给干部、职工的安家费、退职费、退休工资、离休工资、离休生活补助费。

3. 特定所得

（1）个人举报、协查各种违法、犯罪行为而获得的奖金。

（2）个人办理代扣代缴税款手续/按规定取得的代扣手续。

（3）符合下列条件之一的外国专家取得的工资、薪金所得：①根据世界银行专项贷款协议由世界银行直接派往我国工作的外国专家；②联合国组织直接派往我国工作的专家；③为联合国援助项目来我国工作的专家；④援助国派往我国为该国无偿援助项目工作的专家；⑤根据政府签订文化交流项目来华工作两年以内的文教专家，其工资、薪金所得由该国负担；⑥根据我国大专院校国外交流项目来华工作两年以内的文教专家，其工资、薪金由该国负担的；⑦通过民间科研协定来华工作的专家，其工资、薪金所得由该国政府机构负担的。

（4）外籍人员从外商投资企业取得的股息、红利所得。

4. 依照我国有关法律法规和我国政府参加或签订有关协议中规定免税的

（1）依照我国有关法律规定应予免税的各国驻华使馆、领事馆的外交代表、领事官员和其他人员的所得；

（2）中国政府参加的国际公约签订的协议中规定免税的所得。

（二）减税规定

（1）残疾、孤老人员和烈属的所得；

（2）对因严重自然灾害造成重大损失的；

（3）稿酬所得，按20%的税率计算应纳税额，减征30%。

五、个人所得税的征收管理

（一）征收管理方式

按税法和税收征管法的规定，个人所得税的征收管理方式采取扣缴义务人代扣代缴和纳税人自行申报纳税相结合的方式，以及委托代征和核定征收方式。

1. 代扣代缴税款

个人所得税以支付个人应税所得的单位和个人为代扣代缴义务人，扣缴义务人在向个人支付应税款项时，应当依照税法规定代扣税款，按时缴库，并专项记载备查。所谓支付包括现金支付，汇拨支付，转账支付和以有价证券、实物以及其他形式的支付。

2. 纳税人自行申报纳税

个人所得税法规定，个人从两处或两处以上取得工资、薪金所得和没有扣缴义务人的，纳税人应当自行申报纳税。

（1）两处以上（含两处）工资、薪金所得，必须实行单位扣缴与个人申报相结合的办法。

（2）个体工商户的生产、经营所得和承包经营、承租经营所得，同一项应税所得应当合并申报，合并计算纳税。

（3）中国公民从境外取得的个人应税所得，应分别不同国家或地区和不同应税项目，按税法规定的减除费用标准，分别计算纳税。对于纳税人能够提供在境内、境外同时任职或受雇及其工资、薪金标准的有效证明文件，可视其所得为来源于境内和境外的不同应税所得，按税法规定分别减除费用并计算纳税。如果不能提供上述证明文件的，如果其任职和受雇单位在中国境内，应当视为来源于中国境内的应税所得，如果其任职或受雇单位在中国境外，应当视为来源于中国境外的应税所得。

（4）两个或两个以上的个人共同取得同一目的应税所得，应当对每个人分得的收入，分别按照税法规定减除费用标准后计算纳税。

（5）凡没有扣缴义务人的，个人取得的税法列举的应税所得，均应向取得的来源地的当地税务机关申报纳税。

3. 委托代征

对能掌握或控管纳税人应税所得的单位和个人，根据税收征管法实施细则的规定，税务机关可委托其代征个人所得税。

4. 核定征收方式

根据《中华人民共和国税收征收管理法》及其实施细则的规定，对不设置账簿或账证不齐全或逾期不申报纳税的，税务机关有权实行核定征收方式征收税款。

（二）纳税期限

1. 代扣代缴和委托代征

代扣代缴义务人和委托代征单位，均应将每月扣（征）的税款，在次月 7 日内向税务机关报送有关纳税报表并将税款缴入国库。

2. 纳税人自行申报

对取得两处以上（含两处）工资、薪金所得或没有扣缴义务人的纳税人，应将每月应纳的税款，在次月 7 日内向税务机关报送纳税申报表，并将税款缴入国库。

3. 特殊规定

（1）工资、薪金所得的应纳税款。对采掘业、远洋运输业、远洋捕捞业等特种行业以及国务院财政部门今后确定的其他特种行业，纳税人的工资、薪金所得的应纳税款，可实行按年计算、分月预缴的计征办法。即：扣缴义务人按月预扣税款，并于次月 7 日内申报缴税，年度终了 30 日内，向税务机关办理年终税款结算，多退少补。

在外商投资企业、外国企业和驻华机构工作的中方人员分别在雇佣单位和派遣单位取得工资、薪金的，为取得应税所得的第 2 个月 7 日内合并申报清缴税款，并提供雇佣单位和派遣单位的原始工资、薪金单和完税凭证。

（2）个体工商户生产、经营所得的应纳税款。采取按年计算、分月预缴的办法，由纳税人按月预缴税款，在次月 7 日内向税务机关报送纳税申报表，并将税款预缴入库，年度终了后三个月内向税务机关申报办理汇算清缴，多退少补。

（3）对企事业单位的承包经营、承租经营所得的应纳税款。在年终一次性取得的承包经营、承租经营所得，采取按年计算的办法，由纳税人或扣缴义务人在年度终了后 30 日内向税务机关报送有关报表，并将税款缴入国库。在一个纳税年度内分次取得承包经营、承租经营所得的，应当在取得每次所得后 7 日内预缴，年度终了后三个月内汇算清缴，多退少补。

（4）纳税人从中国境外取得应税所得的应纳税款。在境外以纳税年度计算缴纳个人所得税的，应在所得来源国的纳税年度终了、结清税款的 30 日内，向中国税务机关申报缴纳个人所得税，在取得境外所得时结算税款的，或者在境外按来源国税法规定免于缴纳个人所得税的，应在次年 1 月 1 日起 30 日内向中国税务机关申报缴纳个人所得税。纳税人兼有来源于中国境内、境外所得的，应分别申报计算纳税。

（5）对部分行业和个人试行个人所得税"双向申报"。在电力、邮政电信、烟草、金融、证券等行业所属企业、单位，以及在该企业、单位任职受雇的中上层管理人员和中高级专业技术人员，凡个人取得的工资薪金收入、劳务报酬收入的，应向税务机关申报取得的收入情况，支付单位应向税务机关申报支付个人收入和代扣代缴税款情况。

（6）扣缴义务人和自行申报纳税人，按税法规定期限不能按期将税款缴入国库和报送有关纳税报表时，应当在税法规定的纳税期限内提出书面申请，经主管税务机关批准后，方可适当延期。在申报期限内不能到主管税务机关申报纳税的，应委托他人申报纳税或邮寄申报纳税。邮寄申报纳税的，以寄出地的邮戳日期为实际申报日期。

缴纳税款和报送有关报表期限的最后一日，如遇公休假日可以顺延。

（7）纳税人需要出境的，应于离境前向当地税务机关缴清税款或者提供担保，方可办理出境手续。

（三）纳税地点

自行申报的纳税义务人，应当向取得所得的当地主管税务机关申报纳税；代扣代缴义务人和委托代征单位应向所在地税务机关缴纳所扣（征）的税款。从中国境外取得的所得，以及在中国境内两处或者两处以上取得的所得，可以由纳税义务人选择一地申报纳税，纳税义务人变更申报纳税地点的，应当经原主管税务机关批准。

第三节　个人所得税的计算

一、工资、薪金所得

（一）工资、薪金所得应纳税所得额

个人月工资、薪金收入减除费用标准后的余额为工资、薪金所得应纳税所得额。

减除费用标准为在中国境内任职、受雇的中国公民，在扣除不属于工薪性质的津贴、补贴差额后，每月每人减除费用 3 500 元。按照国务院规定发给的政府特殊津贴和国务院规定免纳个人所得税的补贴、津贴，免予征收个人所得税。其他各种补贴、津贴均应计入工资、薪金所得项目征税。不属于工资、薪金性质的补贴、津贴或者不属于纳税人本人工资、薪金所得项目的收入，不征税。具体规定有：

（1）独生子女补贴；

（2）执行公务员工资制度未纳入基本工资总额的补贴、津贴差额和家属成员的副食品补贴；

（3）托儿补助费；

（4）差旅费、误餐补助。

在中国境内有住所而在中国境外任职或者受雇取得工资、薪金所得的中国公民和在中国境内的外商投资企业、外国企业中工作的外籍人员，应聘在中国境内的企业、事业单位、机关、团体中工作的外籍专家以及华侨、港、澳、台同胞，其减除费用标准为在减除费用 3 500 元的基础上再附加减除费用 1 300 元，即每人每月共计可减除费用 4 800 人。

（二）工资、薪金所得应纳税额的计算

（1）应纳税额的计算公式

全月应纳税额 =（全月工资、薪金收入额 - 费用扣除标准）× 适用税率 - 速算扣除数

（2）应纳税额适用税率与速算扣除数

应纳税额适用税率与速算扣除数计算采用 7 级标准，见表 11 - 1。

表 11 - 1

全月应纳税所得额	税率（%）	速算扣除数（元）
全月应纳税额不超过 1 500 元	3	0
全月应纳税额超过 1 500 元至 4 500 元	10	105
全月应纳税额超过 4 500 元至 9 000 元	20	555
全月应纳税额超过 9 000 元至 35 000 元	25	1 005
全月应纳税额超过 35 000 元至 55 000 元	30	2 755
全月应纳税额超过 55 000 元至 80 000 元	35	5 505
全月应纳税额超过 80 000 元	45	13 505

【例 11 - 1】中国公民王先生任职于境内某公司，2016 年 11 月取得工资收入 9 000 元，奖金 1 500 元。要求：计算王先生当月应缴纳的个人所税额。

解：王先生是内籍人员，不适用附加减除费用规定，月扣除费用标准为 3 500 元。

应纳税所得额 =（9 000 + 1 500）- 3 500 = 7 000（元）

应纳税额 = 7 000 × 20% - 555 = 845（元）

二、个体工商户生产、经营所得

（一）个体工商户生产、经营所得应纳税所得额

以个体工商户每一纳税年度收入总额减除成本、费用以及损失后的余额为个体工商户生产、经营应纳税所得额。

（1）个体工商户在生产、经营过程中的"成本、费用"，是指其从事生产、经营所发生的各项直接支出和分配计入成本的间接费用以及销售费用、管理费用和财务费用；"损失"是指在生产、经营过程中所发生的各项营业外支出。

（2）个体工商户成本、费用列支标准均参照同行业企业财务标准执行。个体户在生产、经营期间借款的利息支出，凡有合法证明的，不高于按金融机构同类、同期贷款利率计算的数额的部分，准予扣除。

（二）应纳税额计算

1. 按账计算纳税

对账证健全的个体户，实行按账计算纳税。其计算公式为：

全年应纳税额＝（全年收入总额－损失）×适用税率－速算扣除数

2. 按月核定纳税

对不建账或账证不健全的纳税人，无法准确提供其生产、经营过程中的成本、费用和损失的，主管税务机关可采取核定其附征率或月营业额、月应纳税额的"双定"办法计征应纳税额，也可采取核定纯益率的办法计征应纳税额，对车辆可按吨位、座位定税，还可采取按发票加定额征税等。

3. 应纳税额适用税率与速算扣除数

应纳税额适用税率与速算扣除数计算采用5级标准，见表11－2。

表11－2

级数	含税级距	不含税级距	税率（％）	速算扣除数（元）
1	不超过 15 000 元的部分	不超过 14 250 元的	5	0
2	超过 15 000 元到 30 000 元的部分	超过 14 250 元至 27 750 元的部分	10	750
3	超过 30 000 元至 60 000 元的部分	超过 27 750 元至 51 750 元的部分	20	3 750
4	超过 60 000 元至 100 000 元的部分	超过 51 750 元至 79 750 元的部分	30	9 750
5	超过 100 000 元的部分	超过 79 750 元的部分	35	14 750

【例11－2】某个体运输户2016年10月累计经营收入10万元。经审定累计的运输费用5万元，工资支出1万元，净损失2 000元，允许在税前列支的税金5 600元。该个体户2016年1～9月已纳所得税3 208.20元。则该个体户当月应预缴所得税额为：

（1）当月累计应纳税所得额＝100 000－（50 000＋10 000＋2 000＋5 600）

＝32 400（元）

（2）全年应纳税所得额＝32 400÷10×12＝38 880（元）

（3）全年应纳税额＝38 880×20%－3 750＝4 010（元）

（4）当月累计应纳所得税额＝4 010÷12×10＝3 341.67（元）

（5）10月份应预缴所得税额＝3 341.67－3 208.20＝133.67（元）

【例11－3】某个体工商户从事饮食业，2016年销售收入150 000元，购进粮食类、肉、菜类等原材料费为75 000元，缴纳水电费、房租、煤气费等21 000元，缴纳其他税费12 000元，原材料损失4 000元。要求：计算该个体户2016年应缴纳的个人所得税税额。

解：个体工商户生产经营所得按年纳税，扣除的是全年的成本、费用、损失。

应纳税所得额 = 150 000 - 75 000 - 21 000 - 12 000 - 4 000 = 38 000（元）

应纳税额 = 38 000 × 20% - 3 750 = 3 850（元）

三、企事业单位承包经营承租经营所得

（一）企事业单位承包经营承租经营所得应纳税所得额

以每一纳税年度的收入总额，减除费用标准后的余额为企事业单位承包经营承租经营全年应纳税所得额。这里所说的"收入总额"，是指纳税人按照承包经营、承租经营合同规定分得的经营利润的工资、薪金性质的所得，减除费用标准为每月 3 500 元。

（二）企事业单位承包经营承租经营所得应纳税额的计算

（1）按年取得承包承租经营所得的计算

其计算公式为：

全年应纳税所得额 = 全年收入总额 - 费用扣除标准 × 12

全年应纳税额 = 全年应纳税所得总额 ÷ 12 × 适用税率 - 速算扣除数

（2）一年内分次取得承包承租经营所得的计算

一年内分次取得承包承租经营所得的应当在每次取得所得时计算预缴个人所得税，计算方法是将每次所得换算成每月所得后，计算每次应纳所得税额，年终再进行汇算清缴，多退少补。其计算公式为：

每次应纳所得税额 = [（每次取得所得 ÷ 所属月份数 - 费用扣除标准）× 适用税率 - 速算扣除数] × 所属月份数

全年应纳税额 = [（全年收入 ÷ 12 - 费用扣除标准）× 适用税率 - 速算扣除数] × 12 - 已缴纳的所得税税额

（3）应纳税额适用税率与速算扣除数

应纳税额适用税率与速算扣除数计算采用 5 级标准，见表 11 - 2。

3. 承包承租经营在一个纳税年度内不足 12 个月的计算

在一个纳税年度内，承包经营承租经营期不足 12 个月，以其实际承包经承租经营的月份为一个纳税年度计算纳税。其计算公式为：

应纳税所得额 = 纳税年度承包承租经营所得额 - 费用扣除标准 × 纳税年度实际承包承租经营的月份数

应纳税额 = （应纳税所得额 ÷ 所属月份数 × 适用税率 - 速算扣除数）× 所属月份数

【例 11 - 4】杨某 2016 年承包一家五金商场，承包期一年，按合同规定分得承包经营收入 120 000 元，此外杨某从商场领取工资 1 000 元。要求：计算杨某 2016 年应纳的个人所得税。

解：每月领取的工资要计入年收入总额，扣除的必要费用为 42 000 元（12 × 3 500）。

应纳税所得额 = （120 000 + 12 × 1 000）- 42 000 = 90 000（元）

应纳税额 = 90 000 × 30% - 9 750 = 17 250（元）

四、劳务报酬所得

（一）劳务报酬所得应纳税所得额

以每次取得的劳务报酬收入，扣除费用标准后的余额为劳务报酬应纳税所得额。减除费用标准为每次收入额不超过 4 000 元的，减除费用 800 元；每次收入额超过 4 000 元以上的，减除费用 20%。

（二）劳务报酬所得应纳税额计算

劳务报酬所得按分项按次计算纳税。"次"是指属于一次性收入的，以取得该项收入为一次；属于同一项目连续性收入的，以一个月内取得的收入为一次，"同一项目"是指劳务报酬所得列举项目中的某一单项。其计算公式为：

应纳税额 = 应纳税所得额 × 适用税率 − 速算扣除数

（三）应纳税额适用税率与速算扣除数

应纳税额适用税率与速算扣除数计算采用 3 级标准，见表 11 − 3。

表 11 − 3

级数	每次应纳税所得额（含税级距）	不含税级距	税率（%）	速算扣除数（元）
1	不超过 20 000 元的部分	不超过 16 000 元的部分	20	0
2	超过 20 000 元至 50 000 元的部分	超过 16 000 元至 37 000 元的部分	30	2 000
3	超过 50 000 元部分	超过 37 000 元的部分	40	7 000

【例 11 − 5】某演员到一个城市演出，一次取得收入 120 000 元。要求：计算该演员应缴纳的个人所得税。

解：本次收入在 4 000 元以上，扣除的费用为收入的 20%。

应纳税所得额 = 120 000 × (1 − 20%) = 96 000（元）

应纳税额 = 96 000 × 40% − 7 000 = 31 400（元）

五、稿酬所得

（一）稿酬所得应纳税所得额

每次取得稿酬收入扣除费用标准后的余额为稿酬应纳税所得额。减除费用标准为每次收入额不超过 4 000 元的，减除费用 800 元；每次收入额超过 4 000 元以上的，减除费用 20%。

其计算公式为：

应纳税所得额 = 每次收入额 − 800

或 应纳税所得额 = 每次收入额 × (1 − 20%)

（二）稿酬所得应纳税额计算

稿酬所得按次计算纳税，即以每次出版、发表作品取得的所得为一次。个人每次以图书、报刊方式出版、发表同一作品（文学作品书画作品、摄影作品以及其他作品），不论出版单位是预付还是分笔支付稿酬，或者加印该作品再付稿酬，均应合并全部稿酬所得按一次计算纳税。在两处或两处以上出版、发表或再版同一作品而取得的稿酬所得，则可分别各处取得的所得或再版所得按分次所得计算纳税。个人的同一作品在报刊上连载，应合并其因连载而取得的所有稿酬所得为一次，按税法规定计算纳税；在其连载之后又出书取得的稿酬所得，或先出书后连载取得的稿酬所得，应视同再版稿酬分次计算纳税。其计算公式为：

$$应纳税额 = 应纳税所得额 \times 20\% \times （1-30\%）$$
$$= 应纳税所得额 \times 14\%$$

【例 11-6】某作家本月出版一部小说，获得稿酬收入 15 000 元。要求：计算其应缴纳的个人所得税税额。

解：收入在 4 000 元以上，扣除的费用为收入的 20%。

$$应纳税所得额 = 15 000 \times （1-20\%） = 12 000 （元）$$
$$应纳税额 = 12 000 \times 20\% \times （1-30\%） = 1 680 （元）$$

六、特许权使用费所得

（一）特许权使用费所得应纳税所得额

每次取得的特许权使用费收入扣除费用标准后的余额为特许权使用费应纳税所得额。减除费用标准为每次收入额不超过 4 000 元的，减除费用 800 元；每次收入额超过 4 000 元的，减除费用 20%。其计算公式为：

$$应纳税所得额 = 每次收入额 - 800$$

或 $$应纳税所得额 = 每次收入额 \times （1-20\%）$$

（二）特许权使用费所得应纳税额计算

特许权使用费所得按次计算纳税，"次"是指一项特许权的一次许可使用所取得的收入为一次。其计算公式为：

$$应纳税额 = 应纳税所得额 \times 20\%$$

七、利息股息红利所得

（一）利息股息红利所得应纳税所得额

以每次取得的利息股息红利收入额为应纳税所得额，不扣除费用。股份制企业分配的股息、红利并以股票形式向股东个人支付的股息、红利即派发红股的，应按利息、股息、红利所得项目计算纳税，并以派发红股的股票票面金额为收入额。

（二）利息股息红利所得应纳税额计算

利息股息红利所得按次计算纳税，"次"是以向个人支付利息股息红利时取得的收入为一次。其计算公式为：

应纳税所得额＝每次收入额×20%

八、财产租赁所得

（一）财产租赁所得应纳税所得额

以每次取得的财产租赁收入扣除费用标准后的余额为财产租赁应纳税所得额。减除费用标准为每次收入额不超过 4 000 元的，减除费用 800 元；每次收入额超过 4 000 元以上的，减除费用20% 。出租房屋财产的财产租赁所得，还准予减除持有完税凭证的纳税人在出租房屋财产过程中缴纳的税金、国家能源交通重点建设基金、国家预算调节基金、教育费附加，以及能够提供合法凭证证明由纳税人负担的该出租房屋财产实际开支的修缮费用。"修缮费用"以每次允许减除 800 元为限，一次减除不完的，准予在下一次继续减除，直至减除完为止。其计算公式为：

应纳税所得额＝每次收入额－800－出租房屋财产过程中缴纳的税、费－出租房屋
财产实际开支的修缮费用（限 800 元）

或 应纳税所得额＝每次收入额×（1－20%）－出租房屋财产过程中缴纳的税、
费－出租房屋实际开支的修缮费用（限 800 元）

（二）财产租赁所得应纳税额计算

财产租赁所得按次计算纳税，"次"是指一个月内所取得的收入为一次，对一个月取得数月、年的租金收入，亦可根据合同和实际所得所属月份分别计算。财产租赁所得适用20%的比例税率。对个人按市场价格出租的居民住房取得的所得，自 2001 年 1 月 1 日起暂减按 10% 的税率征收个人所得税。其计算公式为：

应纳税额＝应纳税所得额×20%（或 10%）

【例 11－7】李某于 2016 年 1 月将其自有的四间面积为 50 平方米的房屋出租给张某作为商店使用，租期 1 年。李某每月取得租金收入 2 000 元，在出租的第 12 个月发生修缮费用 700 元（有维修部门正式收据）。要求：计算李某全年租金收入应缴纳的个人所得税税额。

解：一年当中第 12 个月发生修缮费 700 元，可以扣除，适用税率为 10% 。

1~11 月份每月应纳税所得额＝（2 000－800）＝1 200（元）

12 月份应纳税所得额＝（2 000－700－800）＝500（元）

全年应纳税额＝1 200×10%×11＋500×10%＝1 370（元）

九、财产转让所得

（一）财产转让所得应纳税所得额

以一次转让财产的收入额，减除财产原值和合理费用后的余额为财产转让应纳税

所得额。其计算公式为：

应纳税所得额 = 每次转让财产收入额 - 财产原值 - 合理费用

1. 财产原值的确定

有价证券为买入价以及买入时按照规定缴纳的有关费用。建筑物为建造费或者购进价格以及其他有关费用。土地使用权为取得土地使用权所支付的金额、开发土地的费用以及其他有关费用。机器设备、车辆为购进价格、运输费、安装费以及其他有关费用。其他财产原值，参照以上办法确定。财产原值的确定，纳税人必须提供有关合法凭证，对未能提供完整、准确的财产原值合法凭证而不能正确计算财产原值的，主管税务机关可根据当地实际情况核定其财产原值。

2. 合理费用

合理费用是指纳税人在卖出财产过程中按有关规定所支付的费用，如营业税及其附加、中介服务费、资产评估费等。

转让债权的，采用"加权平均法"确定其应减除的财产原值和合理费用，即以纳税人购进的同一种类债券买入价和买进过程中缴纳的税费总和，除以纳税人购进该种类债券的数量后，乘以纳税人卖出该种类债券的数量，再加上卖出该种类债券过程中缴纳的税费。用公式表示为：

$$\text{一次卖出某一种类债券准予减除的买入价和费用} = [(\text{纳税人购进该种类债券买入价} + \text{缴纳的税、费}) \div \text{购进该种类券的数量}] \times \text{一次卖出该种类券的数量} + \text{卖出该种类债券过程中缴纳的税费}$$

(二) 财产转让所得应纳税额计算

财产转让所得按次计算（不管分多少次支付，均应合并为一次转让财产收入）纳税。其计算公式为：

应纳税额 = 应纳税所得额 × 20%

【例 11 - 8】黄某本月出售其父母留给的房屋一套，房屋的原值为 300 000 元，卖房取得的收入为 420 000 元，支付的有关费用为 28 000 元。要求：计算黄某应缴纳的个人所得税税额。

解：房子的原值和有关费用是可以扣除的。

应纳税所得额 = 420 000 - (300 00 + 28 000) = 92 000（元）

应纳税额 = 92 000 × 20% = 18 400（元）

十、偶然所得和其他所得

偶然所得和其他所得的应纳税额按次计算。其计算公式为：

应纳税所得额 = 每次收入额

应纳税额 = 应纳税所得额 × 20%

【例 11 - 9】赵某购买体育彩票中奖 1 000 000 元。要求：计算其应缴纳的个人所得税税额。

解：购买体育彩票中奖属于偶然所得，不能扣除任何费用。

应纳税所得额 = 每次收入额 = 1 000 000（元）

应纳税额 = 1 000 000 × 20% = 200 000（元）

第四节 个人所得税代扣代缴业务的账务处理

一、账户设置

负有代扣代缴个人所得税义务的企业，应设置"应交税费——代扣代缴个人所得税""应交税费——应交个人所得税"等账户，用以核算代扣代缴个人的所得税情况。

二、企业代扣工资薪金个人所得税额的会计处理

企业支付工资、薪金时代扣代缴职工的个人所得税税款，是个人工资、薪金的一部分。计算时，借记"应付职工薪酬"，贷记"应交税费——代扣代缴个人所得税"科目；上缴代扣的个人所得税时，借记"应交税费——代扣代缴个人所得税"科目，贷记"银行存款"科目。

【例 11 - 10】某企业某职工 2016 年 11 月工资等月收入 8 500 元，按规定，该职工自己承担个人所得税。要求：计算该职工应缴纳的个人所得税并作会计处理。

解：应纳税额 =（应纳税所得额 - 费用扣除标准）× 适用税率 速算扣除数

= （8 500 - 3 500）× 20%

= 1 000 - 555 = 445（元）

计算代扣代缴的个人所得税时：

借：应付职工薪酬　　　　　　　　　　　　　　　　　445

　　贷：应交税费——代扣代缴个人所得税　　　　　　　　　　445

实际缴纳税款时：

借：应交税费——代扣代缴个人所得税　　　　　　　　445

　　贷：银行存款　　　　　　　　　　　　　　　　　　　　445

三、企业承包承租经营所得应纳个人所得税的会计处理

企业承包承租企业，会计核算比较健全的，对承包承租人取得其收入时，应纳入该企业事业单位的账务处理体系。因此，承包承租人取得收入，依法纳税的事项也应反映在其单位的会计处理中。

【例 11 - 11】某小型企业，年实现的可供各方分配利润为 20 万元。依照承包经营合同，实现的利润应分与承包人 8 万元。按适用税率计算，承包人应缴纳个人所得税为：

（80 000 - 3 500 × 12）× 20% - 3 750 = 3 850（元）

会计处理为：

（1）企业在分配利润时：

借：利润分配——应付利润 80 000

　　贷：应付利润——应付承包人利润 80 000

（2）企业分出利润及计算应缴纳的个人所得税时：

借：应付利润——应付承包人利润 80 000

　　贷：应交税费——应交个人所得税 3 850

　　　银行存款 76 150

（3）上缴个人所得税款时：

借：应交税费——应交个人所得税 3 850

　　贷：银行存款 3 850

四、企业代扣劳务报酬所得等项所得个人所得税款的会计处理

企业支付劳务报酬、稿酬、特许权使用费、财产租赁、财产转让及利息、股息、红利等税法规定所得的，应按税法规定代扣代缴个人所得税。其会计处理为：计算代扣个人所得税额时，借记"其他应付款——代扣个人所得税"科目，贷记"应交税费——代扣个人所得税"科目；上缴税款时，借记"应交税费——代扣个人所得税"科目，贷记"银行存款"科目。

【例11－12】某商业公司12月购买一项专有技术，支付金额为5万元（应代扣个人所得税8 000元），支付来年一处房屋租金2万元（应代扣个人所得税3 200元）。企业会计处理为：

（1）计算代扣专有技术、房屋租金所得税额时：

借：其他应付款——专有技术 8 000

　　　　　　——房屋租金 3 200

　　贷：应交税费——代扣个人所得税 11 200

（2）计算专有技术、房屋租金时：

借：无形资产——专有技术 50 000

　　管理费用——房屋租金 20 000

　　贷：其他应付款——专有技术 50 000

　　　　　　　　——房屋租金 20 000

（3）支付专有技术、房屋租金款项时：

借：其他应付款——专有技术 42 000

　　　　　　——房屋租金 16 800

　　贷：银行存款 58 800

（4）缴纳代扣所得税款时：

借：应交税费——代扣个人所得税 11 200

　　贷：银行存款 11 200

习　题

一、单项选择题

1. 某个人独资企业 2016 年经营利润 48 万元，应税所得率为 10%，则全年应缴纳所得税（　　）元。

   A. 4 800　　　　　　　　　　　B. 9 600

   C. 10 150　　　　　　　　　　 D. 14 065

2. 个人所得税扣缴义务人每月扣缴税款上缴国库的期限为（　　）。

   A. 次月 3 日　　　　　　　　　B. 次月 5 日

   C. 次月 7 日　　　　　　　　　D. 次月 10 日

3. 某事业单位职工李某，12 月份取得工资 750 元，另取得全年一次性奖金 2 800 元。李某应缴纳个人所得税（　　）元。

   A. 137.5　　　　　　　　　　　B. 420

   C. 295　　　　　　　　　　　　D. 412.5

4. 对于地市级政府颁布的科学、教育、技术、文化、卫生、体育、环境保护等方面的奖金，应（　　）。

   A. 免征个人所得税　　　　　　 B. 征收个人所得税

   C. 减半征收个人所得税　　　　 D. 实行"免一减二"的优惠

5. 唐某于 2003 年在原任职单位办理了退职手续，单位一次性支付了退职费 12 000 元（超过了国家规定的标准）。唐某原工资水平为 1 280 元/月。根据有关规定，唐某领取的退职费应计算缴纳的个人所得税金是（　　）元。

   A. 200　　　　　　　　　　　　B. 216

   C. 570　　　　　　　　　　　　D. 1 865

6. 根据税法的规定，个人转让自用达（　　）以上，并且是家庭唯一居住用房所取得的所得，暂免征收个人所得税。

   A. 一年　　　　　　　　　　　 B. 三年

   C. 五年　　　　　　　　　　　 D. 十年

7. 某外籍专家在我国境内工作，月工资为 10 000 元人民币，则其每月应缴纳个人所得税税额为（　　）元。

   A. 1 465　　　　　　　　　　　B. 825

   C. 1 225　　　　　　　　　　　D. 1 600

8. 某大学教授 2016 年 5 月编写教材一本并出版发行，获得稿酬 14 600 元；2008 年因该教材加印又获得稿酬 5 000 元。该教授所得稿酬应缴纳个人所得税是（　　）元。

   A. 1 635.2　　　　　　　　　　B. 2 195.2

   C. 2 044　　　　　　　　　　　D. 2 744

9. 下列所得中，不采用代扣代缴方式征收个人所得税的是（　　）

    A. 劳务报酬所得   B. 稿酬所得

    C. 偶然所得   D. 个体工商户的生产经营所得

10. 下列所得中，一次收入畸高，可实行加成征收的是（　　）。

    A. 稿酬所得   B. 利息、股息、红利所得

    C. 劳务报酬所得   D. 偶然所得

11. 税法规定，自行申报缴纳个人所得税的纳税人，当其在中国境内两处或两处以上取得应纳税所得额时，其纳税地点的选择应是（　　）。

    A. 收入来源地   B. 选择其中一地

    C. 税务局指定地   D. 个人户籍所在地

12. 某演员参加营业性演出，一次获得表演收入 50 000 元，其应缴纳的个人所得税税额为（　　）元。

    A. 8 000   B. 10 000

    C. 12 000   D. 13 000

13. 个体户进行公益救济性捐赠时，捐赠额不得超过其应纳税所得额的（　　）。

    A. 3%   B. 10%

    C. 15%   D. 30%

14. 按规定，在计算应纳个人所得税时允许在税前扣除一部分费用的是（　　）。

    A. 股息所得   B. 财产租赁所得

    C. 彩票中奖所得   D. 红利所得

15. 在中国境内无住所，但在一个纳税年度中在中国境内累计居住不超过 90 日的个人，应（　　）。

    A. 免征个人所得税

    B. 就其来源于中国境外的所得征收个人所得税

    C. 就其来源于中国境内的所得由境外雇主支付的部分征收个人所得税

    D. 就其来源于中国境内的所得由境外雇主支付且不由该雇主在中国境内的机构、场所负担的部分，免于缴纳个人所得税

二、多项选择题

1. 在下列各项所得中，可以免征个人所得税的是（　　）。

    A. 个人办理代扣代缴税款手续，按规定取得的扣缴手续费

    B. 外籍个人从外商投资企业取得的股息、红利所得

    C. 个人转让自用达 5 年以上的住房取得的所得

    D. 保险赔款

2. 采用按次征税的所得项目有（　　）。

    A. 工资、薪金所得

    B. 劳务报酬所得

    C. 财产租赁所得

D. 其他所得

3. 在确定个人应纳税所得额时，可以采用比例扣除 20% 的费用的所得项目有（   ）。

    A. 在 4 000 元以上的特许权使用费所得

    B. 在 4 000 元以上的财产转让所得

    C. 在 4 000 元以上的劳务报酬所得

    D. 在 4 000 元以上的稿酬所得

4. 下列各项所得在计算应纳税所得额时不允许扣减任何费用的有（   ）。

    A. 偶然所得

    B. 特许权使用费所得

    C. 利息、股息所得

    D. 财产租赁所得

5. 以下各项所得适用累进税率形式的有（   ）。

    A. 工资薪金所得

    B. 个体工商户生产经营所得

    C. 财产转让所得

    D. 承包承租经营所得

6. 下列个人应就其全部来自我国境内的所得缴纳个人所得税的有（   ）。

    A. 在境内无住所但居住满 1 年不到 5 年的

    B. 在境内无住所但居住超过 90 天不到 1 年的

    C. 在境内无住所但居住满 5 年的

    D. 在境内无住所而居住，但居住不超过 90 天的

7. 在中国境内无住所的人员取得的下列所得，须向中国申报缴纳个人所得税的有（   ）。

    A. 境内居住不满 90 日，由境外企业支付的境内工资薪金所得

    B. 一个纳税年度内累计离境不超过 90 日的个人，由境内取得的劳务报酬所得

    C. 境内居住已 3 年，取得的由境外企业支付的境外所得

    D. 境内居住已 7 年，取得的由境外企业支付的境内所得

8. 在计算缴纳个人所得税时，个人通过非营利性的社会团体和国家机关进行的公益性捐赠，准予在应纳税所得额中全额扣除的有（   ）。

    A. 向红十字事业捐赠

    B. 向农村义务教育捐赠

    C. 向中国绿化基金会捐赠

    D. 公益性青少年活动场所

9. 下列项目中，免征、减征、不征个人所得税的有（   ）。

    A. 职工个人以股份形式取得拥有所有权的企业量化资产

    B. 军烈属所得

    C. 商业保险到期返还款

    D. 商业保险赔款

10. 个人所得税纳税人对企事业单位的承包、承租经营所得包括（　　）。

    A. 个人承包、承租经营所得

    B. 投资的股息所得

    C. 个人按月取得的工资薪金性质的所得

    D. 个人转包、转租取得的所得

11. 退休职工李某本月取得的下列收入中，不需缴纳个人所得税的有（　　）。

    A. 退休工资 1 000 元

    B. 股票股利 900 元

    C. 咨询费 800 元

    D. 杂志上发表文章的稿酬 1 000 元

12. 下列稿酬所得中，应合并为一次所得征税的有（　　）

    A. 同一作品在报刊上连载，分次取得的稿酬

    B. 同一作品再版取得的稿酬

    C. 同一作品出版社分三次支付的稿酬

    D. 同一作品出版后加印而追加的稿酬

13. 下列收入中，可以直接作为个人所得税应税所得额的有（　　）。

    A. 外币存款利息

    B. 企业债券利息

    C. 个人银行结算账户利息

    D. 金融债券利息

14. 个人所得税纳税人区分为居民纳税义务人和非居民纳税义务人，依据标准有（　　）。

    A. 境内有无住所   B. 境内工作时间

    C. 取得收入的工作地   D. 境内居住时间

15. 下列各项中，可暂免征收个人得税的所得是（　　）。

    A. 外籍个人按合理标准取得的出差补贴

    B. 残疾人从事个体工商业生产、经营取得的收入

    C. 个人举报违法行为而获得的奖金

    D. 外籍个人从外商投资企业取得的股息、红利

三、判断题

1. 某个人独资企业采用核定征收办法计算个人所得税。2004 年自报经营亏损，因而不用缴纳个人所得税。（　　）

2. 个人将其应税所得，全部用于公益救济性捐赠，将不承担缴纳个人所得税义务。（　　）

3. 个人独资企业与其他企业联营而分得的利润，免征个人所得税。（　　）

4. 扣缴义务人应扣未扣纳税人个人所得税税款的，应由扣缴义务人缴纳应扣未扣

的税款、滞纳金及罚款。　　　　　　　　　　　　　　　　　　　　　　（　　）

5. 居民纳税义务人从中国境内和境外取得的所得，应当分别计算应纳税额。（　　）

6. 一外籍个人员自 2015 年 2 月 1 日起在中国境内工作，2016 年回国参加一个项目的策划，离境时间为 4 月 15 日至 6 月 15 日，则 2016 年他仍然是我国个人所得税法规定的居民纳税人。　　　　　　　　　　　　　　　　　　　　　　　　（　　）

7. 个人独资企业和合伙企业生产经营所得在计算缴纳个人所得税时，投资者个人的工资不得作为企业的成本或费用在税前列支。　　　　　　　　　　　　（　　）

8. 来源于境内的所得是由境内的单位、雇主或个人支付的所得；而由境外的单位、雇主或个人支付的所得则属于来源于境外的所得。　　　　　　　　　（　　）

9. 2016 年李某在 A 国的存款利息折合 8 000 元人民币、已交个人所得税折合人民币 1 400 元；在 B 国稿费收入折合 9 000 元，已交个人所得税 540 元。回国后应补缴个人所得税 668 元。　　　　　　　　　　　　　　　　　　　　　（　　）

10. 某科技人员获得省政府颁发的科技发明奖 4 万元，他用其中的 2 万元通过希望工程支援了灾区一所小学，但 2 万元超过了奖金的 30%，所以超过的部分缴纳个人所得税。　　　　　　　　　　　　　　　　　　　　　　　　　　　（　　）

11. 某演员应邀拍电视片获得酬金 3 万元，组织者代扣代缴了 4 800 元的个人所得税。　　　　　　　　　　　　　　　　　　　　　　　　　　　　　　　（　　）

12. 劳务报酬收入一次性超过 20 000 元的应加成征税。　　　　　　　　（　　）

13. 个人提取原缴纳的住房公积金、医疗保险金免征个人所得税。　　（　　）

14. 翻译收入属于劳务报酬所得。　　　　　　　　　　　　　　　　　（　　）

15. 根据非居民纳税人的定义，非居民纳税人可能是外籍个人、华侨或港、澳、台同胞，也可能是中国公民。　　　　　　　　　　　　　　　　　　　　　（　　）

四、计算题

1. 某商店为一家个体经营商店，2017 年年初向税务机关报送 2016 年度的个人所得税申报表，其中填报的商品销售收入为 400 万元，减除成本费用、税金后，利润为 -20 万元，应纳税所得额也是 -20 万元。税务机关经审查后核实以下几项支出：

（1）业主工资每月 2 500 元、雇工工资每月 800 元，共有 5 名雇工，税务部门规定雇工工资列支标准为每月 400 元，投资者的每月生活费用扣除为 800 元。

（2）经营场所月租金支出 4 000 元，其业主家庭生活居住占用 1/5 的面积，税务部门允许业主私人使用和经营使用的分摊比例为 1∶4。

（3）全年发生业务招待费 10 万元，已列支。

（4）发生违法经营处以罚款 5 万元。

（5）该个体户通过民政部门向受灾地区捐赠 8 万元。

请计算该个体经营商店 2016 年应纳个人所得税。

2. 公民李某是高校教授，2016 年取得以下各项收入（本题中除出租住房收入要考虑营业税的影响外，其他项目均不考虑其他税费因素）：

（1）每月取得工资 3 000 元，12 月份取得全年学期奖金 12 000 元。

(2) 将私有住房出租1年,每月取得租金收入3 000元(符合市场价格水平),当年3月发生租房装修费用2 000元。

(3) 3月份为A公司进行讲学,取得酬金2 000元,A公司并未代扣代缴应纳的个人所得税。

(4) 4月份出版一本专著,取得稿酬40 000元,李某当即拿出10 000元通过民政部门捐给灾区。

(5) 5月份为B公司进行营销筹划,取得报酬35 000元,该公司决定为李某代负个人所得税。

(6) 7月份出访美国,在美国举办讲座取得酬金收入1 000美元,主办方扣缴了个人所得税50美元(汇率1:8.3)。

(7) 11月份取得购买的国家发行金融债券利息收入1 000元。

要求:

(1) 计算李某2016年的各项收入应缴纳的个人所得税。

(2) 计算B公司应代为负担的个人所得税。

(3) A公司应负有何种税收法律责任。

(4) 如果全年奖金是在2016年2月份取得,应该缴纳多少个人所得税。

3. 某中国公民2015年和2016年境内年工资均为60 000元。其2015年来自甲国的特许权使用费收入8 000元、劳务报酬收入15 000元,分别按该国税法缴纳个人所得税900元、3 600元;同时来自乙国的特许权使用费收入5 800元,已按该国税法缴纳个人所得税720元。2016年来自甲国的财产出租10个月所得共25 000元,已按该国税法缴纳个人所得税3 000元。要求:分别计算其2015年、2016年应缴纳的个人所得税。

4. 中国公民王某为一外商投资企业的高级职员,2016年其收入情况如下:

(1) 雇佣单位每月支付工资、薪金15 000元;

(2) 派遣单位每月支付工资、薪金2 000元;

(3) 取得股票转让收益100 000元;

(4) 从A国取得特许权使用费收入折合人民币18 000元,并提供了来源国纳税凭证,纳税折合人民币1 800元;

(5) 购物中奖获得奖金20 000元;

(6) 受托为某单位做工程设计,历时3个月,共取得工程设计费40 000元。

请正确计算李某全年应该缴纳的个人所得税额。

5. 某个人因其原任职的国有企业破产而成为一名自由职业者。2004年8月份,该个人取得以下所得:

(1) 取得一次性安置费收入5 000元;当地上年企业职工年平均工资为1 000元。

(2) 取得失业保险金500元,基本养老保险金900元。

(3) 转让所持有的原企业在改组改制过程中分给该个人以股份形式拥有的企业量化资产,取得转让所得30 000元;该个人取得该股份时共支付有关费用20 000元。

(4) 将其所持有的一项专利的使用权分别转让给甲和乙两个厂商,取得转让收入4 000元和6 000元。

要求：计算该个人当月应该缴纳的个人所得税额。

五、问答题

1. 什么是义务人和非居民纳税义务人？

2. 取得的哪些所得应当缴纳所得税？

3. 工资、薪金所得具体包括哪些内容？如何计算应纳所得税额？

4. 纳税人境外所得已纳税款应如何处理？

5. 哪些项目可以免征或暂免缴纳个人所得税？

6. 哪些纳税人应该自行申报纳税？

附录　网上申报纳税程序

学习目的： 网上申报纳税已成为目前纳税方式的主流，我们以四川省国家税务局与成都市地方税务局网上申报纳税为实例，说明网上申报纳税程序。

一、四川省国家税务局网上申报纳税程序

（1）进入四川省国家税务局网上办税服务厅，见图1。

图1

（2）录用户名与密码名进入纳税申报界面。见图2。

图2

（3）点击"纳税申报"下"增值税"，进行申报。见图3。

图3

（4）点击"附表1"，填列表中内容并保存。见图4。

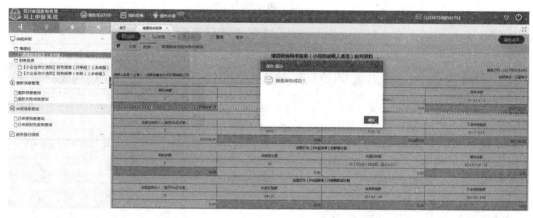

图4

（5）点击"增值税减免税申报明细表"，填列表中内容。见图5。

图5

（6）保存。见图6。

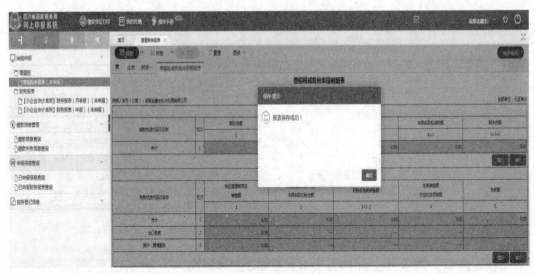

图6

（7）点击"主表"，填列表中内容。见图7。

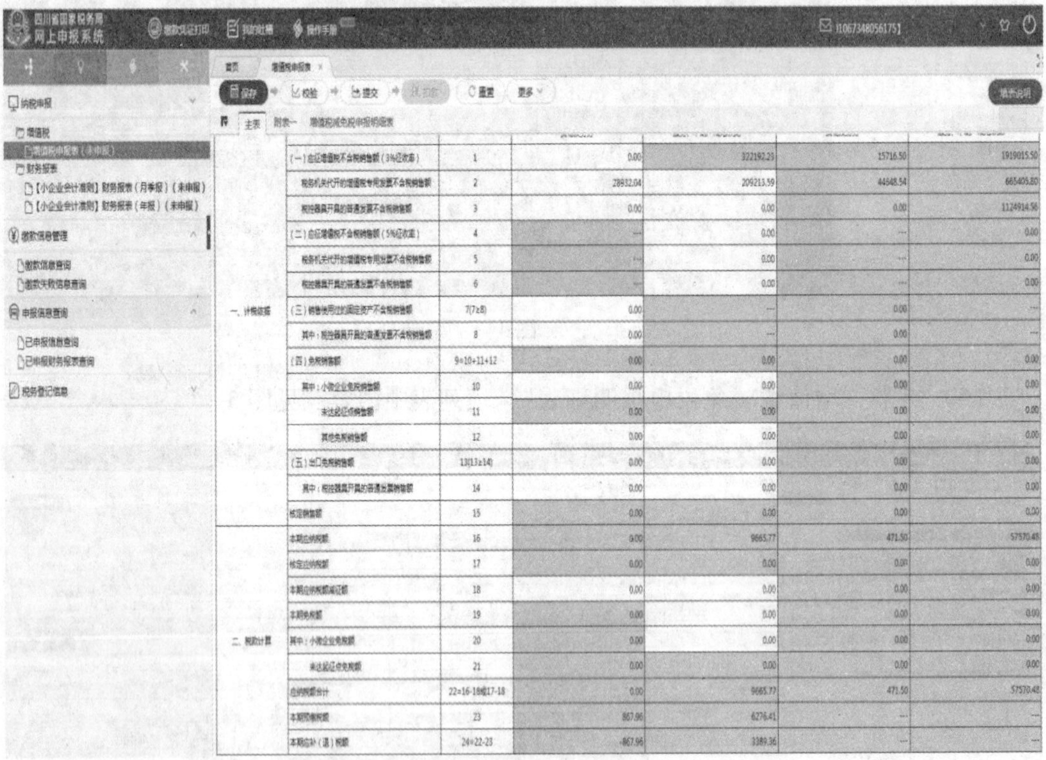

图7

（8）保存。见图8。

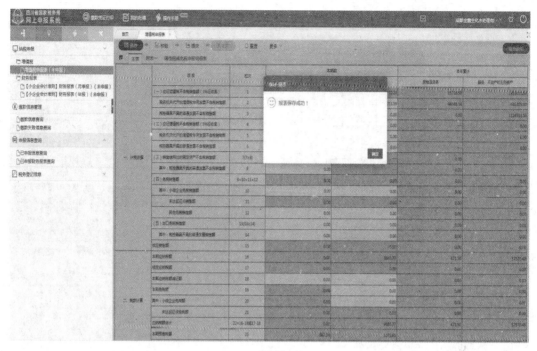

图8

（9）点击"校验"，由系统审核校验。见图9。

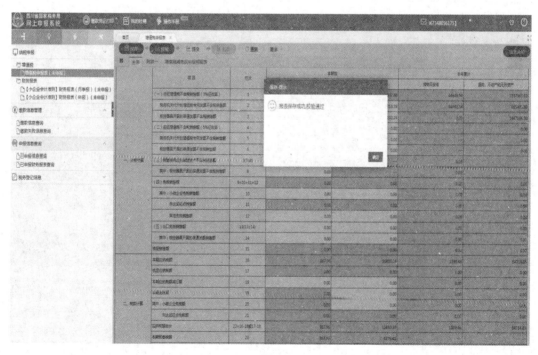

图9

（10）点击"提交"，由系统确认应纳税款。见图10。

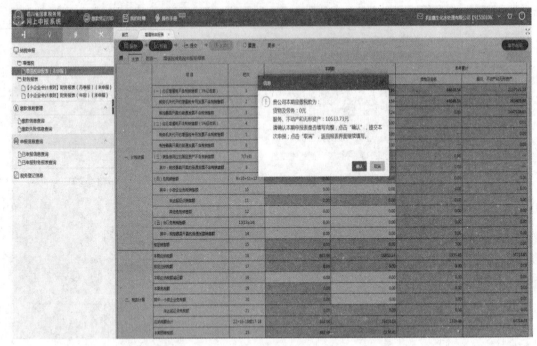

图 10

（11）点击"确认"，进行纳税申报。见图11。

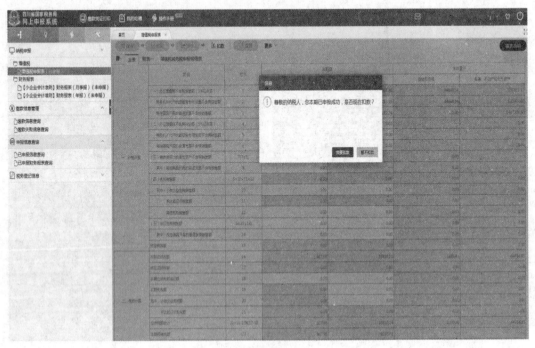

图 11

（12）点击"我要扣款"，确认交纳税款。见图12。

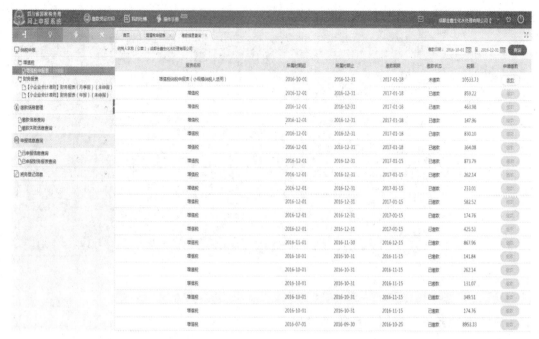

图12

（13）选择"三方协议缴款"，进行纳税。见图13。

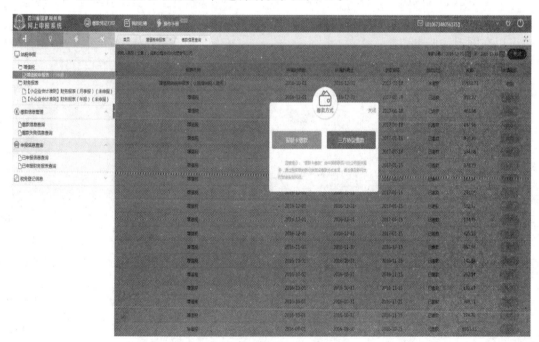

图13

（14）扣款成功，完成网上申报纳税。见图14。

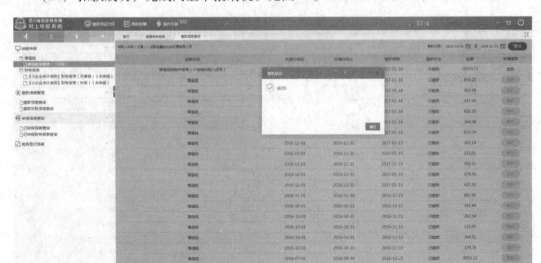

图14

二、成都市地方税务局网上申报纳税程序

（一）网上申报纳税申请

网上申报纳税应向主管税务机关提出申请，申请时应带上税务登记证。经主管税务机关批准并取得网上申报纳税的用户名与初始密码后，即可上网进行网上申报纳税。也可以在网上注册申请。

1. 进入网上申报纳税办税大厅登录（见图15）

图15

（1）点击"点击进入"，进入用户登录界面。见图16。

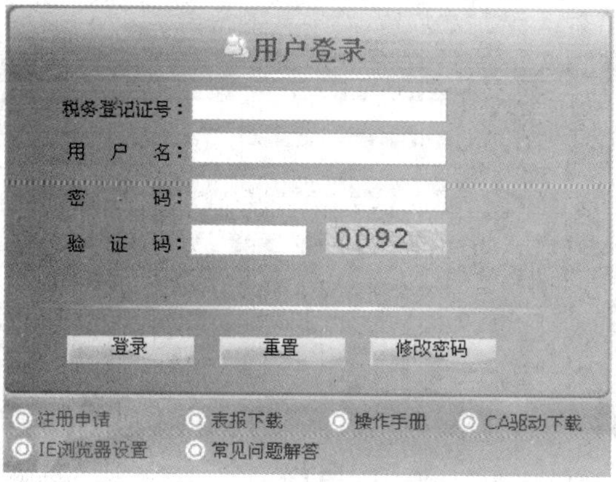

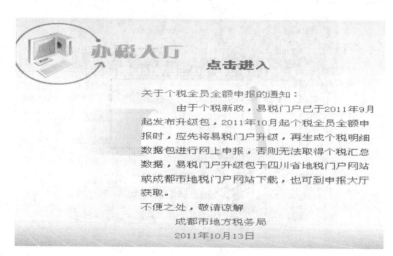

图16

（2）点击"注册申请"，进入注册申请界面。见图17。

图17

2. 按提示进行网上注册申请

（二）网上申报纳税程序

1. 进入网上申报纳税办税大厅登录（见图18）

图18

（1）点击"点击进入"，进入用户登录界面。见图19。

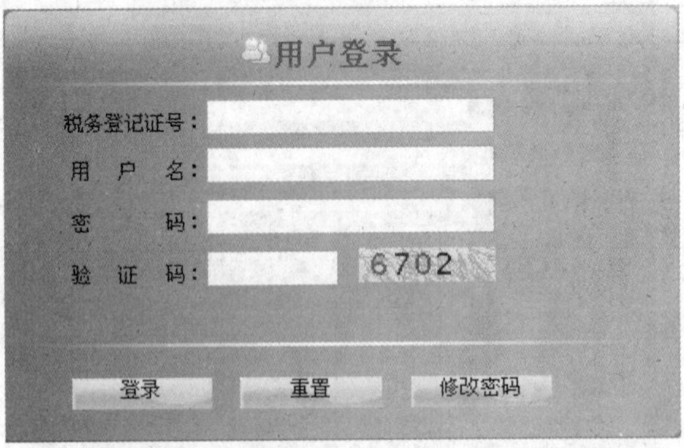

图19

（2）首先要修改密码，点击"修改密码"，进入密码修改界面。见图20。

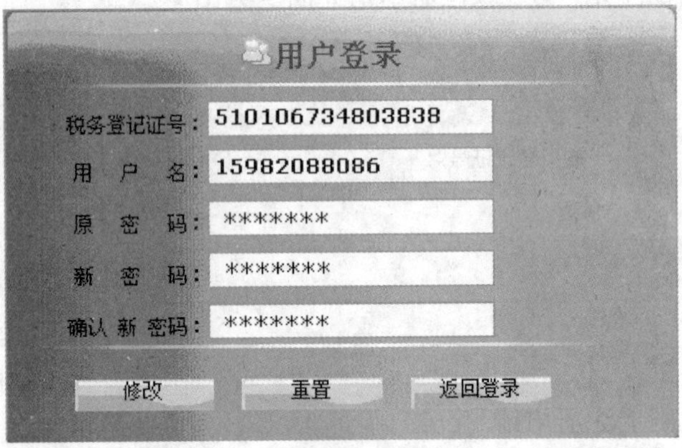

图20

（3）输入税务登记证号、用户名、初始密码与新密码，点击"修改"。见图21。

图21

显示密码修改成功后即可登录进入"成都市地方税务局网上办税服务厅"。

（4）输入税务登记证号、用户名、密码与验证码，即可进入"成都市地方税务局网上办税服务厅"。见图22。

图22

（5）在"纳税申报"下拉菜单中点击"纳税导航"。见图23。

图23

（6）可以看到"当期申报待办事项提示"。见图24。

当 期（201111）申 报 待 办 事 项 提 示

未 填 写 的 应 申 报 申 报 表	总份数：0	显示报表	
未 提 交 的 申 报 表	总份数：0	显示报表	提 交
已 收 托 ，但 未 扣 款 的 税 费	总金额：0.00	显示明细	
未 明 确 的 扣 款 税 费	总金额：0.00	显示明细	
扣 款 失 败 的 税 费	总份数：0	显示明细	
已 扣 款 的 税 费	总金额：1 110.49	显示明细	
未 阅 读 的 消 息	总条数：7	显示消息	
已 下 发 未 下 载 文 件	总条数：4	显示消息	

图 24

2. 纳税申报

（1）进入"填写申报表"界面

在"纳税申报"下拉菜单中点击"填写申报表"。见图25。

图 25

进入“填写申报表”界面。见图26。

填写申报表 提交税款 查看划缴情况 刷 新

通 用 申 报 表

当 期（201111）申 报 情 况				
序 号	填 报 日 期	申 报 日 期	本 期 应 纳 税 额	税 款 状 态
0	2011-11-01		1110.49	未申报

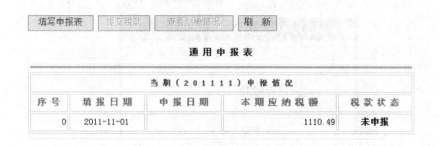

图26

(2) 填写纳税申报表

点击“填写申报表”，进入纳税申报界面。见图27。

通用申报表 金额单位：人民币元

税种：	营业税	税目：	服务业-其他		
所属起始日期:	2011-10-01	所属终止日期：	2011-10-31	限缴期限：	2011-11-15
计税总额(量)：		税率(征收率)：	5%	本期应纳税额：	
本期经批准的缓缴额：		本期经批准的减免额：		应纳税额：	

待申报数据

操 作	税种（费、基金）	税目（计征对象）	所属起始日期	所属终止日期	计税(征)总额(量)	税率(征收率)	本期应纳税额	本期经批准的缓缴额	本期经批准的减免额	应纳税额
	营业税	服务业-其他	20111001	20111031		5%				
非全员全额	个人所得税	工资薪金所得	20111001	20111031						
	印花税	技术合同	20111001	20111031		.03%				
合计										

增加非鉴定税种 保存 打印 另存为 关闭

图27

逐项填写应申报纳税的项目。点击“保存”。见图28。

税种：	营业税	税目：	服务业-其他		
所属起始日期:	2011-10-01	所属终止日期：	2011-10-31	限缴期限：	2011-11-15
计税总额(量)：	19 830.00	税率(征收率)：	5%	本期应纳税额：	991.50
本期经批准的缓缴额：		本期经批准的减免额：	0.00	应纳税额：	991.50

待申报数据

操 作	税种（费、基金）	税目（计征对象）	所属起始日期	所属终止日期	计税(征)总额(量)	税率(征收率)	本期应纳税额	本期经批准的缓缴额	本期经批准的减免额	应纳税额
	营业税	服务业-其他	20111001	20111031	19 830.00	5%	991.50		0.00	991.50
附加税	城市维护建设税	城建税——营业税(7%)	20111001	20111031	991.50	7%	69.41		0.00	69.41
附加税	专项收入(教育费附加)	营业税教育费附加	20111001	20111031	991.50	3%	29.75		0.00	29.75
附加税	文教部门基金收入	地方教育附加-营业税	20111001	20111031	991.50	2%	19.83		0.00	19.83
非全员全额	个人所得税	工资薪金所得	20111001	20111031						0.00
	印花税	技术合同	20111001	20111031	0.00	0.03%	0.00		0.00	0.00
合计					22 804.50		1 110.49			1 110.49

增加非鉴定税种 保存 打印 另存为 关闭

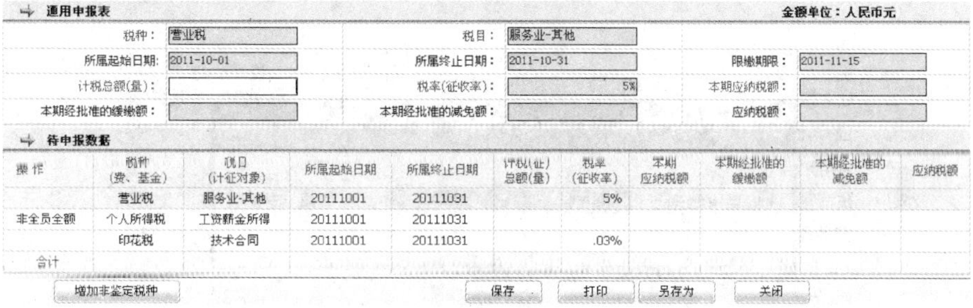

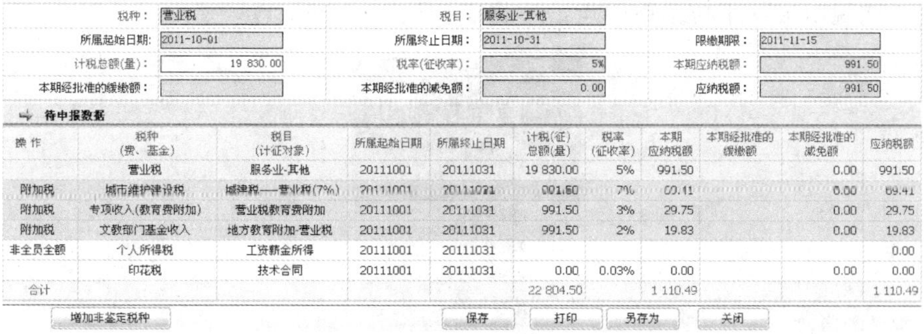

图28

确认保存后，点击"另存为"，可自行保存纳税申报表。见图 29。

图 29

点击"确定"后即可保存纳税申报表了。点击"打印"，可打印纳税申报表。见图 30。

图 30

（3）提交纳税申报表

在"纳税申报"下拉菜单中点击"提交扣款"。见图 31。

图 31

进入"待申报税款"界面。点击"申报",进入"待申报数据"界面。见图32。

图 32

点击"确认申报"。见图33。

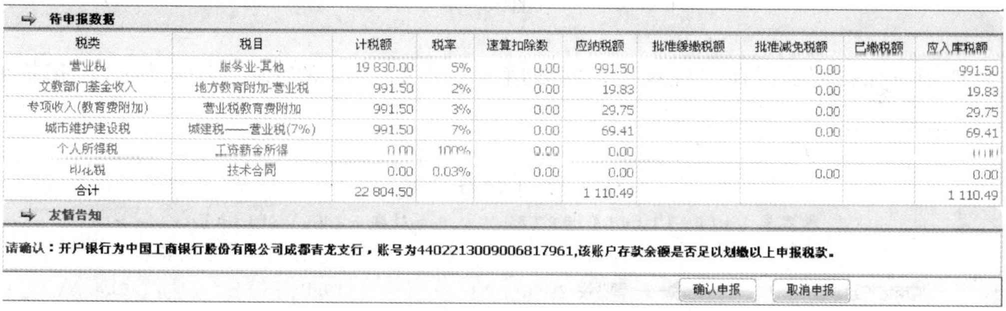

图 33

点击"确定"(见图34),系统即开始扣应纳税款。见图35。

图 34

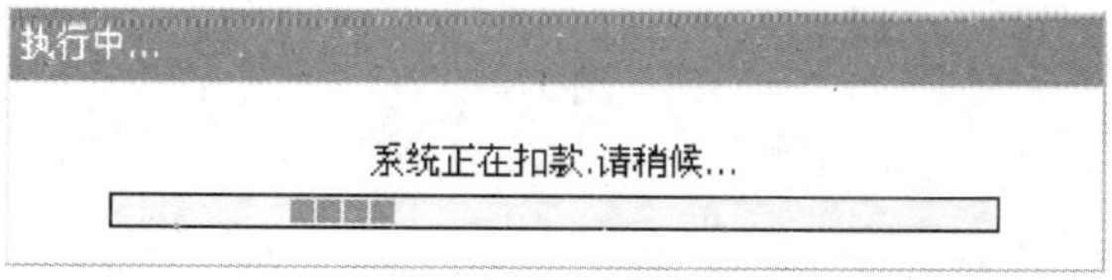

图 35

如当时扣款未成功，在"税款实时划缴情况"界面"扣款结果"中会显示"正在扣款中"。见图36。

税 款 实 时 划 缴 情 况

税票号：w20111101476073　　申报日期：2011-11-01

税　种	税　目	应补退税额	已划缴税额
城市维护建设税	城建税——营业税(7%)	69.41	0.00
个人所得税	工资薪金所得	0.00	0.00
文教部门基金收入	地方教育附加——营业税	19.83	0.00
印花税	技术合同	0.00	0.00
营业税	服务业——其他	991.50	0.00
专项收入(教育费附加)	营业税教育费附加	29.75	0.00

合　计

应 补 退 税 额	已 划 缴 税 额	未 划 缴 税 额
1 110.49	0.00	1 110.49

扣 款 结 果

结果描述	正在扣款中	
	返回代码	ABC,
	详细信息	正在扣款中

图 36

如当时扣款成功，在"税款实时划缴情况"界面"扣款结果"中会显示"扣款成功"。见图37。

税 款 实 时 划 缴 情 况

税票号：w20111101476073　　申报日期：2011-11-01

税　种	税　目	应补退税额	已划缴税额
城市维护建设税	城建税——营业税(7%)	69.41	69.41
个人所得税	工资薪金所得	0.00	0.00
文教部门基金收入	地方教育附加——营业税	19.83	19.83
印花税	技术合同	0.00	0.00
营业税	服务业——其他	991.50	991.50
专项收入(教育费附加)	营业税教育费附加	29.75	29.75

合　计

应 补 退 税 额	已 划 缴 税 额	未 划 缴 税 额
1 110.49	1 110.49	0.00

扣 款 结 果

结果描述	扣款成功	
	返回代码	000,成功
	详细信息	成功

请于申报期结束后第二天起选择"电子缴款凭证打印"选项，打印电子缴款凭证。

关 闭

图 37

3. 错误更正

如申报表有错误需要更正，在申报表尚未提交时，可在“纳税申报”下拉菜单中点击“删除未提交申报表”。见图38。

纳税申报　表报报送　涉税查询　系统管理

操作历史　首页 > 作废申报 > 通用申报表 > 删除未提交申报表

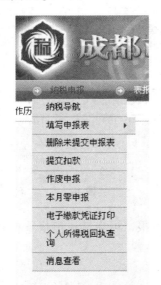

未提交申报表列表

申报表名称	保存日期	操作
通用申报表	2011-11-01	删除

友情提示：双击表格中的一行可查看详细信息

图38

双击“通用申报表”。见图39。

通用申报表

操作	税种（费、基金）	税目（计征对象）	所属起始日期	所属终止日期	计税（征）总额（量）	税率（征收率）	本期应纳税额	本期经批准的缓缴额	本期经批准的减免额	本期已纳税额	应纳税额
	营业税	服务业——其他	20111001	20111031	100.00	5%	5.00		0.00		5.00
	文教部门基金收入	地方教育附加——营业税	20111001	20111031	5.00	2%	0.10		0.00		0.10
	专项收入(教育费附加)	营业税教育费附加	20111001	20111031	5.00	3%	0.15		0.00		0.15
	城市维护建设税	城建税——营业税(7%)	20111001	20111031	5.00	7%	0.35		0.00		0.35
	个人所得税	工资薪金所得	20111001	20111031	0.00	100%	0.00				0.00
	印花税	技术合同	20111001	20111031	0.00	0.03%	0.00		0.00		0.00
合计					115.00		5.60				5.60

删除　打印　另存为　关闭

图39

点击"删除"，即可删除这份未提交申报表。点击"确定"即可删除这份未提交申报表。见图40。

图40

如申报表已提交需要重新申报，可在纳税申报下拉菜单中点击"作废申报"进行处理。

4. 零申报

如当月没有收入需进行纳税零申报时，可在"纳税申报"下拉菜单中点击"本月零申报"。见图41。

图41

进入零申报界面。见图42。

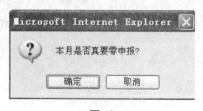

图42

点击"确定"后即可进行本月纳税零申报。见图43。

图 43

5. 打印纳税缴款凭证

扣款成功后，要打印纳税缴款凭证，可在"纳税申报"下拉菜单中点击"电子缴款凭证打印"。见图44。

图 44

在出现的界面中点击"查询"。见图45。

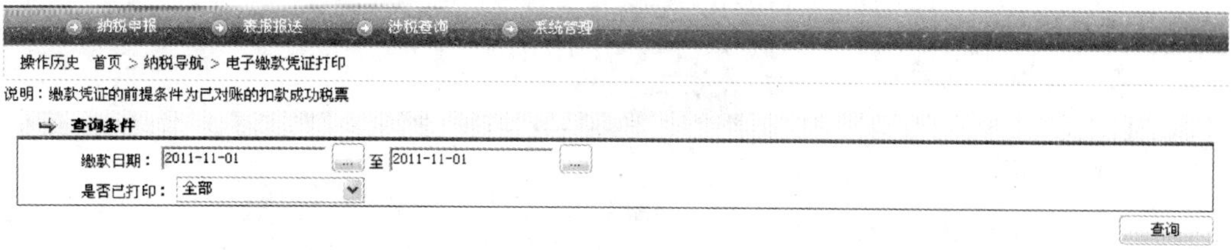

图 45

在缴款凭证查询结果中选择要打印的缴款凭证。见图46。

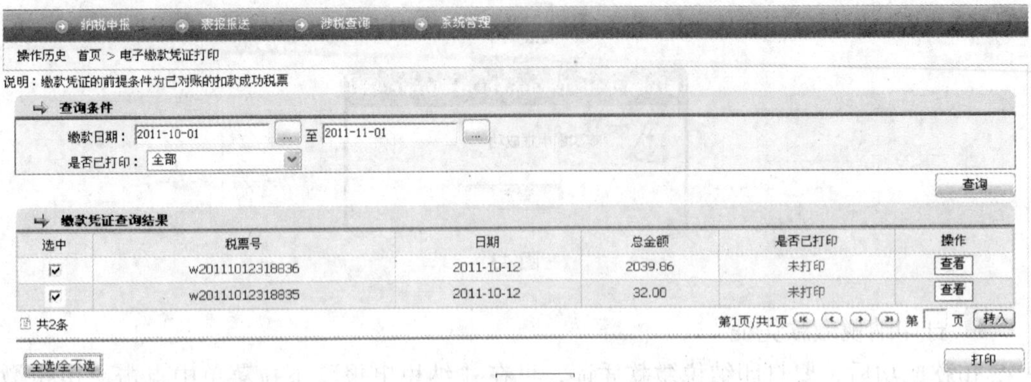

图46

6. 消息查看

要查看税务机关的消息，可在"纳税申报"下拉菜单中点击"消息查看"。见图47。

图47

即可以查看有关信息。见图48。

收到消息查询	
消息标题	收到时间
关于发票专用章式样有关问题的通知	2011-03-14
报送资料	2011-03-15
通知	2011-03-24
请企业所得税在金牛地税缴纳的企业于4月15日前交企业所得税汇算电子及纸质资料到402室周老师处。	2011-03-28
企业所得税汇算请尽快报	2011-05-12
请采用全员全额软件申报个人所得税	2011-06-02
个税软件培训报名	2011-09-06
个税扣缴软件升级的四种途径	2011-09-13
个税软件培训报名	2011-09-16
关于"新发票管理办法知识讲座"的培训报名	2011-10-13

图 48

（三）纳税查询

　　如需进行网上申报纳税查询，在"涉税查询"下拉菜单中点击"申报明细查询"，可了解网上申报纳税情况。见图49。

图 49

在出现的界面中点击"查询"。见图50。

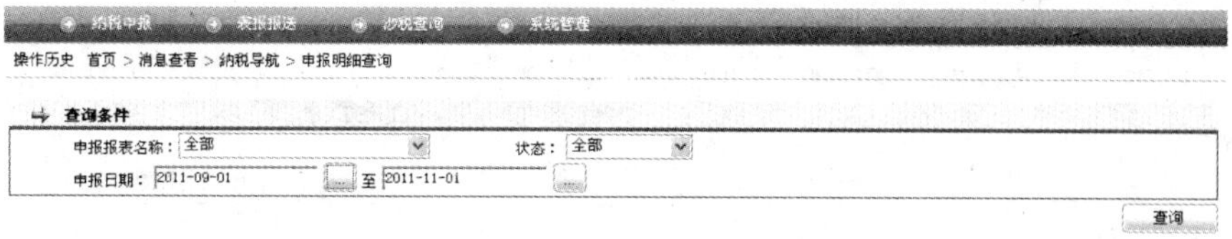

图 50

在出现的界面中选择要查看的网上纳税申报税票，如 W20110909167545。见图 51。

税票号	申报日期	扣款金额

操作历史　首页 ＞ 个人所得税回执查询 ＞ 消息查看 ＞ 申报明细查询

查询条件

申报报表名称：全部　　　　　　状态：全部

申报日期：2011-09-01 ... 至 2011-11-01 ...

查询

扣款成功的税票

税票号	申报日期	扣款金额
w20111012318835	2011-10-12	32
w20111101476076	2011-11-01	0
w20110909167545	2011-09-09	11882.98
w20111012318836	2011-10-12	2039.86
w20111101476073	2011-11-01	1110.49

扣款失败的税票

税票号	申报日期	扣款金额
w20111006248789	2011-10-06	2039.86
w20111006248788	2011-10-06	32

友情提示：双击表格中的一行可查看此纳税人申报的详细信息

图 51

双击 W20110909167545，出现如图 52 所示内容。

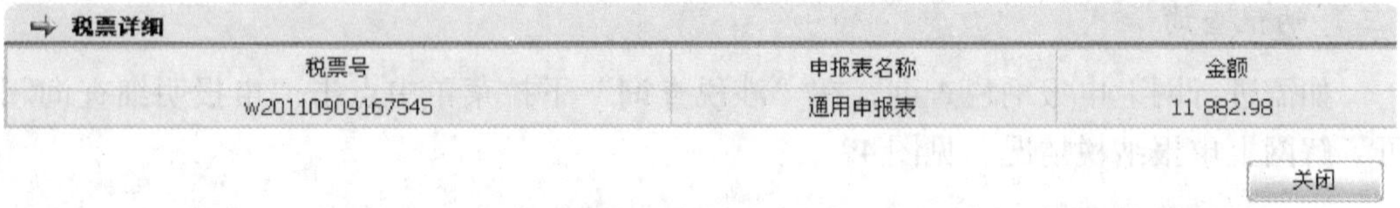

税票详细

税票号	申报表名称	金额
w20110909167545	通用申报表	11 882.98

关闭

图 52

点击"通用申报表"会出现详细的查询信息。见图 53。

通用申报表

操作	税种(费、基金)	税目(计征对象)	所属起始日期	所属终止日期	计税(征)总额(量)	税率(征收率)	本期应纳税额	本期经批准的缓缴额	本期经批准的减免额	本期已纳税额	应纳税额
	营业税	服务业-其他	20110801	20110831	212 196.00	5%	10 609.80		0.00		10 609.80
	文教部门基金收入	地方教育附加——营业税	20110801	20110831	10 609.80	2%	212.20		0.00		212.20
	专项收入(教育费附加)	营业税教育费附加	20110801	20110831	10 609.80	3%	318.29		0.00		318.29
	城市维护建设税	城建税——营业税(7%)	20110801	20110831	10 609.80	7%	742.69		0.00		742.69
	个人所得税	工资薪金所得	20110801	20110831	0.00	100%	0.00		0.00		0.00
	印花税	技术合同	20110801	20110831	0.00	0.03%	0.00		0.00		0.00
合计					244 025.40		11 882.98				11 882.98

打印　另存为　关闭

图 53

在"涉税查询"下拉菜单中点击"报表报送情况查询"（见图54），可了解报表报送情况。

图 54

在出现的界面中点击"查询"（见图55），即可进行报表报送情况查询。

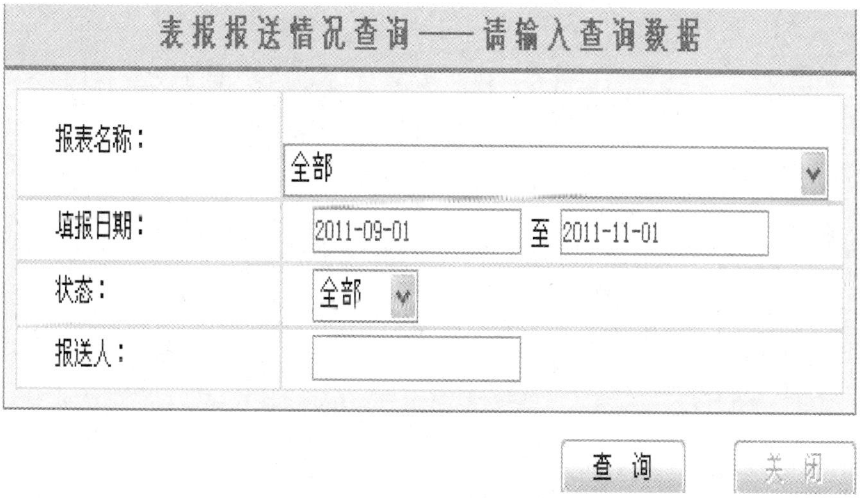

图 55

图书在版编目(CIP)数据

纳税实务 / 许仁忠等主编．—2 版．—成都:西南财经大学出版社,
2017.1

ISBN 978 - 7 - 5504 - 2826 - 3

Ⅰ.①纳…　Ⅱ.①许…　Ⅲ.①纳税—税收管理—中国—高等职业教
育—教材　Ⅳ.①F812.423

中国版本图书馆 CIP 数据核字(2017)第 015851 号

纳税实务(第二版)

主　　编:许仁忠　刘　婷　胡　虹　周凤莲
副主编:周　静　李慧蓉　李丽娟　杨　洋　张珊珊

责任编辑:张　岚
封面设计:杨红鹰　张珊珊
责任印制:封俊川

出版发行	西南财经大学出版社(四川省成都市光华村街55号)
网　　址	http://www.bookcj.com
电子邮件	bookcj@foxmail.com
邮政编码	610074
电　　话	028 - 87353785　87352368
照　　排	四川胜翔数码印务设计有限公司
印　　刷	郫县犀浦印刷厂
成品尺寸	185mm × 260mm
印　　张	15.25
字　　数	345 千字
版　　次	2017 年 1 月第 2 版
印　　次	2017 年 1 月第 1 次印刷
印　　数	1— 2000 册
书　　号	ISBN 978 - 7 - 5504 - 2826 - 3
定　　价	35.00 元